MW01254171

DIVERSIDAD ÉTNICA
Y CONFLICTO
EN AMÉRICA LATINA

EL INDIO COMO METÁFORA EN LA
IDENTIDAD NACIONAL

VOL. II

DIVERSIDAD ÉTNICA
Y CONFLICTO
EN AMÉRICA LATINA

EL INDIO COMO METÁFORA EN LA
IDENTIDAD NACIONAL

VOL. II

RAQUEL BARCELÓ
MARÍA ANA PORTAL
MARTHA JUDITH SÁNCHEZ
COORDINADORAS

PLAZA Y VALDES

PyV

EDITORES

Diseño de portada: Plaza y Valdés, S.A. de C.V.
Ilustración de portada: Claudio D. Pellettieri

Primera edición: diciembre de 1995
Primera reimpresión: Marzo del 2000

**DIVERSIDAD ÉTNICA Y CONFLICTO
EN AMÉRICA LATINA**

Cuidado de la edición: Lili Buj
Formación del texto: Blanca Rosa Rosas A.

Editado en México por Plaza y Valdés Editores
Manuel María Contreras No. 73
Col. San Rafael C.P. 06470
México, D.F. Tel. 5705-5120
E-mail: editorial@plazayvaldes.com.mx

ISBN: 968-856-447-8

HECHO EN MÉXICO

Esta primera reimpresión es una coedición
con la Universidad Nacional Autónoma de México
Instituto de Investigaciones Sociales.

ÍNDICE

PREFACIO

La presente es la segunda edición del libro titulado *El indio como metáfora de la identidad nacional,* el cual forma parte de la serie *Diversidad étnica y conflicto en América Latina.* En los años transcurridos desde la primera edición el panorama se ha modificado profundamente, no porque la condición india se haya transformado en el plano económico o en relación con la justicia social durante tantos siglos esperada, pero sí con respecto a la manera en que los pueblos indios latinoamericanos se hacen presentes frente a los Estados y las sociedades nacionales. Finalizamos el milenio con el surgimiento de movimientos étnicos que reivindican el derecho a la diferencia.

La velocidad con que suceden los acontecimientos en nuestros días hace obsoletas las reflexiones académicas, sobre todo en el área de las ciencias sociales, y se genera un proceso donde lo vivido hoy se convierte en historia muy rápidamente. Una historia que se escribe para olvidarse, que se pretende borrar de la memoria mediante toneladas de información. Desde esta perspectiva, la primera pregunta que nos planteamos es: ¿qué relevancia tiene un texto como el que aquí presentamos, a seis años de distancia de haberlo concebido? ¿Por qué ha despertado el interés suficiente para que sea necesaria una segunda edición?

Quizás una respuesta sea que la realidad se construye y se comprende siempre a partir del pasado: los mitos, los rituales, las leyendas, los cientos de historias escritas, las vivencias compartidas impresas en la memoria, son la materia prima para comprender quiénes somos y hacia dónde vamos. Entender dicho proceso histórico es entonces no sólo vigente sino fundamental. Seguramente se podría plantear la necesidad de incluir nuevas reflexiones surgidas a partir de acontecimientos más recientes —después del otorgamiento del Premio Nobel de la Paz a Rigoberta Menchú— como declaraciones de guerra, promesas no cumplidas, matanzas, pero sobre todo una nueva conciencia —ya no sólo local sino mundial— de las identidades indias. En el caso de México, el alzamiento zapatista de 1994 marcó definitivamente un parteaguas en la cuestión indígena y en la política nacional. Sin embargo, lo que el conjunto de los participantes en este libro ha tratado de aportar es una manera particular de emprender el recorrido por complejo fenómeno llamado identidad, visto como un fenómeno histórico que se forja a partir de contrapuntos y tensiones.

En este contexto, el juego neoliberal de querer silenciar o borrar lo indígena de nuestra conciencia es un juego estéril y sin sentido. Hoy más que nunca hay que escribir la historia para no olvidarla; hay que forjar la memoria de todas las maneras posibles mirando hacia atrás para construir hacia delante. Para los latinoamericanos, la identidad se ha forjado desde la conjunción étnica india, europea y negra. Ése es nuestro punto de partida y ése es nuestro punto de arribo como culturas y naciones.

Raquel Barceló
María Ana Portal
Martha Judith Sánchez

INTRODUCCIÓN

Las naciones latinoamericanas, al finalizar este milenio, son culturas múltiples y distintas que, lejos de ser una amenaza para la nacionalidad, han constituido un rico aporte para la cultura nacional. Los indígenas no constituyen un segmento cultural homogéneo, sino que conforman una multitud de grupos étnicos que con frecuencia presentan tantas diferencias entre sí como con respecto a los no indígenas. Las comunidades indígenas no sólo han conservado, en mayor o menor grado, elementos culturales propios que les dan identidad y dignidad como grupos sociales identificables, sino que también han adquirido mayor conciencia del valor intrínseco de sus propias culturas.

La identidad, y más específicamente la identidad étnica, es un tema sobre el cual se ha escrito una abundante literatura en los últimos años. En ese tema encontramos diferentes aproximaciones teóricas, cuyas posturas más polares mencionaremos a continuación. Una de ellas, denominada en la literatura «postura primordialista», plantea que la identidad étnica es parte de la naturaleza del individuo (uno de sus principales representantes es Harold Isaacs, 1975); dicha identidad es concebida como una marca permanente de la cual los individuos no se pueden sustraer; está impresa en el cuerpo, como el color, o en los rasgos fenotípicos. El autor mencionado utiliza el concepto de «grupo básico de identidad», el cual define como «resultante del conjunto de atribuciones e identificaciones que cada individuo comparte con otros desde su nacimiento, por el hecho (fortuito) de haber nacido en una familia, en un tiempo y en un lugar determinados» (Isaacs, 1975:38). Los grupos étnicos, por lo tanto, son concebidos como entidades primordiales basadas en la descendencia racial, y se destaca el aspecto pre-racional de la identidad, la persistencia del grupo y las fronteras que lo delimitan. En el otro extremo están las posturas que se derivan de las teorías de la elección racional que sustentan justamente la posición opuesta: la identidad es algo que los individuos pueden elegir en cada momento de sus vidas. Es como una máscara que se puede poner y quitar a voluntad de los actores de acuerdo con el escenario. Otros autores señalan que la decisión se basa no tanto en el escenario, sino en el cálculo racional que los sujetos hacen de los costos-beneficios de portar una determinada identidad. Se concibe al grupo étnico como una entidad constituida situacionalmente y se estudian los aspectos utilitarios y racionales. Una de las propuestas más elaboradas en este sentido es el planteamiento de Dunleavy (1988) con su visión de los grupos de identidad como grupos de interés.

Existe una multiplicidad de enfoques que con la misma intención de entender la identidad y la presencia de diferentes etnicidades dentro de un Estado-nación abordan diferentes aspectos de la misma. Mencionaremos únicamente algunos de ellos y las problemáticas planteadas. Un primer grupo de investigaciones ha avanzado en la teoría de la identidad individual y ha demostrado que las sociedades modernas se caracterizan por la pluralización de los mundos de la vida, que no sólo son extremadamente diversos, sino también discrepantes y hasta opuestos entre sí. La identidad de un individuo moderno es abierta porque puede transformar su propia identidad en fases sucesivas de su vida, transitando por diversos mundos sociales, y es diferenciada e individualizada porque dicho individuo se convierte en el centro de su propia realidad (Berger *et al.*, 1973 Mackenzie, 1978). Sin embargo, la identidad del «yo» sólo es posible en el interior de un «nosotros», es decir, de una identidad colectiva (Erikson, 1980; Habermas, 1987: II). Otros investigadores explican el surgimiento de la conciencia étnica como consecuencia del evidente cambio en el ambiente político, más sensibilizado y favorable a ese tipo de manifestaciones, así como del incremento de las comunicaciones y de la legitimación del principio de la autodeterminación. Con respecto a este último concepto, se parte de que existe una toma de conciencia de los grupos étnicos respecto de su propia existencia, pero que a la vez también está presente la conciencia de la existencia de otros grupos (Connor, 1972 y 1973). Finalmente, otros investigadores plantean que la reafirmación o la reconfirmación de la identidad cultural se producen sobre todo en situaciones de agresión y de peligro para la misma, y se manifiestan a través de los movimientos de reivindicación o de resistencia cultural que asumen frecuentemente la forma de defensa de la lengua materna (Eliou, 1979).

La homogeneidad cultural es una exigencia del nacionalismo y éste tiene su raíz precisamente en cierto tipo de división del trabajo propio del industrialismo. La nación es la forma moderna de identidad que ha aliviado y hecho soportable la contradicción entre el universalismo intraestatal de la legalidad y moralidad burguesas, por una parte, y el particularismo de los diversos Estados, por otra. Habermas (1981:29) sostiene que la identidad nacional ya no es estable en la actualidad. Hoy en día las identidades no sólo se generan y se afirman en y por la acción comunicativa,[1] sino que ya no pueden apoyarse en ideologías o «imágenes del mundo» porque no requieren de contenidos fijos desde el momento en que toda tradición es en principio criticable y el consenso tiende a concentrarse sobre las condiciones formales de realización de una identidad flexible en la que todos los miembros de la sociedad pueden reconocerse y respetarse recíprocamente (Habermas, 1981:100). La violencia del mundo contemporáneo, entre otras cosas, se debe a las luchas

---

[1] Se entiende por acción comunicativa la relación intersubjetiva que entablan los sujetos capaces de lenguaje y de acción cuando se entienden entre sí, apoyados sólo en razones, al margen de toda forma de coacción.

de distintos grupos que claman por conservar y desarrollar su identidad en una sociedad que tiende a ser globalizante, como efecto del desarrollo tecnológico y la comunicación de masas.

En el caso de México, las comunidades indígenas han adoptado diferentes formas de comportamiento frente a los procesos de modernización y sus relaciones con el Estado y con la identidad nacional. Es importante tomar en cuenta la forma en que los indígenas se conciben a sí mismos. De acuerdo con Erick Erikson (1980:18), el fenómeno identitario tiene lugar en todos los niveles de funcionamiento mental, y es por medio de éste que el individuo se juzga a sí mismo a la luz de lo que advierte como el modo en que los otros le juzgan a él. Erikson plantea que este proceso es inconsciente en su mayor parte, excepto en aquellos casos en que las condiciones externas y las circunstancias en las que se encuentra inmerso se combinan entre sí para agravar una dolorosa y exaltada «conciencia de identidad».

En México, los grupos étnicos han creado diferentes formas de organización para mantener su identidad. Alejandro Figueroa (1994), quien estudió a los yaquis y mayos, considera que la organización interna, la construcción histórica de la identidad colectiva y la conciencia que tienen de sí mismos como etnia frente a los otros, son factores importantes para su persistencia cultural. Ambos grupos étnicos, señala el autor, se encuentran insertos dentro de una misma estructura de clases y, en términos generales, también dentro de un sistema de estratificación social étnica en sus regiones, pero en su organización interna cada una es diferente. En ambos casos, a pesar de las diferencias y de los cambios de su cultura con respecto a la época prehispánica, queda un sentido de identidad que los vincula con ese pasado, de tal manera que se perciben como los mismos, aun cuando también están conscientes de los cambios.

En este volumen se aborda un conjunto de temáticas —ciertamente de orden histórico— que de una u otra manera intenta puntualizar un problema vigente y relevante: el problema de la construcción de la identidad. Con el título de *El indio como metáfora de la identidad nacional* se presentan diez artículos que recorren diferentes épocas y desde enfoques distintos abordan la presencia indígena en la construcción de la identidad mexicana. La idea es tejer diversos contrapuntos mostrando la compleja tensión que se gesta entre lo local y lo nacional, en donde la etnicidad ha jugado un papel fundamental. Las reflexiones abarcan desde la época colonial hasta el siglo XX, con un eje compartido: el papel que ha desempeñado el indígena en la construcción del actual Estado nacional y la transformación de este papel a lo largo del tiempo.

Los seis primeros trabajos muestran las distintas maneras en que los grupos hegemónicos y la sociedad nacional mexicana han comprendido, caracterizado e incorporado la figura del indio como parte del perfil de identidad en ese largo y complejo proceso de construcción de la nación mexicana. Los siguientes tres artículos abordan la problemática de la identidad vista desde los «otros», esto es, desde los indígenas o de los que proponen una nueva identidad mexicana.

En el primer artículo, «El indio en las *Relaciones geográficas del siglo XVI*: la construcción de un significado», María del Refugio Cabrera analiza las opiniones acerca del indio en los documentos elaborados por los encomenderos; en ellos, las autoridades españolas locales dan razón de los habitantes americanos conquistados. Para la autora, la situación de los grupos mal llamados «indios» poco ha cambiado en los diferentes momentos históricos del país y considera que es en la primera mitad del siglo XVI cuando se construyen las bases de acción y justificación ideológica para colocar al antiguo habitante de estas tierras en la situación en que se encuentra en la actualidad.

El segundo artículo, «Lenguas, órdenes religiosas e identidad: siglos XVI-XVIII en la Nueva España», Lucina García aborda el trabajo de los misioneros en el campo educativo, religioso y lingüístico durante los dos primeros siglos de la Colonia. Se cuestiona el papel fundamental que los religiosos desempeñaron en la conservación o desplazamiento de las prácticas culturales y las lenguas indígenas. Fueron los religiosos los que, sin proponérselo, ayudaron a que las culturas y las lenguas indígenas sobrevivieran a los embates de la cultura española. Esto quizá propició que se afianzara la identidad de los indígenas. En efecto, el español fue una lengua de conquista durante los siglos del XVI y XVII y las lenguas indígenas fueron las conquistadas y vencidas. En los restantes siglos y hasta terminar el milenio, la castellanización ha sido la meta nacional. Pero a pesar de 500 años de dominación de la lengua española, numerosas lenguas indígenas de México y América Latina muestran una considerable vitalidad y expresan una resistencia cultural (Stavenhagen, 1979:49). Lo que demuestra que en la etapa de la construcción nacional, momento de la exaltación del indígena como símbolo o metáfora de la identidad, los indígenas de carne y hueso ausentes tuvieron tiempo de reconstruir su propia identidad social frente a la identidad proyectada como nacional.

Los dos siguientes artículos, «Los liberales mexicanos frente al problema indígena: la comunidad y la integración nacional», de Iván Gomezcésar, y «La prensa de la capital y su visión del indio», de Antonio Santoyo, están enmarcados dentro del problema de la etnicidad y la política. Se refieren al siglo XIX —siglo del liberalismo y del nacionalismo—, periodo de la construcción de los Estados nacionales. La diversidad étnica y cultural fue vista como un fenómeno que había que superar integrando la nación. El Estado moderno fue concebido como la institución capaz de incorporar en un solo molde cultural a todos sus integrantes. El modelo de nación moderna era aquella que presentaba una homogeneización en sus estructuras político-administrativas y económicas así como en la cultura.

Gomezcésar hace un análisis del dogmatismo y falta de comprensión respecto de la problemática indígena. El liberalismo —como corriente ideológica y política— se declaró enemigo rotundo de la comunidad indígena, por entenderla como un resabio del pasado colonial que debía ser eliminado con el fin de que México lograra constituir una nación homogénea y se encarrilara en la vía de un pretendido progreso. El autor entiende el liberalismo no como una corriente monolítica sino como un entramado complejo de fuerzas políticas y sociales, y ubica diferentes momentos en que tuvieron lugar las alianzas entre las fuerzas liberales y las comunidades indígenas.

Para dar continuidad a esta reflexión histórica, Santoyo analiza el discurso periodístico durante el periodo que abarca de 1867 a 1880 en la ciudad de México. En él se examinan las concepciones y las propuestas —no siempre homogéneas— que los pensadores más importantes de ese momento plasmaron en la prensa en relación con la población indígena y su ubicación en el conjunto de la nación, como parte del marco ideológico que se generó a partir del triunfo republicano y su proyecto de modernización.

Los demás artículos se refieren al siglo XX, que es por excelencia el de las luchas de clases, y en el cual las nacionalidades y los problemas de identidad étnica pierden significación ante la gran importancia del principio clasista, pero pasan al plano simbólico. La imagen del indio empezó a estar en los muros, museos, esculturas y zonas arqueológicas, pero como persona quedó relegado a un segundo plano. En el artículo "El indio y la identidad nacional desde los albores del siglo XX», Paz Xóchitl Ramírez S. y Eduardo Nivón Bolán dan cuenta del papel que jugó el «indio simbólico» —ya no a partir de la prensa sino de las concepciones filosóficas más relevantes— cuando el país se colapsaba ante la revolución de 1910 para reconstituirse poco a poco en una nueva nación.

Al iniciar la década de los cuarenta, México empezó a vivir una notoria estabilidad política y un crecimiento económico que termina en 1968, periodo en el que imperaba el enfoque culturalista en las instituciones gubernamentales recién formadas como el Instituto Nacional Indigenista y el Instituto Nacional de Antropología e Historia, que subrayó los rasgos culturales de los grupos indígenas —vestido, costumbres, manifestaciones artísticas (artesanías), gastronomía, etc.— y los contrastó con la cultura nacional, dominante o mestiza. El resultado de esta comparación fue el reconocimiento del atraso económico de las comunidades indígenas y el cambio cultural o asimilación de éstas a la cultura dominante, sobre todo mediante la acción educativa y la castellanización. Por otra parte, en el mismo ámbito ideológico, el Estado contribuyó a crear una imagen de atraso económico de las culturas derivado de sus prácticas agrícolas tradicionales, que proyectó en los medios masivos de información. Pero, paradójicamente, la discriminación racial fue uno de los obstáculos que impidió la integración del indígena.

Los años que van de 1968 a 1984 fueron de transición del milagro mexicano a la realidad de las rebeliones de la modernidad: la autocrítica, el discurso populista, la estimulación de la inconformidad y la crítica a la élite política enriquecida en el pacto estabilizador. Con un nuevo enfoque clasista, se empieza a analizar la pobreza de las comunidades indígenas. Dicho enfoque reconoció la explotación económica a la que han estado sujetos los indígenas desde hace siglos. De acuerdo con la articulación entre las comunidades indígenas y la sociedad nacional estaba marcada por relaciones coloniales, y surge un nuevo concepto en el lenguaje académico, el colonialismo interno, entendiéndose por tal la subordinación de las comunidades indígenas a la cultura nacional. El indígena pasó a ser, dentro del paradigma capitalista, un campesino. El caciquismo agrario, que se inició durante el periodo estabilizador, a comienzos de los años ochenta, subsistía pero sus centros de poder se hallaban ahora en la burocracia urbana: la Confederación Nacional Campesina, nueva instancia caciquil de la modernización. Paralelamente, hay una terrible invisibilidad política de los movimientos genuinamente campesinos y sus organizaciones pasaron a un segundo plano como grupos capaces de presionar y negociar sus demandas. Ese drama

de representación política se dio en el escenario de una transformación estructural y una debilidad estratégica de la nación. Como consecuencia de la industrialización, en las comunidades indígenas se
dio una migración interna creciente a las ciudades, lo que algunos
llamaron descampesinización y los indígenas pasaron a formar parte
de los marginados de las ciudades.

Las tres últimas décadas del siglo XX presentan las siguientes
características: un campo cada vez más erosionado y más difícil
de transformar sobre la base de la autosuficiencia y modernización
que se deseaban; la ofensiva del *agrobusiness* o agricultura capitalista, y la ganaderización a costa de tierras de cultivo. La alimentación pasó de autosuficiente a dependiente y los indígenas-campesi-
nos empezaron a marchar a la ciudad de México para protestar ante
las autoridades políticas demandando sus derechos.

El Estado también contribuyó en el ámbito de lo ideológico a la
discriminación de los indios a través de la prensa, la televisión y los
libros de texto gratuito. En estos últimos presentó, durante veinte
años, en el libro de historia del cuarto año de primaria, el silencio de
los indios a los niños de toda la nación, cuando en la realidad existen
en México 56 etnias de diferente magnitud y cada una de ellas con
un idioma propio. Como se sabe, estos libros de texto son obligato-
rios para todas las escuelas del país y ésa es la visión social de
México que adquirieron varias generaciones en su niñez, edad muy
importante para transmitir una conciencia. Algunos niños, por la influencia de la educación familiar, lugar de excelencia para la socialización, aprendieron a evitar la discriminación.

El trabajo de Virginia Molina Ludy, «La ideología subyacente en
la discriminación hacia los pueblos indios», analiza la ideología del
Estado a través de los libros de texto oficiales de ciencias sociales
hasta 1992, que contribuyeron a la reproducción de la discriminación. Además, señala la autora que los mencionados libros de texto
fueron leídos durante veinte años por niños tanto indios como no

indios y que reforzaron las barreras o fronteras étnicas entre dichos grupos, dificultando también la definición del «otro».

Recordemos que en México, en el periodo postrevolucionario, castellanizar a los grupos indígenas era sinónimo de desarrollo económico y social. A partir de 1964 las autoridades educativas impusieron la enseñanza del español como segunda lengua junto con la aplicación de los programas escolares en lengua indígena. A fines de la siguiente década, al terminar el sexenio de Miguel de la Madrid, se esperaba que todos los indígenas monolingües supieran hablar, leer y escribir el español.

Los métodos que se utilizaron para enseñar el español fueron inadecuados. Por ejemplo, uno de ellos fue inducir el aprendizaje de la lectura y escritura del español mediante cartillas y los libros de textos oficiales, lo que creó fuertes problemas psicológicos y culturales en los niños indígenas porque el español no era su lengua materna. Otro sistema empleado fue la castellanización en el marco de una educación bilingüe, junto con la alfabetización y enseñanza en la lengua materna del educando. En este último caso, el aprendizaje del español como segunda lengua no representó una ruptura con la cultura, sino que formó parte de un proceso de escolarización general.

El artículo de María Ana Portal, «El indio como imagen televisiva: la creación de nuevos mitos e identidades en la sociedad contemporánea», reflexiona en torno al papel político e ideológico del indio en los medios de comunicación masiva —particularmente la televisión— y su importancia en los procesos de construcción de referentes de identidad nacional, ante el paso del proyecto modernizador del sexenio de Carlos Salinas de Gortari.

Los tres últimos trabajos están relacionados con la resistencia étnica. Antes, ésta tenía lugar en el ámbito cultural y psicológico; de manera individual y colectiva; hoy ha adquirido en cada vez mayor medida características organizadas, ideológicas, políticas y de masas. Es evidente que la nación mexicana es pluriétnica y multicultural y la variedad enriquece la diversidad cultural de nuestro país. Cada grupo indígena conserva y practica, en grados diversos, su lengua y cultura, usos y costumbres, así como sus formas de organización social. El surgimiento de la dimensión étnica y su reconocimiento jurídico constituyen hoy un fenómeno mundial presente en muchos países, independientemente de su nivel de desarrollo y régimen político.

Junto a los indígenas actuales que luchan para que se !es reconozcan sus derechos, existen también grupos que provienen del nacionalismo populista de la década de los cuarenta y que han generado el movimiento de la restauración de la mexicanidad promovido por mestizos que intentan revivir el pasado mexica, como puede leerse en el trabajo de Lina Odena Güemes, «Los restauradores de la mexicanidad», cuyo interés, a diferencia de los artículos anteriores, se centra en la cuestión de la mexicanidad, es decir, de la forma en que este proceso de identificación con la cultura indígena pasada es formulado por algunos sectores populares, gestándose un complejo proceso identitario, en ocasiones sectario, pero presente como una fuerza social importante en nuestros días.

Un aspecto importante que hay que resaltar de las comunidades indígenas actuales son las prácticas de cooperación que observan desde la época prehispánica y que todavía se conservan, como lo demostraron con el Programa Nacional de Solidaridad durante el gobierno de Salinas. Sin embargo, entre el pasado y el presente de las comunidades existen cambios radicales. El trabajo de Héctor Tejera Gaona, «La comunidad indígena en México: la utopía irrealizada», analiza aspectos fundamentales sobre la estructura interna de la comunidad indígena, reabriendo algunos cauces de discusión teórica en torno a la definición. Dicho replanteamiento de lo comunitario le permite abordar tres problemas centrales: la continuidad, la discontinuidad y la situación actual de la comunidad indígena de México.

Este volumen termina con un artículo sobre la identidad étnica en Guatemala. En su trabajo «Rigoberta Menchú Tum: defendiendo la identidad», Raquel Barceló analiza el pensamiento de la Premio Nobel de la Paz 1992, defensora de los derechos humanos, de la vida, la cultura y la historia de su etnia en particular, y de los indígenas de América en general. Se resalta la riqueza del pensamiento maya —antiguo y moderno— presente en el discurso de la Nobel.

En el desarrollo nacional de la mayoría de los países de América Latina se ha negado la identidad de los indígenas. Sin embargo, el indio ha defendido su identidad y espacio dentro de las naciones a las que pertenece. Es evidente que en este siglo que finaliza los indígenas han adquirido mayor visibilidad en los escenarios políticos nacionales. De esta manera, a pesar que algunos ideólogos y políticos ignoraron durante mucho tiempo la identidad étnica como un problema político de nuestro tiempo, los indígenas están recuperando su espacio perdido.

La persistencia cultural de los grupos étnicos se debe a las creencias que cristalizaron en símbolos de identidad colectiva y que son altamente valorados. Para Edward Spicer, los sistemas persistentes de identidad no remiten ni a hechos biológicos ni a una historia compartida, sino a una serie de características que han sobrevivido como entidades diferenciadas, y que a pesar de haber sido sometidos a distintas formas de opresión estatal presentan una resistencia exitosa a las pretensiones de asimilación. Para terminar, parafraseando a Rodolfo Stavenhagen, es posible que el siglo venidero en América Latina sea el de la etnicidad.

Raquel Barceló
María Ana Portal
Martha Judith Sánchez

xiv

BIBLIOGRAFÌA

BERGER, P., B. Berger y H. Keller: «Pluralization of Social-Life Worlds», en P. Berger *et al, The Homeless Mind*, Peguin Books, Harmondsworth, 1973, pp. 62-77.

BONFIL BATALLA, Guillermo: *México profundo. Una civilización negada*, México, Consejo Nacional para la Cultura y las Artes-Grijalbo, 1990.

CONNOR, Walker: «Nation-Building or Nation-Destroying?», *World Politics*, vol. XXIV, abril 1972, pp. 319-356.

CONNOR, Walker: «The Politics of Ethnonationalism», *Journal of International Affairs*, vol. 27, núm. 1, 1973, pp. 1-20.

DUNLEAVY, Patrick, 1988, «Group Identities and Individual Influence: Reconstructing the Theory of Interest Groups», *British Journal of Political Sciences*, vol. 18, 1988, parte 1, pp. 21-49.

ELIOU, Marie: «Erosion et Permanence del I'Identité Culturalle», *Cahiers Internationaux de Sociologie*, vol. LXVI, París, PUX, 1979, pp. 79-90.

ERIKSON, Erick: *Identidad*, Madrid, Taurus, 1980.

FIGUEROA, Alejandro: *Por la tierra y por los santos. Identidad y persistencia cultural entre yaquis y mayos*, México, Consejo Nacional para la Cultura y las Artes, 1994.

HABERMAS, Jürgen: *Teoría de la acción comunicativa*, 2 vols., Madrid, Editorial Taurus, 1987.

HABERMAS, Jürgen: *La reconstrucción del materialismo histórico*, Madrid, Editorial Taurus, 1981.

ISAACS, Harold R., *Idols of the True, Group Identity and Political Change*, Harper & Row Publishers, Nueva York, 1975.

MACKENZIE, W. J. M.: *Political Identity*, Manchester, Manchester University Press, 1978.

PETERSON ROYCE, Anya: *Ethnic Identity. Strategics of Diversity*, Bloomington, Indiana University Press, 1988.

SPICER, Edward: «Persistent Cultural Systems: A Comparative Study of Identity Systems that Can Adapt to Constrasting Enviroments», *Science*, núm. 4011, 1971, pp. 595-800.

STAVENHAGEN, Rodolfo: *Problemas étnicos y campesinos. Ensayos*, México, INI, 1979.

STAVENHAGEN, Rodolfo y Margarita Nolasco (coords.): *Política cultural para un país multiétnico*, Méxic, SEP, Dirección General de Culturas Populares, El Colegio de México y Universidad de las Naciones Unidas, 1986.

STAVENHAGEN, Rodolfo y Margarita Nolasco (coords.): «Comunidades étnicas en Estados modernos», *América indígena*, vol. XLIX, núm. 1, enero-marzo, 1989.

VOS, George de: «Ethnic Pluralism: Conflict and Accommodation», en G. de Vos y L. Romasnucci-Ross (comps.), *Ethnic Identity*, Chicago, The University of Chicago Press, 1982.

EL INDIO EN LAS *RELACIONES GEOGRÁFICAS* DEL SIGLO XVI: LA CONSTRUCCIÓN DE UN SIGNIFICADO

María del Refugio Cabrera Vargas

1. RELACIONES DE PODER EN EL SIGLO XVI

Después de aquel terrible 13 de agosto de 1521 en que Tenochtitlan —capital del Estado mexica— sucumbe ante los ejércitos de los lugares inconformes con su política, aliados con los invasores españoles, se inicia un proceso muy destructivo para todos los habitantes de estas tierras, proceso que en estos años de fin del siglo XX aún continúa. Poco tiempo después de 1523, el llamado conquistador «fué a todos los pueblos a hacer demostración cómo había ahorcado al Gran Señor Cuauhtémoc. Y también fué cuando empezaron los padres de San Francisco a enseñar a rezar y dar a entender la doctrina cristiana»;[1] vía la guerra y la religión, la realidad de la Mexicatlalli se transforma radicalmente. La guerra trajo consigo destrucción, epidemias y muerte; sin embargo, la imposición de la religión de los extranjeros no fue menos destructiva, ya que significó la muerte de los antiguos sacerdotes, profanación y destrucción de los templos de los dioses tradicionales, éxodo de poblaciones completas y, lo más importante para los recién llegados, el traslado del control económico–político a manos de frailes y encomenderos.

Es en estos primeros años de contacto que se sientan las bases y se definen las características de las relaciones conquistadores–con-

---

[1] *Anales de San Gregorio Acapulco* (Atlapulco), 1948 p. 105.

quistados; ellos, los otros, los extranjeros, asumen la posición del vencedor construyendo su imagen de soldados que pasaron por múltiples batallas y que, a pesar de ser un grupo reducido son los vencedores, aunque en un análisis más detallado de la forma en que presuntamente obtienen la victoria, sea evidente que ésta se logró a partir de alianzas con gobernantes de otras entidades políticas que se unen a Cortés en oposición a la política mexica, confiando en que al obtener la victoria los acuerdos de guerra serían respetados. En primer término, es necesario recordar la alianza Cortés–gobernantes del actual Tabasco, gracias a la cual el español obtiene la inapreciable ayuda de Malintzin; ya en el altiplano, tampoco respeta los acuerdos establecidos con Ixtlilxóchitl de Texcoco quien

> A la llegada de los españoles, los recibe favorablemente poniendo a su disposición no sólo el ejército de Texcoco, también el de las provincias a él sujetas para luchar en la conquista de México Tenochtitlan. Es en Texcoco donde Cortés y los suyos se pertrechan para sitiar y sujetar la ciudad y es ahí también donde Ixtlilxóchitl proporciona a Cristóbal de Olid 50 mil hombres de Tziuhcóhuac y las demás provincias de la parte del norte para ayudar en la destrucción de los mexicanos.[2]

Concluidas las acciones de guerra Cortés, ya con el poder en sus manos, Tenochtitlan casi destruida y muertos o presos los principales guerreros mexicanos y tlatelolcas, los aliados de Tabasco, Texcoco y algunos otros lugares por una parte y por la otra los españoles, se enfrentan no ya a las armas sino al significado de la victoria para unos y para otros.

Para los gobernantes de los lugares aliados, su ciudad capital y las localidades a ella sujetas permanecen igual que antes de la alianza con Cortés, manteniendo las mismas características en extensión territorial y organización social; hombres y tierra como algo que no

---

[2] Cabrera Vargas, 1983, p. 106.

les pertenece directamente sino para obtener lo más importante: el tributo.

Para Cortés y los suyos, en violación flagrante de los acuerdos de alianza, todo como botín de guerra, es decir, ellos como únicos dueños y señores absolutos de tierras, hombres y tributos, incluyendo los territorios aliados. Ésta será la primera característica de las nuevas relaciones. Haciendo caso omiso de las obligaciones que implica toda alianza de guerra, Cortés define el ámbito de las nuevas relaciones de poder: por una parte él, su rey y los frailes que llegan para complementar las acciones de conquista, por otra, los soldados ahora convertidos en encomenderos que construirán sus propios centros de poder en las tierras que obtuvieron como botín. Ixtlilxóchitl y las alianzas no existen, los indios no existen. Es así como se inicia el proceso de desconocimiento del indio, antiguo habitante y dueño y señor de estas tierras.

Este desconocimiento voluntario del indio se tradujo en los hechos en acciones de crueldad inaudita, para los recién llegados no importó la antigua división político–territorial, encomiendas y curatos se distribuyeron el territorio donde más les convino y en cuanto a la población que habitaba en estos lugares, los indios pasaron a ser una masa informe, los estratos sociales y las diferentes culturas no existieron para los que se autorreconocieron como conquistadores.

Podría argumentarse que no sucedió así en todos los casos. Si bien un número reducido de *pillis* mantuvo un mínimo de poder por un tiempo, finalmente fueron despojados gracias a los buenos oficios de frailes y encomenderos, como sucedió con el llamado, después de la conquista, Don Martín Cerón, gobernante del Tlahtocayo de Tepetenchi en Xochimilco quien, a pesar de ser también aliado de Cortés en la conquista de Tenochtitlan, después de ella tendría que luchar con todos los medios por su tlahtocayo contra frailes y encomenderos, hasta que finalmente lo pierde. Un documento de finales del XVI da cuenta del término de esta lucha, en el cual resalta el estilo español de hacer política:

[...] doy licencia al dicho Don Martín Cerón para que deje el gobierno de la dicha ciudad que le estaba otorgado y luego salga de ella con toda su casa y familia sin volver a la dicha ciudad a cosa ninguna [sin]que para ello tenga expresa orden mia, de lo cual tenga especial cuidado la justicia de ella para que no exceda en manera alguna [...][3]

En otros casos, conforme avanzaba la presencia española en el territorio, muchos antiguos gobernantes siguieron la misma suerte que el Señor de Meztitlan que fue convertido en macehual.

Diego Ramírez, visitador comisionado por el rey de España, en una carta fechada en noviembre de 1553 decía:

[...] en todo lo que he visitado de entre la Veracruz y Pánuco, los más caciques más propiamente se podían llamar esclavos que no señores según su miseria y opresión, pues me ha constado que algunos andaban al monte por no verse presos por los tributos eccesivos de su encomendero especialmente fue en un pueblo que se llama Cicoaque.[4]

Otros gobernantes no huyen solos al monte, las crueldades españolas provocaron migraciones de tlaxilacalli[5] en su totalidad, en busca de territorios alejados de aquellos lugares donde los españoles se establecían. Un documento de Santo Tomás Axochco fechado el cuatro de febrero de 1531 y publicado por Díaz de Salas y Reyes lo registra, constituyendo una pequeña muestra de lo que debieron sufrir los mal llamados indios en este proceso de apropiación del botín de guerra; en él se registra con precisión cuáles fueron las características de los nuevos dueños de la tierra:

Nunca se contentan.
Sólo con excremento divino y relumbrosos vidrios.

---

[3] AGN, Ramo Indios, 1598, vol. VI, 2a. pte., exp. 10101, f. 270.
[4] Actual Chicontepec. Véase, *Epistolario de Nueva España*, p. 67.
[5] Este tipo de asentamiento fue traducido por los españoles como barrio.

Se burlan de las mujeres de los que mandan.
Su corazón se apacigua hasta que los queman
como quemaron al Gran Superior Señor de Michoacan
al muy grande Caltzontzin.[6]

El indio no es relevante ni siquiera en cuanto a sujeto que proporciona el tributo. Para el español , fraile o encomendero, las riquezas que se envían al rey de España son resultado de «su trabajo» y así lo manifiestan en numerosos documentos enviados a la Corona para solicitar se amplíen los favores concedidos.

De las tierras que les fueron otorgadas como encomienda, eligieron el lugar donde ordenaron la construcción de sus viviendas y lo llamarán *pueblo*[7] para distinguirlo de los territorios ocupados por antiguos asentamientos indios que designaron como *comunidad*, términos que aun en estos años de fin de siglo son utilizados con esta precisión en lugares alejados de la capital del país. Sin embargo, conforme avanzaba esta primera mitad del siglo XVI, el término pueblo lo aplicaron también en los casos de nuevas fundaciones indias, consecuencia de fenómenos migratorios, en territorios otor-

---

[6] Tlalocan , vol. VI núm. 3, p. 195.

[7] Quizá sea necesario precisar un poco más en el caso del término *pueblo*. Para el grupo dominante fue claro que al dirigirse al *pueblo* en documentos oficiales se hacía a los núcleos de población española que habitaban los territorios de las cabeceras; sin embargo, siglos después, el mismo término fue y ha sido utilizado con fines políticos sufriendo un proceso de corrupción, tornándose confuso y ambivalente ya que se utiliza para referirse tanto al territorio sin la población, como a la población en su conjunto sin ninguna relación con territorio determinado, como generalización, no importando si se trata de indios o españoles, como fue el caso de la llamada lucha por la independencia en que el poder se disputa entre peninsulares y criollos, mientras los indios son utilizados únicamente como carne de cañón. La historia oficial registra estos acontecimientos efectivamente como una «lucha del pueblo» pero, ¿cuál pueblo?, ya que al pasar esta historia a los discursos oficiales del grupo en el poder, se le atribuye el segundo significado, convirtiéndose en demagogia. En los lugares que actualmente habitan poblaciones indias esta diferencia es clara y no existe ninguna confusión.

gados por la Corona, originando una gran imprecisión al designar los diferentes tipos de asentamientos humanos de los nuevos territorios, característica típica de este siglo. Un caso semejante de pueblo y comunidad es el término *región*; para gran número de funcionarios de la Corona cualquier extensión territorial fue región.

Aunado a este fraccionamiento territorial y a esta confusión de términos, repetimos, el indio no existió como sujeto, existió en tanto fuerza de trabajo con posibilidades de ser explotada al máximo para satisfacer la ambición desmedida de frailes y encomenderos desencantados por no encontrar las riquezas en oro y plata que habían imaginado. En los documentos de la época rara vez se menciona la existencia del indio como ser humano.

Y es precisamente la no aceptación, que no la ignorancia puesto que las evidencias eran más que suficientes, de su calidad humana, la que proporciona a los extranjeros la justificación ante su conciencia y ante su Dios de la explotación a que sometieron a los indios. No sólo los encomenderos siguieron este camino, también los frailes hicieron lujo de crueldad con los conquistados. Los primeros franciscanos que llegan a los antiguos territorios de la Mexicatlalli ponen todo su empeño en «borrar la idolatría», dedicándose a destruir las imágenes de los antiguos dioses que ellos llaman ídolos y utilizando a los niños como delatores de sus padres y vecinos; cuando decidieron la destrucción de los templos: «[...] el día de año nuevo año de 35, en Tezcuco, donde havía Templos hermosos, y torreados, quemaron los Templos, y las vestiduras gentílicas que usaban».[8]

El abuso y atropello de los frailes llegó a tal punto que en la misma ciudad de Texcoco los religiosos azotaban a los *pillis* por faltar a misa. Por otra parte, y utilizando como objetivo explícito la «conversión de los naturales»,[9] los frailes franciscanos impusieron

---

[8] Vetancurt , 1971, p. 4.
[9] *Ibid.,* p. 2.

sobre los ciclos de los calendarios prehispánicos su sistema de «fiestas»[10] a los santos; con esto consiguieron uno de sus objetivos: trasladar de los gobernantes locales, ahora a sus manos, la tradicional entrega de tributos, asegurando así no sólo su manutención, sino también todos los trabajos que fuera menester realizar. Estas condiciones impuestas por los recién llegados, sumadas a las enfermedades que trajeron, ante las cuales los indios no tuvieron defensas naturales, provocaron grandes epidemias que diezmaron la población; la muerte de indios en los primeros años de contacto con los españoles fue de una dimensión aterradora. Sherburne F. Cook y Woodrow Borah calculan que entre 1519 y 1568, en las tres zonas climatológicas del México central la población se redujo en la siguiente proporción:

CUADRO 1

ZONA	PORCENTAJE
Costas	47.80
Región intermedia	9.55
Planicies	6.60

FUENTE: Cook y Borah, 1977, p. 386.

Mientras estos acontecimientos se desarrollaban en la Mexicatlalli, ingresó al convento de la orden de los dominicos de la ciudad de Santo Domingo en la isla Española, Bartolomé de las Casas, personaje que representó por más de medio siglo la oposición a las ideas dominantes de la época en torno a la forma que debía ser empleada para la conversión al cristianismo de los habitantes de los nuevos

---

[10] Cabrera Vargas, 1995, p. 16.

territorios. Durante los diez años posteriores a su ingreso a la orden, Bartolomé de las Casas dedicó toda su actividad a la campaña en defensa de los indios, a quienes había visto casi desaparecer en la isla Española en unas cuantas décadas; Cook y Borah proponen un cálculo aproximado del descenso de población en la isla a partir del año 1496.

Cuadro 2

Año	Descenso de población
1496	3 770 000
1508	92 300
1509	61 600
1510	65 800
1512	26 700
1514	27 800
1518	15 600
1540	250
1570	125

Fuente: Cook y Borah, 1977, p. 380.

Como señalan los mismos autores, para 1535 de hecho la población de la isla se había extinguido. Esta mortandad, aunada a la desintegración de las sociedades nativas en las islas y en la Mexicatlalli, fueron las razones por las que en el lapso comprendido entre 1531 y 1551, Bartolomé de las Casas «desplegó su prodigiosa actividad en su campaña en defensa de los indios. Como es sabido, esos veinte años, que incluyen la desastrosa gestión episcopal en Chiapas y la controversia con Sepúlveda, los consumió Las Casas en viajes, promoción y realización de proyectos, redacción de memoriales y tratados, y en ventilar pleitos y polémicas».[11]

En nuestro caso, retomaremos solamente la controversia y de ella los que consideramos puntos álgidos de la discusión.[12]

Juan Ginés de Sepúlveda —filósofo, teólogo y jurista del siglo XVI— quien por su posición acérrima en justificar el tipo de dominación española, consecuentemente todas y cada una de las acciones de frailes y conquistadores con los indios, por tanto, el principal oponente de las ideas de Las Casas,[13] partía del principio enunciado por Cristo: «id y predicad a todas las criaturas», entre las que el fraile incluía a los indios considerándolos como criaturas de Dios.

El asunto central de la discusión fue si la fuerza debería o no ser empleada para la conversión de los indios, como señala Lewis Hanke, viejo problema que había surgido durante los primeros años de la conquista. Retomaremos dos de los ocho puntos en que Las Casas sintetiza la motivación de sus obras y que Hanke resume en estos términos:

—Para librar a su nación del gravísimo error de creer que los indígenas del Nuevo Mundo no son hombres, pues los españoles han considerado, y los consideran aún, como brutales bestias incapaces de virtud y doctrina, y consecuentemente, han corrompido las buenas costumbres que tenían los indios y han aumentado el mal entre éstos.

—Para dar una verdadera descripción de las virtudes y pecados de los españoles en las Indias.[14]

---

[11] Véase el estudio preliminar de O'Gorman a la *Apologética Historia Sumaria*, en Las Casas, 1967, p. XXIII.

[12] Sepúlveda, 1979, pp. 75, 77, 118.

[13] En la edición de 1979 de la obra de Sepúlveda , Marcelino Menéndez y Pelayo habla de este personaje como «inofensivo y egregio humanista», p. VIII.

[14] Hanke, 1975, p. 25.

En estos dos puntos Las Casas señala con precisión lo que mencionábamos páginas atrás acerca del mal trato a los indios y la ideología que poco a poco los españoles construyeron en relación con aquellos a quienes explotaban. Como resultado de la controversia con Las Casas, Sepúlveda, partiendo de su propia interpretación de los escritos de San Agustín y de la filosofía aristotélica, escribió su *Tratado sobre las justas causas de la guerra contra los indios*; en él Sepúlveda centra la discusión fundamentalmente en:
— el derecho de guerra
— el derecho natural en que la sociedad humana está fundada
— el derecho de una tercera causa de justa guerra que es el imponer la merecida pena a los malhechores.[15]
Sin olvidar que en la argumentación estos tres aspectos se encuentran interrelacionados, nos centraremos en el segundo que fue y aún es el que ha marcado con mayor fuerza las relaciones indios–españoles (o mestizos que se piensan españoles) hasta nuestros días. En el *Tratado* Sepúlveda plantea que:

> Los filósofos llaman ley natural la que tiene en todas partes la misma fuerza y no depende de que agrade ó no. La ley natural es una participación de la ley eterna en la criatura racional. Y la ley eterna, como San Agustín la define, es la voluntad de Dios, que quiere que se conserve el orden natural y prohíbe que se perturbe.[16]

En cuanto al derecho natural: «[...] se reduce, como enseñan los sabios, á un solo principio, es a saber: que lo perfecto debe imperar y dominar sobre lo imperfecto, lo excelente sobre su contrario.»[17]

---

[15] Sepúlveda, *op. cit.*, pp. 75, 77 y 118.
[16] *Ibid.,* p. 67.
[17] *Ibid.,* p. 83.

Con estas características que atribuye a la ley y el derecho naturales, Sepúlveda discute y justifica en el *Tratado* las acciones de conquistadores y frailes españoles en el Nuevo Mundo afirmando:

> Y siendo esto así, bien puedes comprender ¡oh Leopoldo! si es que conoces las costumbres y naturaleza de una y otra gente, que con perfecto derecho los españoles imperan sobre estos bárbaros del Nuevo Mundo e islas adyacentes, los cuales en prudencia, ingenio, virtud y humanidad son tan inferiores á los españoles como los niños a los adultos y las mujeres a los varones, habiendo entre ellos tanta diferencia como la que va de gentes fieras y crueles a gentes clementísimas, de los prodigiosamente intemperantes á los continentes y templados, y estoy por decir que de monos a hombres.[18]

Lo opuesto a esta condición de inferioridad de los bárbaros del Nuevo Mundo son, por supuesto, las cualidades que Sepúlveda atribuye a los españoles:

> Y ¿qué diré de la mansedumbre y humanidad de los nuestros, que aún en las batallas, después de conseguida la victoria, ponen su mayor solicitud y cuidado en salvar el mayor número posible de los vencidos y ponerlos á cubierto de la crueldad de sus aliados?
>
> Compara ahora estas dotes de prudencia, ingenio, magnanimidad, templanza, humanidad y religión, con las que tienen esos hombrecillos en los cuales apenas encontrarás vestigios de humanidad; que no sólo no poseen ciencia alguna, sino que ni siquiera conocen las letras ni conservan ningún monumento de su historia sino cierta obscura y vaga reminiscencia de algunas cosas consignadas en ciertas pinturas, y tampoco tienen leyes escritas, sino instituciones y costumbres bárbaras.[19]

---

[18] *Ibid.,* p. 101. Para contradecir este argumento de Sepúlveda basta consultar las *Crónicas de Michoacán* en "Cómo vino Nuño de Guzmán a conquistar Jalisco y hizo quemar al Cazonci", p. 23.

[19] Sepúlveda *op. cit.,* p. 105.

Pese a los esfuerzos del padre Las Casas por defender a los indios y rebatir los argumentos de Sepúlveda, en los hechos no obtuvo ningún éxito; prueba de ello fue la continuidad de las acciones españolas en el llamado Nuevo Mundo con las mismas características que él reprobaba en los años de mayor discusión con su oponente. Es más, la información de la segunda mitad del siglo XVI señala que los términos en que Sepúlveda define a los indios en relación con los españoles fueron acuñados lentamente y difundidos por autoridades virreinales, frailes y encomenderos en Nueva España.[20]

2. LAS *RELACIONES GEOGRÁFICAS* DEL SIGLO XVI

Las *Relaciones*[21] forman parte de un gran cuerpo de documentos que se empezó a acumular desde los primeros días de la llegada de los españoles y que tuvo como objetivo la descripción de las posesiones de ultramar para su mejor conocimiento. De este cuerpo documental, una buena parte se relaciona con los tributos que daban los indios. En el prólogo a la edición de 1957 de la *Información sobre los tributos que los indios pagaban a Moctezuma*, France Scholes y Eleanor Adams registran como primeros documentos unos traslados de cuentas que comprenden los años 1521–1524 y que proporcionan datos sobre tributos cobrados a ciertos pueblos especialmente en joyas y tejuelos de oro;[22] los registros continúan en forma ininterrumpida hasta el año 1554 señalando la variación en tipo de productos que se tributan y las cantidades. Años antes, en la década de los treinta del siglo XVI, el gobierno del virrey Antonio de Mendoza se preocupó por reglamentar los tributos y servicios perso-

---

[20] Para fundamentar esta afirmación contamos con una fuente de primera mano: los llamados por Francisco del Paso y Troncoso *Papeles de Nueva España* y en años recientes, por René Acuña, *Relaciones Geográficas* del Siglo XVI.

[21] Para una historia de esta fuente, véase Alejandra Moreno Toscano, 1968.

[22] Sholes y Adams, 1957, p. 10.

nales tratando de corregir los abusos de corregidores y encomenderos.

Los registros sobre tributos continuaron hasta 1560–1570 cuando la Corona, tomando como base ciertos censos existentes, fijó la cantidad de mantas, maíz, otros productos de la tierra o dinero que los indios habían de tributar.[23] Quizá para algunos estudiosos la afirmación hecha líneas arriba en el sentido de que las llamadas *Relaciones geográficas* forman parte de este cuerpo de documentos, sea cuestionable. Sin embargo, mantenemos la hipótesis ya que en ellas se solicita información relacionada con ciertos asuntos de índole tributaria.

El cuestionario base de estas *Relaciones* contempla aspectos naturales y sociales: características geográficas, riquezas naturales, historia local y muchos otros asuntos importantes para un buen registro de los recursos de las posesiones españolas en el Nuevo Mundo; formado por 50 preguntas, comenzó a circular entre las autoridades de los territorios bajo dominio español aproximadamente en 1577.[24]

De estas preguntas, si bien la mayoría son de índole geográfico–físico, 14 se relacionan con recursos económicos, lo que representa un 28%, porcentaje nada despreciable. Se trata de las cuestiones registradas con los números 5, 14, 19, 24, 28, 29, 30, 33 además del conjunto representado por seis cuestiones comprendidas entre los números 42–47.

---

[23] *Ibid.,* p. 12.

[24] Quizá las que en forma explícita se relacionen directamente con los tributos son la número cinco, referente al número de población de cada lugar; la 14, que insiste en cuántos eran en tiempo de su gentilidad y lo que tributaban; la 28, 29 y 30 se refieren a la existencia en los pueblos donde se hace la Relación o en su cercanía de minas de oro, plata y otros metales; la 29, a la existencia de canteras de piedras preciosas, jaspes, mármoles, etc.; y la 30 a un producto importantísimo: la sal. Finalmente el grupo 42-47, que solicita informes sobre la existencia de puertos, desembarcaderos, islas, sus dimensiones y capacidad.

En este conjunto de preguntas, las relacionadas directamente con los tributos y el número de tributarios, es donde se encuentra el fundamento a la afirmación hecha líneas arriba en el sentido de que las autoridades y los encomenderos españoles en el Nuevo Mundo acuñaron y difundieron los atributos con que Sepúlveda calificaba a los indios.

Las respuestas a las *Relaciones geográficas* las proporcionaron los alcaldes mayores, corregidores, jueces repartidores y encomenderos, si bien en múltiples ocasiones llamaron a las autoridades tradicionales o a los más ancianos para solicitar la información requerida. En el caso de la pregunta número cinco de la *Instrucción y memoria de las relaciones que se han de hacer para la descripción de las Indias, que Su Majestad manda hacer, para el buen gobierno y ennoblecimiento dellas*, en la parte llamada «*Memoria de las cosas que se ha de responder, y de que se han de hacer las relaciones*», un aspecto de esta cuestión necesariamente fue contestada a partir de las ideas que los españoles se habían formado de la población del lugar. Veamos esto más detenidamente.

a) La construcción de un significado

Antes de iniciar la discusión, permítasenos recordar que debido al tantas veces mencionado error geográfico, al llegar los primeros europeos a estos territorios llaman «indios» a sus habitantes; este término se convirtió en el significante de todos aquellos que poblaban las nuevas tierras recién descubiertas. Pero, ¿cuál era el significado de ser indio? En otros términos: ¿qué era un indio? ¿Cómo era?

Cuando hicimos mención líneas arriba de las características que Sepúlveda atribuía a los indios, es decir, lo que significaba ser indio, señalamos que las autoridades virreinales españolas, encomenderos y frailes en el Nuevo Mundo, a partir de sus primeros tiempos de estadía en estas tierras, acuñaron los calificativos para esta argumentación; por lo que no es de extrañar que las opiniones de un jurista y teólogo en España y de las autoridades en Nueva España mostraran grandes semejanzas. Sin embargo, hasta el momento nos es imposible señalar categóricamente cómo y dónde se construye este significado en la primera mitad del siglo XVI.

Una posibilidad es que soldados, frailes, encomenderos y autoridades virreinales durante los primeros cincuenta años posteriores a la Conquista, cuando la población nativa estuvo sometida a los niveles más altos de explotación y a pesar de esto no logró satisfacer la infinita ambición de los que se autonombraban superiores, éstos, decepcionados, culparon a los indios del fracaso de sus expectativas marcándolos con los adjetivos más terribles; otra es, quizá, la composición social de los primeros grupos de españoles llegados a estas tierras (a excepción de algunos frailes y las más altas autoridades militares), quienes por su mismo origen social necesitaban construirse cotidianamente para sí mismos una imagen llena de cualidades prestigiosas para la España de la época, en contraposición de la imagen que construían y difundían del indio.

Es decir, se construye aquí, en los nuevos territorios, y Sepúlveda se entera por la lectura de algunos documentos coloniales y sus amigos indianos, de ahí la aparente analogía en sus juicios. Cualquiera que haya sido el o los caminos de construcción de este significado, el resultado para los indios ha sido terrible; en la segunda mitad del siglo XVI son ya las opiniones registradas oficialmente por las autoridades locales en las *Relaciones geográficas*, las que sistematizan y dejan constancia escrita de esta infamia histórica que aún sufren los mal llamados indios. La cuestión número 5 está redactada en los siguientes términos:

5. De muchos o pocos indios, y si ha tenido más o menos en otro tiempo que ahora, y las causas que dello se supieren; y si los que hay, están o no están poblados en pueblos formados y permanentes; *y el talle y*

suerte de sus entendimientos, inclinaciones y manera de vivir; y si hay diferentes lenguas en toda la provincia, o tienen alguna generalmente en que hablen todos.[25]

Es necesario dejar constancia de que quienes contestaron las *Relaciones* no siempre se refirieron al asunto contenido en la pregunta; el análisis lo realizamos a partir de la información localizada en los tomos ya mencionados. Para una mayor precisión señalaremos que registramos sistemáticamente las respuestas que aparecen en los tomos primero y segundo correspondientes a las *Relaciones geográficas de Antequera*; primero y segundo de Tlaxcala; el tomo único de Michoacán, y finalmente los tomos segundo, tercero y cuarto correspondientes a México.

Con frecuencia las respuestas califican a los indios en los mismos términos, señalándolos con los peores defectos; sin embargo, es necesario consignar la opinión excesivamente cuidadosa de Juan de Castañeda, corregidor de Cuzcatlán :

Y en lo que toca a la calidad talle y suerte de sus entendimientos e inclinaciones y maneras de vivir, es de tanta variedad que es temeridad juzgar causa de tanta duda que como tal es de la majestad divina, sólo por no quedar corto diré que las demostraciones en lo que toca a la doctrina y santa fé católica son buenas [...][26]

---

[25] Ésta se encuentra en cada una de las relaciones enviadas a los distintos lugares de México; en función de los objetivos de este trabajo centramos nuestra atención en la parte que hemos resaltado de la pregunta, en un segundo momento hemos consultado las respuestas a esta cuestión núm. 5 en las *Relaciones*, correspondientes al territorio de lo que fuera la Mexicatlalli, Tlaxcalla, Antequera y Michoacán. Para ello utilizamos la edición de René Acuña de 1986 que publicó la Universidad Nacional Autónoma de México; si bien la versión de Del Paso y Troncoso de principios de siglo nos parece más cuidada, tiene la desventaja de no estar completa.

[26] Relación de Cuzcatlán (1580), en Acuña, 1985, p. 97.

Y las del comendador Cristóbal de Salazar, corregidor de Coatepec y su partido y de Pedro López de Ribera corregidor de Chiconauhtlan, quienes se expresan en muy buenos términos de las capacidades de los indios. Como ejemplo registramos la de Cristóbal de Salazar:

> Son los naturales dél de buen entendimiento y razón, y bien inclinados, dóciles, y de buen ingenio para deprender y entender de todos los oficios que son enseñados; algunos saben leer y escribir. Viven en policía y congregación.[27]

Para los corregidores de Atlitalaquia,[28] Tepexpan[29] y Hueytlalpa[30] existió una clara diferencia entre indios *pillis* e indios macehuales consistiendo en lo que va de noble a plebeyo, sin embargo, a todos los registran con inclinaciones bajas, acusándolos de ser amigos de sólo comer, beber y holgar.

Un cuarto tipo de respuestas lo constituyen aquellas que presentan una gran cercanía con los juicios emitidos por Ginés de Sepúlveda en sus comparaciones entre indios y españoles:

> Comunmente, son los indios de bajo y cortísimo entendimiento y capacidad, de suerte que, el indio de más talento, será como un muchacho español de ocho o diez años. Sus inclinaciones generalmente, son viciosas y ajenas de virtud [...][31]

Para concluir este primer acercamiento al material es necesario subrayar que el mayor porcentaje de respuestas presenta gran número de constantes, por lo que podemos clasificarlas en dos grandes gru-

---

[27] *Relación de Coatepec* (1579), en Acuña, 1985, p. 138.
[28] *Relación de Atlitalaquia* (1580), en Acuña, 1985, p. 60.
[29] *Relación de Tepexpan* (1580), en Acuña, 1986, p. 246.
[30] *Relación de Hueytlalpa* (1581), en Acuña , 1985, p. 153.
[31] *Relación de las Minas de Tasco* (1581), en Acuña, 1986, p. 115 y *Relación de Xalapa de la Veracruz* (1580), en Acuña, 1985, p. 344.

pos: las que señalan a los indios como «indios bárbaros, torpes y viciosos» y aquellas que los ven como «indios ignorantes y tontos».

Desde luego estos defectos aparecen a los ojos de los extranjeros aderezados de muchos otros, como ser viciosos de mujeres. Defectos y virtudes de los indios debían tener una explicación, por lo que algunas autoridades españolas sintieron la necesidad de señalar las causas que originaban ambos y dejar constancia escrita:

> Son los indios deste dicho pueblo, y de los demás pueblos, indios de muy poco entendimiento y muy rudos, por causa de que están muy apartados de otros pueblos en donde residen españoles y otras gentes; *aunque, por la mayor parte, son muy maliciosos y de otras costumbres malas, por cuanto no tratan lealtad y de poca fe y poca verdad, y de muy bajos y viles pensamientos.*[32]

En términos muy semejantes se expresa Gonzalo Gallegos, corregidor de Mexicaltzingo, quien da como razón de que la gente de su corregimiento sea muy política y cortesana, el comercio frecuente que tienen con los españoles.[33] En otro aspecto, las respuestas a la pregunta número cinco de las *Relaciones geográficas* nos proporcionan algunas de las justificaciones que autoridades, encomenderos y frailes construyeron para explicar las transformaciones ocurridas en la salud y longevidad de los indios por la presencia española, saliendo de lo que realmente se preguntaba: *el talle y suerte de sus entendimientos, inclinaciones y manera de vivir.* En este sentido las proporcionadas por Juan del Río, corregidor de Talistaca, y Alonso de Canseco, corregidor de Tlacolula y Miquitla que presentan ciertas semejanzas:

---

[32] *Relación de Citlaltomahua y Anecuilco* (1580), en Acuña, 1985, pp. 112-113. El subrayado es nuestro.
[33] *Relación de Mexicaltzingo* (1580), en Acuña, 1986, p. 44.

> Dicen que en tiempos de su infidelidad vivían muchos años a causa de andar siempre trabajando así en las guerras como en servicios del señor y que la comida de entonces era muy poca y abstinente y que al presente la causa porque entienden que viven tan poco es por la ociosidad que tienen de no trabajar y las demasiadas comidas y bebidas de que usan al presente, las cuales en el dicho tiempo les eran prohibidas.[34]

En un primer análisis de esta información proporcionada por las *Relaciones* no es difícil deducir las causas a que obedecía. Retomando las cifras en el descenso de población nativa que se registró en esta primera mitad del siglo XVI y ante la lucha por la defensa de los indios emprendida por Las Casas, los españoles en México debían justificar a toda costa la explotación y mal trato a que los sometían; esta justificación les fue tan necesaria que el capitán Lucas Pinto, corregidor de Oztuma, los ya citados Juan del Río de Talistaca y Alonso de Canseco de Tlacolula y Miquitla y otros más, ponen en boca de los propios indios las razones que podían justificar ante el rey, su religión y su conciencia, el trato inhumano que daban a los indios.

> Dicen que en tiempo antiguo, vivían mucho más y más sanos que no ahora, y que, a lo que entienden, es porque la gente es ahora más haragana y no se da al trabajo como entonces, y las comidas de aquel tiempo no eran tan amplias como ahora, porque los indios comunes no podían comer carne ni gallina ni beber vino, lo cual ahora hacen en demasía. Y esto dijeron y entendían de todo.[35]

Por tratarse de «indios bárbaros, torpes y viciosos que apenas poseían vestigios de humanidad», debían ser tratados con todo rigor

---

[34] *Relación de Talistaca* (1580), en Acuña, 1984, p. 80; y *Relación de Tlacolula y Miquitla* (1580), en Acuña, 1984, p. 257.
[35] *Relación de Oztuma* (1579), en Acuña, 1985, p. 287.

por frailes y encomenderos quienes sí poseían las dotes de «prudencia, ingenio, magnanimidad, templanza, humanidad y religión»; por ser indios ignorantes, tontos, no tenían la capacidad de curar la sarna y calenturas, enfermedades desconocidas en estas tierras que fueron traídas por los españoles, cuyo origen estaba en los hábitos culturales españoles de falta de limpieza; por ser sus entendimientos e inclinaciones que no querrían acudir de su voluntad a trabajo ninguno, sino todo holgar, se hacía necesario obligarlos a trabajar de sol a sol, y para justificar aquellos casos en que la población prácticamente murió de hambre por el excesivo trabajo y el despojo de sus tierras, explicaron que «ni aún para su propia comida no son los más dellos, y así siembran tan poco que en agraz se lo comen y lo más del año mueren de hambre».[36]

Así, en esta segunda mitad del siglo XVI se registra formalmente la ideología del dominador, misma que se ha reproducido de generación en generación entre los núcleos de población que se siente española y algunos mestizos que se tratan de identificar con ellos, ignorando cuáles fueron las causas que originaron el significado del término indio.

En 1697, un siglo y medio después aproximadamente, Juan de Villagutierre Soto–Mayor escribió la *Crónica de la conquista de la provincia del Itzá,* en la que agregó a todos los atributos aplicados por los españoles a los indios de los territorios de la Mexicatlalli, Tzintzuntzan —hoy Michoacán—, Tlaxcala y Oaxaca, nuevos aspectos no señalados hasta entonces. Los habitantes del Itzá eran «una [...] descomunal caterva de bárbaros [...] entre esta gente no manda la razón, ni vale la dignidad [...] infieles, idólatras, apóstatas, carniceros lobos de cuerpos humanos [...] caballos, bestias, piedras,

---

[36] Sepúlveda, *op. cit.,* p. 105.

palos, brutos, malditas fieras [...] retocando la imagen de los indios conquistados y, como ya mencionamos, difundiéndola en Europa».[37] Todas estas características que se les atribuyen en las *Relaciones* y en la *Crónica de la conquista de la provincia del Itzá,* se convirtieron en fundamento sólido para excluir a los indios de cualquier cercanía con los extranjeros; como señalamos páginas atrás, se crearon centros de población para españoles exclusivamente, las llamadas cabeceras, sin relación con aquellos habitados por indios; se limitó el uso del caballo; los alimentos, principalmente la carne, fueron clasificados: para los extranjeros la carne de res y la leche de vaca para los indios la carne de cerdo; los instrumentos de labranza traídos de Europa sólo fueron para los labriegos españoles. De esta forma, a través de los años y con una ideología basada en la explotación de los antiguos habitantes, se dio en la práctica la construcción de dos Méxicos: el de los extranjeros que tomaron en sus manos el poder y el otro, el México de los indios, aquel que nunca interesó ni ha interesado a los que aún conservan el poder en sus manos.

b) La ideología como fundamento de la acción

La ideología, entendida ésta como falsa conciencia, falso conocimiento de la realidad, que los españoles construyeron a partir del siglo XVI para describir y calificar a los mal llamados indios y que sirvió simultáneamente para que se autoconstruyeran una imagen de seres superiores, fue y ha sido la base de todas las acciones del grupo en el poder desde aquellos años.

Esta afirmación es válida desde las primeras acciones de los castellanos; al consumar la conquista de cualquier lugar , la primera acción de Cortés fue repartir la tierra como botín de guerra a sus

---

[37] Villagutierre, *op. cit.*

soldados. Si bien en un primer momento hicimos referencia a la traición de Cortés a Ixtlilxóchitl de Texcoco, en esta ocasión nos referiremos a otros dos territorios de grupos que también se aliaron a Cortés: los llamados chontales de Tabasco y los chinantecos.

En 1525, pocos años después de la toma de Tenochtitlan, Cortés organiza expediciones a los territorios del sureste habitados por los chontales, quienes después de los primeros contactos violentos con el español se aliaron a él y le proporcionaron el grupo de mujeres entre las cuales estuvo Malintzin, que fue piedra angular de las hazañas del conquistador contra Moctezuma. Cuando Cortés toma rumbo a los territorios chontales, Malintzin, ahora llamada Doña Marina, ya no fue esencial para el español; el conquistador, después de utilizarla con fines políticos y usarla como mujer, se muestra generoso con ella y «le fueron dados e rrepartidos en encomienda ciertos pueblos (Tepexe e Utlaspa), en recompensa e gratificación de sus trabaxos e servycios [...] »[38]

Al ya no ser útil a Cortés, éste espera el momento propicio para dar fin a la relación con Malintzin. Sin embargo, cuando Cortés sale de Tenochtitlan rumbo a las Hibueras lleva consigo a Doña Marina y

[...] el dicho Marqués casó a la dicha Doña Marina con el dicho Xoan Xaramillo [...] que al tiempo quel dicho Xoan Xaramillo casó con la dicha Doña Marina, el dicho Hernando Cortés le dio en dote e casamiento los pueblos de Olutla e el otroTetiquipaque, que son en la Provyncia de Guazcoalco, e dellos le dieron cedula dencomienda en nombre de su Magestad [...][39]

Cortés continuó su viaje llevando consigo al matrimonio y estando fuera de la ciudad el conquistador y su ejército, los gobernadores

---

[38] Probanza, 1884, p. 189.
[39] *Ibidem.*

que quedaron en México se levantaron y quitaron a Doña Marina todos los pueblos que le había dado Cortés en encomienda, incluyendo la dote matrimonial y nunca más los recuperó, tampoco lo hizo la única hija que tuvo con Xaramillo, a pesar de la probanza de méritos a que fue sometida cuando reclamó sus derechos.

Pero sigamos los pasos de Cortés. El español regresa a la Chontalpa a conquistar y «pacificar» lo ya conquistado; su primera acción como representante del rey de España, al igual que lo había hecho en Texcoco, fue olvidar los grandes servicios que le habían proporcionado los chontales, entre ellos la invaluable ayuda de Malintzin, e inicia el fraccionamiento de los territorios, que incluían a los macehuales que vivían y trabajaban en ellos, para repartirlos entre los soldados españoles que participaron en la Conquista, destruyendo con este reparto la organización político–territorial del lugar. Los indios que formaban parte de sus ejércitos tampoco existieron para este reparto.

Como consecuencia inmediata, la llegada de las huestes de Cortés inicia también el proceso destructivo de las antiguas organizaciones económicas de la región; los españoles arrebatan a los chontales las relaciones comerciales, lo que sumado al descenso de población por las causas señaladas en la primera parte de este trabajo, tuvo como resultado que los principales puertos fluviales y marítimos murieran por inactividad. Para 1579 la *Relación de Santa María de la Victoria* menciona que hacia el Este, desde el río llamado Grijalva hasta Términos hay tres ríos y puertos de mar despoblados; hacia el Oeste hay, desde la boca del Grijalva, otros tres ríos y puertos de mar en las mismas condiciones; si incluimos Xicalango, que también se despobló, podremos constatar cómo la mayoría de la población y la totalidad de puertos chontales desaparecieron gracias a los «beneficios» que llevaron los conquistadores.[40]

---

[40] *Relación de Sta. Ma. de la Victoria* (1579), en De la Garza, *et al.*, vol. II, 1983, p. 1422.

En otros lugares alejados de la costa, en Chinantla, para los gobernantes que también se habían aliado a Cortés proporcionándole soldados y armas, las cosas no fueron mejor; aquí Cortés también repartió el botín para satisfacer los intereses del grupo español; las tierras con sus habitantes fueron repartidas entre la Corona, algunos soldados y el mismo Cortés. Las cabeceras políticas de Chinantla y Usila fueron para la Real Corona y como rasgo generoso de Cortés no se repartió el territorio restante a encomenderos; en cambio en Yolloxonecuillan se fraccionó su territorio para dividirlo entre Cristóbal de Salas, Juan Gallegos y Francisco de Leiva.

Pero Cortés había realizado la Conquista en nombre de Dios y el rey, por lo que satisfecho el rey había que satisfacer a Dios. Sobre la primera división territorial–tributaria en encomiendas, se impone la división de las llamadas Provincias de Evangelización, lo que significó para los habitantes chinantecos no solo la atomización de sus antiguos territorios sino también la obligación de dar además del tributo a su encomendero un nuevo tributo, ahora a los frailes. Chinantla y Usila, a partir de 1531, pertenecieron a la Provincia Dominicana de Villa Alta; años más tarde, en 1558, el clero secular daría los pueblos de Yolox a Juan de Contreras para su beneficio o doctrina.

A esta división religiosa se superpuso una tercera, la división política que atomizó aún más a los chinantecos. En ella el Partido de Teutila incluyó las localidades que antiguamente formaban Chinantla y Usila, aquellas que generosamente Cortés no dio a encomenderos, además de Tlacoazintepeque y Mayultianguis que fueron seccionados de la unidad territorial Yolox; finalmente, con el grupo de localidades que quedaban de los Yolox, formaron el Partido de Teococuilco, y para los chinantecos llamados por los españoles «guatinicamanes» se creó el Partido de Villa Alta que incluyó también localidades zapotecas.

Estas medidas administrativas superpusieron la división económica general (pueblos de la Corona–pueblos de encomenderos), la religiosa (clero regular–clero secular) y la política local (Partido de Teutila, Teococuilco y Villa Alta), teniendo extremo cuidado de que con la nueva distribución de las localidades se destruyeran las relaciones económicas, religiosas y políticas chinantecas; en otros términos, los límites de ejercicio del poder político de los gobernantes nativos.

Como parte de este plan de aniquilación, en las cabeceras donde habitaba el gobernante chinanteco que como parte de su ejercicio de poder controlaba las relaciones económicas, religiosas y políticas que dieron cohesión a las unidades territoriales prehispánicas, se colocan los curas, ministros de la nueva religión, quienes desde esos años cumplieron las funciones económicas recaudando el tributo para el rey, para sus superiores religiosos o, la mayor parte de las veces, para beneficio propio, despojando así al gobernante del lugar de todo poder. Los chinantecos aliados de Cortés, los que le proporcionaron hombres y construyeron armas, tampoco existieron para los españoles de allende el mar y de aquí. Años más tarde y como un elemento más de destrucción, los religiosos extranjeros deciden que no es pertinente el tipo de asentamiento de los chinantecos para la evangelización (léase para que recibieran el tributo) y desde España se envían las leyes que ordenan las reducciones de los pueblos chinantecos. Y aquí cabe preguntarnos, ¿se olvidaron realmente Cortés y los reyes de España de sus alianzas de guerra? Y al mismo tiempo, retomando parte de lo dicho por el corregidor Juan de Tolosa acerca de los indios de Citlaltomahua y Aneculco cuando señala «[...] aunque, por la mayor parte, son muy maliciosos y de otras costumbres malas, por cuanto no tratan lealtad y de poca fe y poca verdad [...]», cabe preguntar ¿y la lealtad de Cortés a las alianzas de guerra?¿Y la verdad de su palabra?

Basten los casos mencionados para ejemplificar tanto la no correspondencia de los juicios de valor de los españoles con la realidad de los hechos, como el olvido voluntario que hicieron del indio, gobernante o no, en beneficio propio. Leyes, principios religiosos, principios morales no existieron para ellos desde su llegada a estas tierras. Los fundamentos y al mismo tiempo la justificación de sus acciones, se encuentran en el significado que atribuyeron al término indio que también ellos mismos acuñaron y que aparece registrado por las *Relaciones geográficas del siglo XVI* como constancia histórica de esta infamia. Desgraciadamente, el proceso de destrucción y desconocimiento del indio continúa.

3. A MANERA DE CONCLUSIÓN

El poder situar en el tiempo el surgimiento de una determinada ideología no es frecuente, menos aún si el poder se mantiene en el mismo grupo dominante y el acceso al conocimiento de la historia real del país, sobre todo la del siglo XVI, esos años negros en que se destruyeron en gran medida las sociedades mesoamericanas y se inició la construcción del México del grupo dominante, ha sido vedado durante casi quinientos años; es por eso que cuando Del Paso y Troncoso, ya en este siglo, rescata del olvido los primeros documentos de respuesta a la *Instrucción y memoria de las relaciones* [...] *para el buen gobierno* [...] y muchos años después René Acuña continúa esta gran obra, ponen al alcance del estudioso una fuente de conocimientos que permite evaluar críticamente cuál ha sido el resultado de la presencia española en México durante los últimos 474 años de historia de este país.

Comparando la información geográfica y social que proporcionan las llamadas por René Acuña *Relaciones geográficas* del siglo *XVI*, con las condiciones que existen en los mismos ámbitos este fin de siglo XX, podemos constatar el deterioro de ambos y los problemas que esto ha ocasionado. La desecación de la cuenca de México, la destrucción de bosques con la consecuente desaparición de especies animales y vegetales únicas en el mundo, la desaparición de grupos indígenas en su totalidad; todo esto aunado a la destrucción de la imagen del indio gracias a la divulgación de una ideología negativa, son una mínima parte del balance. Sin perder de vista que el objetivo central de este trabajo ha sido mostrar en sus inicios el proceso de construcción de una pequeña parte de la ideología del grupo dominante, consideramos pertinente registrar algunas reflexiones en torno al material del cual obtuvimos la información y nuestra manera de interpretarlo.

En primer término hay que dejar constancia de que el material utilizado no abarca la totalidad del actual territorio del país, sino que se limita a la parte que Paul Kirchhoff denominó Mesoamérica, es decir, los antiguos territorios ocupados por las altas culturas mesoamericanas, sin incluir el norte conocido como Aridoamérica. Por otra parte, el límite temporal para el análisis fue el siglo XVI porque consideramos estos primeros años de contacto, cuando las organizaciones político–sociales mesoamericanas aún mantenían múltiples manifestaciones de sus culturas de origen, por una parte, y por la otra, que los españoles que recién llegaban a estos territorios también mantenían sus rasgos culturales en su totalidad, lo que nos permitía evaluar un choque cultural de grandes dimensiones.

En tercer lugar, que si bien tratamos de no perder de vista los diferentes niveles de análisis y que a nivel singular existieron autoridades políticas y religiosos españoles que dejaron constancia de sus juicios favorables a los indios, en las *Relaciones geográficas* éstos representan un mínimo porcentaje y los citamos en este texto; por tanto, las generalizaciones propuestas en este trabajo surgen a partir de la mayor frecuencia del mismo tipo de respuesta.

En el caso de las características de los indios que registra la cuestión número cinco que nos ocupa, quizá alguno argumentaría en contra de estas generalizaciones tomando como fundamento que para las respuestas al cuestionario, se llamó como informantes a «los más viejos y ancianos de cada pueblo, quienes, según el caso, eran interrogados y respondían por mediación de un intérprete»; sin embargo resulta claro que quienes proporcionaron las respuestas a esta pregunta en la parte que solicita se registre *el talle y suerte de sus entendimientos y manera de vivir* [...] no fueron los indios, hubiera sido un suicidio hacerlo en los términos que registran las *Relaciones*, además de que prácticamente no existía la posibilidad de hacerlo, ya que ni hablaban ni leían el español, el idioma de sus autoridades civiles, encomenderos y curas que fueron quienes revisaron, aprobaron y firmaron la encuesta. En este sentido, baste recordar el énfasis del corregidor de Oztuma cuando después de emitir juicios no muy favorables a los indios, en la última parte de la respuesta dice: «*Y ésto dijeron y entendían de todo*». Es decir, era necesario que quedara claro que la respuesta completa, con juicios negativos y todo, la habían proporcionado los indios, no él. ¿Por qué esta aclaración?

Por otra parte, recordando aquella frase célebre de que un texto sin su contexto es puro pretexto, si contextualizamos estas opiniones, que se expresan justo en los años en que se mantienen vivas las polémicas opiniones de Las Casas y Sepúlveda, y se acentúa el interés de la Corona por fijar la cantidad de los tributos con el objetivo de evitar los abusos de autoridades y encomenderos en la llamada Nueva España, resulta explicable que las respuestas a esta pregunta número cinco se presentaran a los ojos de las autoridades españolas locales como una gran ocasión para culpar a los indios tributarios de los desajustes en la economía colonial, por lo que se hizo necesario registrar que *el vicio que más reina en ellos es la ociosidad; y son no de mucho trabajo; y no entienden de otra cosa si no es hacer pulque.*

En otro aspecto resalta el poco interés que desde estos primeros años despertó en los españoles el conocimiento de los indios y cómo por sobre este desconocimiento construyeron la imagen de los indios de acuerdo con sus propios intereses de extranjeros que empezaban a ejercer el poder partiendo de su ignorancia, pues si el indio no les interesó menos aún los lugares que gobernaban en representación del rey de España. Les interesaron sí los tributos, y contamos con documentos que fundamentan esta afirmación; volviendo al ejemplo de Oztuma, existe un documento pictográfico de estos primeros años de contacto que muestra al encomendero español recibiendo información del antiguo gobernante local con relación con productos y cantidades tributadas. Generalmente este tipo de datos fueron utilizados por las autoridades coloniales para conocer los productos tributados a Moctezuma y su calidad, pero sobre todo para saber si era posible que cubrieran sus expectativas de enriquecimiento rápido.

La importancia de resaltar el hecho se debe a que esta actitud de desconocimiento del indio que se traduce en la práctica como la negación de su existencia y su complemento, el gran interés por las riquezas naturales de los territorios que habita, ha sido una constante de gobierno en la política del grupo en el poder. Baste recordar ya en este siglo XX el despojo y la inundación de grandes extensiones territoriales del hábitat chinanteco con el objetivo de construir las presas Miguel Alemán y Cerro de Oro en Oaxaca, que tuvieron como uno más de sus objetivos principales, además de la generación de energía eléctrica para mestizos y criollos de las partes bajas del estado de Veracruz, represar las aguas de los ríos en las partes altas para que no inundaran las partes bajas y destruyeran las tierras ganaderas de la familia del entonces gobernante. Como resultado de esta construcción, gran parte del grupo chinanteco perdió sus territorios tradicionales, no recibió agua ni energía eléctrica para satisfacer sus necesidades durante muchos años y fue «reubicado» en territorios como Uspanapa, que presentaban características totalmente diferentes a las que ellos conocían y estaban acostumbrados a manejar.

No podemos dar por concluida esta parte de la reflexión sin mencionar el ecocidio del antiguo hábitat chontal en Tabasco, que tuvo la desgracia de poseer yacimientos petroleros, una de las riquezas más codiciadas en estos últimos tiempos, y cuyo descubrimiento tuvo por consecuencia la destrucción de gran número de especies animales y vegetales por la desviación o desecamiento de corrientes fluviales que los chontales utilizaban para satisfacer sus necesidades primarias, empobreciéndolos aún más y provocando el aumento de enfermedades en la región, pues los indios siguen sin existir para las políticas del Estado.

Para complementar este panorama habría que considerar en un análisis más amplio el reducido grupo de mestizos que han arribado a puestos de gobierno secundarios y que no sólo se identifican con los extranjeros en el poder, sino que su servilismo ha llegado al punto de utilizar con los indios las mismas actitudes de explotación y prepotencia tradicionales de los descendientes de españoles en México. Sin hablar de aquellos que buscan con ahínco entre sus ancestros cuando menos un apellido español que coincida con alguno de los que tenían los que llegaron en el siglo XVI, no importando si fue autoridad civil o religiosa o perteneciente a su historia personal: lo importante es que coincida, llegando al ridículo de mandar hacer con materiales rústicos el escudo de este apellido y exhibirlo orgullosamente en su sala de recibir.

Pero la realidad es más compleja que la pequeña parte a la que se refiere este trabajo. No todos los españoles que actualmente viven en el país han mantenido esta política de desconocimiento del indio; afortunadamente, como resultado de fenómenos sociales en la España de la primera parte de este siglo, llegaron a México gran número de españoles refugiados, de los cuales, una parte, mínima también por desgracia, respeta y trata de entender al México indio.

Debido también a esta complejidad y en honor al título del trabajo, se han quedado en el tintero muchas reflexiones acerca de otros aspectos de la ideología traída a estas tierras por los primeros españoles. Señalaremos simplemente un segundo aspecto de la polémica Las Casas–Sepúlveda, cuando este último, en el párrafo de su libro citado en la primera parte de este trabajo, al señalar la inferioridad de los indios frente a los españoles, toma como analogía la misma relación de inferioridad–superioridad de los niños frente a los adultos y de las mujeres frente a los varones, aspecto ideológico que ha tenido graves consecuencias en la vida cotidiana, sobre todo en las relaciones mujer–hombre donde tuvo como primera consecuencia el abominable «derecho de pernada», por el cual el terrateniente español podía usar sexualmente a cualquier jovencita india que viviera en sus territorios y botarla después, y que fue, junto con los abusos de los primeros conquistadores que usaron a las mujeres indias frecuentemente y con lujo de violencia, la puesta en práctica de otra característica de la cultura española en México y el antecedente directo del fenómeno conocido como «machismo», que practican sobre todo los mestizos en todo el país, principalmente en las cabeceras municipales de los estados del interior, donde no es extraño que los hombres, cuando apuestan a los gallos, apuesten a su mujer como si fuera un objeto, o en casos extremos como en Ciudad Altamirano, en el actual estado de Guerrero, donde los mestizos de la cabecera, identificándose como españoles, tratan a las mujeres como objetos de uso sin ninguna medida de respeto o consideración.

Otro aspecto que también se quedó en el tintero y que si bien no aparece registrado por las *Relaciones geográficas* se ha dado en la práctica insistentemente, es el relacionado con la superioridad del color blanco de la piel de los castellanos que llegaron durante la Conquista, frente al color de la piel de los indios que se ha calificado peyorativamente como «prieto», razón por la que muchas mestizas recurren a todos los medios posibles para transformarse en «blancas», ya que así tienen mayores posibilidades de que un macho mexicano (mestizo, por supuesto) se fije en ellas.

En fin, sólo restaría comentar que en estas reflexiones, de paso nos hemos acercado al grave problema de la mayoría de los mestizos de este país: la falta de identidad. Cotidianamente humillan y tratan mal a los indios que llegan a las cabeceras municipales o las capitales de los estados y el Distrito Federal en busca de trabajo o a comprar lo necesario para vivir, pues ellos «no son indios»; pero establecen relaciones serviles con los extranjeros o los mestizos en el poder, y tienen que hacerlo pues ellos no son españoles. Esta falta de identidad, debida principalmente al desconocimiento de la historia real y a los pocos elementos que aprendieron en la escuela respecto de la historia construida por los españoles, donde el grupo en el poder aparece como el héroe, les permite compartir la opinión mañosamente elaborada y difundida de que estos hechos «sucedieron hace tanto tiempo» que no es válido seguir culpando a los españoles de los males de este país.

Esta es la razón para olvidar conscientemente ciertos hechos, como que el principal puesto de gobierno, aquél donde se toman las decisiones importantes, ha permanecido en manos de descendientes de criollos. Baste recordar en estos últimos tiempos a José López Portillo, quien al terminar su periodo presidencial hizo un viaje a su madre patria para recorrer los caminos por donde transitaron sus antepasados y adquirió un castillo para sentirse más español. Ante esto es frecuente que saquen a relucir el nombre del único presidente indio: Benito Juárez, olvidando que este personaje llegó a una casa española en una edad en que fue posible, mediante la educación, construirle una identidad de español, convirtiéndose en lo que algunos han dado en llamar «un indio revestido».

Afortunadamente, en los últimos dos años los indios de Chiapas y un grupo de mestizos han vuelto a plantear el desequilibrio que existe entre los dos Méxicos y han organizado una rebelión contra el Estado, contando con el apoyo decidido de uno de esos raros sacerdotes católicos que se han preocupado por conocer y tratar de entender las culturas indias , contando además con el apoyo de gran número de mestizos conocedores de los altos niveles de desigualdad social existentes.

Para finalizar, retomaremos el hecho de que con el significado que los españoles atribuyeron al significante indio desde el siglo XVI, a lo largo de la Colonia, el México independiente, la Reforma, el Porfiriato, la Revolución y el México moderno, se hizo y se ha hecho prácticamente imposible que los nativos de este país establezcan relaciones de igualdad con los descendientes de aquellos frailes, conquistadores y colonizadores que siguen manteniendo opiniones semejantes acerca de los indios, o con los mestizos que han adoptado estos juicios de valor como criterio de verdad; de ahí que no sea extraño que el antropólogo Guillermo Bonfil, que por su trabajo conoció la realidad lacerante de los indios, en su libro *México profundo* haya señalado la existencia de dos Méxicos: el México profundo, el de los indios, el real, y el México imaginario, el que se ha construido para sí el grupo en el poder.

FUENTES
Archivos:
Archivo General de la Nación, Ramos Indios.

BIBLIOGRAFÍA

ACUÑA, René (ed.): *Relaciones geográficas del siglo XVI: Antequera,* vol. II, México, Universidad Nacional Autónoma de México, Instituto de Investigaciones Antropológicas, 1984.

–*Relaciones geográficas del siglo XVI: México,* vol. I, México, Universidad Nacional Autónoma de México, Instituto de Investigaciones Antropológicas, 1985.

–*Relaciones geográficas del siglo XVI: México,* vol. II, México, Universidad Nacional Autónoma de México, Instituto de Investigaciones Antropológicas, 1986.

–*Relaciones geográficas del siglo XVI. México* vol. III, México, Universidad Nacional Autónoma de México, Instituto de Investigaciones Antropológicas, 1986.

–*Relaciones geográficas del siglo XVI: Michoacán,* México, Universidad Nacional Autónoma de México, 1985.

ANALES [...]: «Anales de San Gregorio Acapulco [Atlapulco] 1520–1606». Paleografía de Byron McAfee y Robert H. Barlow. Traducción de Fernando Horcasitas, *Tlalocan*, vol. III, núm. 2, México, Universidad Nacional Autónoma de México, 1948, pp. 102–141.

ANÓNIMO: *Crónicas de Michoacán*. Selección, introducción y notas Federico Gómez de Orozco, México, Universidad Nacional Autónoma de México, 1972.

BONFIL BATALLA, Guillermo: *México profundo. Una civilización negada*, México, Consejo Nacional para la Cultura y las Artes–Grijalbo, 1990.

CABRERA VARGAS, Ma.del Refugio: «Nahuas de la Huasteca Meridional». Tesis de licenciatura, México, Escuela Nacional de Antropología e Historia, Instituto Nacional de Antropología e Historia, 1983.

–*Ceremonias de Xochimilco*. México, Patronato del Parque Ecológico de Xochimilco, A.C., 1995.

COOK, Sheburne y Woodrow BORAH: *Ensayos sobre Historia de la población: México y el Caribe*. México, Siglo XXI Eds., 1977.

DÍAZ DE SALAS, Marcelo y Luis REYES GARCIA: «Testimonio de la fundación de Santo Tomas Ajusco», *Tlalocan*, vol. VI, núm. 3, México, La Casa de Tlaloc, 1970.

HANKE, Lewis: *Fray Bartolomé de las Casas. Del único modo de atraer a todos los pueblos a la verdadera religión,* México, Fondo de Cultura Económica, 1975.

LAS CASAS, Fray Bartolomé de: *Apologética historia sumaria,* vol. I. Edición preparada por Edmundo O'Gorman, con un estudio preliminar, apéndices y un índice de materias, México, Universidad Nacional Autónoma de México, Instituto de Investigaciones Históricas, 1967.

MORENO TOSCANO, Alejandra. *Geografía económica de México (Siglo* XVI), México, El Colegio de México, 1968.

PACHECO Y CÁRDENAS: « Probanza de los buenos servycios e fydelidad con que syrvió en la conquista de Nueva España la famosa Doña Marina yndia casada con Xoan Xaramillo después de la dicha conquista»: *Colección de documentos inéditos relativos al descubrimiento, conquista y organización de las antiguas posesiones españolas de América y Oceanía*, vol. XVI, cuaderno IV, pp. 188–277, Madrid,1884.

DE LA GARZA, Mercedes *et al.*: *Relaciones Histórico–geográficas de la Gobernación de Yucatán*, vol. II, México, Universidad Nacional Autónoma de México, 1983.

SCHOLES, France y Eleanor ADAMS (eds.): *Información sobre los tributos que los indios pagaban a Moctezuma. Año de 1554*, México, Imprenta Gráfica Panamericana, 1957.

VETANCOURT, Fray Agustín de: *Teatro mexicano. Crónica de la Provincia del Santo Evangelio de México*, México, Editorial Porrúa, 1971.

VILLAGUTIERRE SOTO–MAYOR, Juan de: *Historia de la Conquista de la Provincia de El Itzá*, reimpresión de la edición facsimilar, México, Condumex, 1985.

LENGUAS, ÓRDENES RELIGIOSAS E IDENTIDAD: SIGLOS XVI-XVII EN LA NUEVA ESPAÑA

Lucina García García

A pesar de cinco siglos de dominación, muchas de las culturas y lenguas indígenas de nuestro país siguen existiendo. En la mayoría de los casos, compartiendo y distribuyéndose usos, funciones y espacios con la lengua dominante, el castellano. Sin embargo, esta situación, en los primeros tiempos del periodo colonial no fue la misma. De hecho, los papeles eran diferentes, el castellano nunca fue la lengua dominante, a pesar de que era la lengua del conquistador. El náhuatl fue considerada, entre otras, una de las lenguas más importantes durante casi los tres primeros siglos de la Colonia. A este respecto, el papel que desempeñaron los frailes misioneros fue sumamente importante. Ellos, por ser los directamente encargados de la educación y conversión de los indios, sugirieron que se le otorgara el estatus de lengua general al náhuatl. Esto ayudó aún más a su propagación.

Además de su trabajo como evangelizadores y educadores, los misioneros religiosos dedicaron buena parte de sus vidas a aprender las lenguas indígenas y dejar testimonio escrito sobre ellas. Gracias a esto, hoy podemos tener conocimiento de algunas lenguas desaparecidas.

En las siguientes páginas queremos describir parte del trabajo que realizaron los religiosos con los indios, su labor educativa-religiosa y también lingüística. Asimismo, hacemos algunos cuestionamientos sobre su posición con respecto al desplazamiento o no de las lenguas indígenas en favor del castellano y con ello de la identidad.

DIVERSIDAD LINGÜÍSTICA: EL ENFRENTAMIENTO
DE LO INSÓLITO

El panorama lingüístico cultural que se abre a los ojos de los conquistadores españoles va aumentando conforme nuevas poblaciones son sometidas al dominio de la Corona. Esta situación era un verdadero problema, sobre todo para los misioneros religiosos; ellos más que los mismos conquistadores eran quienes estaban en contacto directo con las poblaciones indias.

En los primeros momentos del contacto, la urgencia de establecer comunicación con las poblaciones rendidas al dominio español propicia el surgimiento de algunos intérpretes entre las tropas conquistadoras. Aun cuando no contamos con evidencias que confirmen qué lenguas aprendieron estos soldados, parece muy probable que haya sido el náhuatl, lengua muy difundida por todo el territorio de la Nueva España.

Esta suposición se basa en la información que hoy conocemos a través de las fuentes y los estudiosos del tema. Ellos afirman que, desde un siglo antes de la llegada de los españoles, la lengua náhuatl había sido impuesta por los mexicas como lengua vehicular, es decir, era utilizada entre los pueblos sometidos a este imperio. Así, aun cuando estas poblaciones no abandonaron su lengua materna, usaban el mexicano para el comercio, las artes, las cuestiones de gobierno y la administración. En estos sectores era utilizada la lengua náhuatl, y estaban manejados por gentes que tenían prestigio y privilegios en el interior de los poblados; por tanto, ellos eran los primeros que debían utilizar la lengua del conquistador para mantener el contacto y rendir el tributo. La lengua náhuatl, por tanto, se había convertido en una lengua de prestigio.

El náhuatl, además de hablarse entre los grupos conquistados, era utilizado también por las naciones aliadas, lo mismo que en «Tlaxcala, con sus dos colindantes Cholula y Huejotzingo, y en una parte de los actuales estado de Jalisco, Colima, Nayarit, Aguascalientes, Zacatecas y Sinaloa».[1]

Es probable, en consecuencia, que los conquistadores españoles, al doblegar a las poblaciones, establecieran contacto directo con estos personajes y también con algunas mujeres, las cuales eran entregadas como parte de los regalos que les ofrecían. De esto es posible deducir que la lengua utilizada por estos indígenas para tratar de comunicarse con los españoles, haya sido el náhuatl. De alguna manera, los españoles eran quienes los habían sometido, igual que los mexicas. Todos estos elementos, por tanto, nos llevan a pensar que la primera lengua que aprendieron algunos soldados españoles, y quizá la única, fue el náhuatl.

La veracidad de la existencia de intérpretes españoles, puede comprobarse en un edicto de Carlos V emitido en el año de 1529, sólo ocho años después de la caída de Tenochtitlan. En tal edicto se advierte a los intérpretes que tienen prohibido aceptar algún tipo de pago, por parte de los indios, al realizar su trabajo.[2]

A pesar de haberse reglamentado el trabajo de los intérpretes, parece poco probable que éstos hayan sido muchos. De hecho, los pocos que existían estaban exclusivamente al servicio de los funcionarios civiles. Poco a poco, sin embargo, estos mediadores entre españoles e indios fueron desapareciendo y sus puestos fueron ocupados por los propios indios, quienes mostráronse más aptos para el aprendizaje del castellano; además, ellos estaban mucho más familiarizados con las culturas de los grupos vecinos, aun cuando no pertenecieran a éstos.

Si bien la Corona española, echando mano del trabajo de los intérpretes, resolvió a medias el problema de la diversidad lingüística en las nuevas tierras conquistadas, para las órdenes religiosas esta si-

---

[1] Ricard, 1994, p. 89.
[2] Vasco de Puga, 1943, p. 129; Brice Heath, 1977, pp. 31-32.

tuación no era nada fácil. Para la labor que tenían que realizar, esto es, lograr la conversión religiosa de los indios, los intérpretes no resultaban de gran ayuda, además de que no era fácil conseguirlos.

Sumado a la falta de apoyo por parte de los intérpretes, ya fueran españoles o indios, los religiosos se enfrentaban a la diversidad lingüística real que los funcionarios civiles casi habían ignorado, al convenir que la lengua vehicular sería el náhuatl. Los misioneros, por su parte, no podían omitir la existencia de un gran número de lenguas conviviendo en el territorio conocido de la Nueva España, las que además aumentaban conforme se expandían hacia otras regiones recién exploradas. En estos avances religiosos, los frailes se encontraban con poblaciones que hablaban muy poco la lengua náhuatl o que la desconocían completamente.

Entre las soluciones que instrumentaron los frailes para poder evangelizar a la población indígena, se sabe que trataron de aprender las diversas lenguas que se hablaban en sus dominios espirituales. Esta solución, no obstante la facilidad que algunos de los misioneros tenían para dicho aprendizaje, se topaba con la gran variedad de lenguas existentes en los mencionados dominios. Más aún, cuando creían que habían logrado aprender la lengua de un grupo étnico se daban cuenta que las poblaciones vecinas, aun cuando pertenecían al mismo grupo, hablaban una variedad de lengua diferente a la aprendida. Las lenguas eran tan diferentes que:

[...] cada una a su vez se dividía en dialectos y hablas regionales, numerosos y variados. Muchos eran los dialectos del otomí, dos los del huasteco, cuatro los del totonaco; cuatro por lo menos los del zapoteco y hasta once los del mixteco.[3]

---

[3] Ricard, *op.cit.,* p. 129.

Fueron muchas la vicisitudes que tuvieron los religiosos en su afán de aprender las lenguas indígenas, sin embargo, nunca cesaron en su esfuerzo. Una de las lenguas que tuvo preferencia de aprendizaje entre los misioneros, fue el náhuatl. Al menos así lo demuestra la gran cantidad de obras escritas por los frailes en esa lengua. Además de las obras escritas en ésta, de la que los franciscanos fueron los principales aprendices, también podemos mencionar, por su importancia en número, los textos que se realizaron en mixteco y zapoteco, lenguas que fueron aprendidas principalmente por los dominicos, y en el caso de la orden de los agustinos, estos misioneros se dedicaron básicamente al estudio del purépecha. Sin lugar a dudas, hoy podemos saber a través de las diversas fuentes históricas que los misioneros dedicaron buena parte de sus vidas a aprender las lenguas y escribir en ellas o sobre ellas, aun cuando muchos de los textos escritos por los religiosos, franciscanos, dominicos, agustinos y años más tarde los jesuitas, se perdieron.[4]

Como ya hemos mencionado, la lengua náhuatl era una de las más extendidas por toda la Nueva España, y muchos eran los religiosos que la habían aprendido, y habían ayudado a su propagación hacia los grupos étnicos que no la conocían; sin embargo, a pesar de este hecho, el número de lenguas habladas en el vasto territorio seguía siendo muy elevado. Wigberto Jiménez Moreno y Miguel Othón de Mendizábal (1939) calculan que eran 125 los idiomas precortesianos que se hablaban en el México prehispánico.

Al respecto podemos señalar dos cosas: por una parte, aun cuando la Corona española, a través de Cédula Real de 1580, había nombrado *lengua general de los indios de la Nueva España a la lengua náhuatl*, y ésta se hablaba desde Zacatecas hasta Nicaragua, los misioneros por lo regular preferían aprender y predicar el Evangelio en la lengua materna de los indios.[5] Por otra parte, las

---

[4] Al respecto se puede consultar el trabajo de Contreras, 1985.
[5] Aguirre Beltrán, 1983, señala que uno de los ordenamientos emitidos por el Concilio.

pugnas existentes entre los religiosos de las diversas órdenes y entre éstas y los obispos y autoridades eclesiásticas, hacían que las primeras hicieran caso omiso de las recomendaciones de los segundos para ayudar a suprimir las lenguas indígenas, en aras de una más rápida y mejor evangelización.[6] De alguna manera, para los frailes resultaba más fácil y económico aprender las lenguas de sus feligreses, y más difícil para los indios aprender el castellano y posteriormente asimilar el Evangelio.

Un ejemplo de la preferencia de los misioneros en enseñar a los indios en las lenguas indígenas, es el trabajo que se llevaba a cabo en el Colegio de San Nicolás Obispo, fundado en Pátzcuaro en 1540 por Don Vasco de Quiroga. En este Colegio, los alumnos recibían instrucción en el idioma de sus padres; éste era «el único puente por el cual se podía llegar al cerebro y al corazón de los indios».[7]

En otros casos,como el de los frailes franciscanos, ellos preferían enseñar a sus alumnos en latín, tanto las cuestiones de la fe como otras materias, lectura, escritura, filosofía, retórica, gramática

General de Trento era que a los indios se les evangelizara y convirtiera a la fe cristiana utilizando la lengua materna de los indígenas. Los concilios mexicanos, por su parte, obedeciendo tal resolución obligan a los curas su aprendizaje y uso en la enseñanza. La Corona española, aun cuando no está de acuerdo con esa resolución, acepta el ordenamiento apostólico. Este señalamiento, sin embargo, únicamente viene a oficializar la enseñanza y uso de las lenguas indígenas en la educación brindada a los indios. Los frailes ya tenían un largo camino andado de hecho, para los misioneros esta tarea se había convertido en algo obligatorio para llevar a cabo su labor evangelizadora.

[6] En 1945 Velasco Ceballos, cita una petición de la suprema autoridad eclesiástica de Antequera del Valle de Oaxaca dirigida al mismo rey Felipe, en la cual se le solicita se ordene reducir la diversidad lingüística en la circunscripción de aquel obispado. En respuesta a tal petición, el rey ordena al virrey don Martín Enríquez de Almansa, en cédula del 7 de julio de 1570, tome las medidas pertinentes para suprimir o reducir el número de lenguas existentes en estos territorios de la Antequera, con el objeto de que los misioneros puedan convertir a los indios a la fe cristiana, de manera más rápida.

[7] Velasco Ceballos, 1945, p. xxxi.

latina, música y medicina mexicana.[8] Los estudiantes más aventaja-
dos de estos colegios, principalmente los de Santa Cruz de Tlatelolco,
posteriormente sirvieron como maestros de los jóvenes religiosos.
Asimismo, en estos indios:

> [...] los misioneros hallaron maestros de lengua mexicana que la enseña-
> ban mejor por lo mismo que estaban instruidos en otras ciencias, al mis-
> mo tiempo que amanuenses y colaboradores utilísimos para sus obras,
> y aún cajistas que las compusieran mucho mejor que los españoles.[9]

Ricard (1994) aventura que quizá los frailes escondían un secreto
deseo de dominio; ésta podría ser, entre otras, la razón por la cual se
oponían a enseñar el castellano a los indios:

> Si la muralla lingüística subsistía ellos seguirían siendo los necesarios
> medianeros entre los indios y los funcionarios civiles, entre los fieles y
> los obispos, con lo cual continuarían siendo dueños y señores de sus
> feligreses, tan hechos a obedecer por la inmemoriable sumisión pre-
> cortesiana.[10]

UNA NUEVA ESTRATEGIA EVANGELIZADORA: RETOMANDO ELEMENTOS INDÍGENAS

Conforme se van ampliando los dominios religiosos de las diversas
órdenes misioneras, se va perfilando más claramente que este crecimiento no está sustentado en bases firmes. Los pequeños grupos
indígenas, que aparentemente ya han sido convertidos a la fe cristiana, retornan a sus prácticas paganas una vez que los misioneros

---

[8] Se puede consultar a García Izcabalceta, 1896.
[9] Velasco Ceballos, *op.cit.,* p. xxv.
[10] Ricard, *op.cit.*

parten hacia otros lugares. Los frailes no logran que los indios abandonen de manera definitiva su antigua religión, por el contrario, a escondidas incorporan y hacen compatibles sus idolotrías con los elementos cristianos que se les ha enseñado.[11]

En la tarea de desaparecer de manera definitiva la religión de los indios, y de cimentar firmemente la nueva religión, los misioneros cristianos asumen una nueva estrategia, la cual vendría a ser algo totalmente opuesto a lo que se había llevado a cabo hasta entonces. Despues de analizar y evaluar los procedimientos instrumentados, los religiosos concluyen que es importante y necesario comprender y conocer, antes de destruir a las culturas indígenas. Cómo combatir algo que no se conoce, ni se entiende; por ello, los frailes asumen la posición de erradicar la idolatría mediante el conocimiento y entendimiento de las prácticas religioso-culturales indígenas. Por otra parte, se trataría de retomar todo lo que [desde el punto de vista de los frailes] fuera positivo de estas culturas, con el propósito de aprovecharlo e incorporarlo en el trabajo de la conversión.

Al hacerlo, se retomarían algunos de los procedimientos que ya habían sido utilizados por los primeros misioneros llegados a la Nueva España. Así, la música, las representaciones teatrales, la poesía, la pintura, el canto, vendrían a ser algunos de los elementos de las culturas indias rescatados para ser utilizados en la enseñanza de la fe cristiana.

Este conocimiento y acercamiento a la cultura indígena, a la manera de ser de los indios y a su entendimiento, nos lo refiere el padre Jerónimo Mendieta con estas palabras:

---

[11] En la nota 3, p. 38 del libro de Shirley Brice, 1977, la autora señala el trabajo de Mendieta, como una de las fuentes que se puede consultar, respecto a la situación de las herejías entre los indios recién convertidos. Otra posible referencia es la del trabajo de Robert C. Padden, *The hummingbird and the hawk: conquest and sovereignty in the Valley of Mexico, 1503-1541,* Nueva York, 1967.

Dios [...] quizo que los [...] evangelizadores de estos indios aprendiesen a volverse como el estado de niños para darnos a entender que [...] si pretenden hacer buena obra [...] conviene que dejen la cólera de españoles, la altivez y presunción [...] y se hagan indios con los indios, flemáticos y pacientes como ellos, pobres y desnudos, mansos, humildísimos como lo son ellos.[12]

Mencionaremos aquí dos de las obras más completas de las cuales se tiene noticia respecto a la cultura indígena, las que además hacen referencia expresa respecto a lo provechoso que puede resultar el conocimiento de las prácticas culturales indígenas en el trabajo evangelizador. Ellas son *La relación de Michoacán*, recuperada por el padre fray Jerónimo de Alcalá y la obra de fray Bernardino de Sahagún, *Historia general de las cosas de la Nueva España*. La primera fue escrita a petición de la autoridad eclesiástica, la segunda fue realizada por iniciativa propia. Ambas obras, sin embargo, intentan propiciar que los religiosos tengan un acercamiento a estas culturas, para que así puedan retomar aquellos elementos que apoyarían el trabajo educativo evangelizador con los indios. El propio Alcalá señala, en el prólogo, que desea que la información por él recuperada e interpretada, sea tomada en cuenta por los religiosos que habrían de educar y evangelizar a esos indios. Desea que los religiosos saquen provecho de dicha información y que ésta sirva en beneficio de la conversión de la población indígena.

Por su parte, fray Bernardino de Sahagún da cuenta de los propósitos que lo animan a llevar a cabo su labor etnográfica. Así, en el prólogo dice:

El Médico no puede acertadamente aplicar la medicina al enfermo [sin] que primero conozca de qué humor, o de qué causa procede la enfermedad [...] los predicadores y confesores médicos [...] para curar las enfer-

---

[12] Aguirre Beltrán, *op. cit.*, p. 360.

medades espirituales conviene [que] tengan experiencia de las medicinas y de las enfermedades espirituales (las que padecen los indios a los que tendrán que convertir —curar— a la fe cristiana) [...] Para predicar contra esas cosas, y aun para saber si las hay, menester es de saber cómo las usaban en tiempos de su idolatría [...] y los confesores ni se las preguntan, ni piensan que hay tal cosa, ni saben lenguaje para se las preguntar, ni aun lo entenderán aunque se lo digan.[13]

El acercamiento de los frailes a las culturas indias, sirvió para que los religiosos pudieran escoger de entre los elementos educativos, aquellos que podían ser pertinentes para la transmisión de las ideas y valores religiosos cristianos. Uno de estos elementos considerado, sobre todo por los franciscanos, lo constituye el *Calmecac*, una institución escolar en tiempos prehispánicos. A ella asistían como alumnos internos los hijos de los principales y caciques. La escuela estaba dirigida por los sacerdotes y generalmente se erigía junto a los templos.

A los principales, como hallamos que en su república antigua criaban los muchachos y las muchachas en los templos, y allí los disciplinaban y enseñaban la cultura de sus dioses, y la sujeción a su república, [nosotros, los frailes] tomamos aquel estilo de criar los muchachos en nuestras casas [...][14]

Para los frailes misioneros, no resultó difícil aceptar este tipo de instituciones; de hecho, el modelo educativo seguido en Europa también estaba destinado exclusivamente a las clases privilegiadas. Esta clase de situaciones hicieron evidente la manera de pensar de los religiosos; para ellos, en las sociedades humanas, existían únicamente dos grupos de gente: los gobernantes y los gobernados. Ha-

---

[13] De Sahagún, Bernardino fr., 1975, Prólogo general, p. 17.
[14] Aguirre Beltrán, *op. cit.,* p. 361.

cia los primeros es que se dirigieron todos los primeros esfuerzos de conversión a la fe cristiana. Después de un periodo corto de conversión, estos jóvenes eran regresados a sus repúblicas, con la encomienda de predicar y evangelizar a su gente.

Dicha forma de proceder entre los franciscanos no fue compartida por algunos miembros de las otras órdenes religiosas, como los dominicos, los agustinos y posteriormente los jesuitas. A este respecto, queremos comentar la divergencia más fuerte que se presentó entre los franciscanos y Don Vasco de Quiroga. Para el obispo de Michoacán no debía haber diferencia en la enseñanza hacia los indios; éstos, gobernantes o gobernados, tendrían las mismas oportunidades:

> [...] la población en general estaría sometida a un sistema de economía planeada y dirigida, como ahora decimos, bajo el régimen de la propiedad, el trabajo y el reparto comunes [...][15]

Esta manera de pensar de Don Vasco de Quiroga prevaleció entre la mayoría de los agustinos, quienes en las escuelas y hospitales por ellos establecidos, recibían y enseñaban el Evangelio a la población india en general, sin distinción de clase.

Años más tarde, con la llegada de la Compañía de Jesús a Nueva España en 1572, esta idea de evangelización del obispo de Michoacán vuelve a tomar fuerza. Los socios de la Compañía fundan colegios en los cuales son aceptados todos los niños indios, sin hacer distinciones. La enseñanza de la lectura y la escritura, al menos en estos recintos jesuitas, dejó de ser privilegio de los jóvenes nobles.

Para los religiosos jesuitas también era importante el aprendizaje de las lenguas indígenas para poder evangelizar. A diferencia de los franciscanos y los dominicos, este otro grupo no intentó utilizar la lengua náhuatl como lengua general, por el contrario, su interés prin-

---

[15] Velasco Ceballos, *op.cit.*, p. XXXIII.

cipal, desde los primeros momentos de su contacto con la población indígena, fue aprender su lengua. Era evidente también que a los miembros de la Compañía de Jesús poco les importó enseñar a los indios el castellano, y mucho menos el latín.

La Compañía de Jesús tuvo relativamente poco tiempo para trabajar con la población indígena. Aun así, cabe destacar la enorme labor que desarrollaron, básicamente con los grupos étnicos de la parte norte de la Nueva España, principalmente los cahita, tarahumara, yaqui, tepehuan, ópata, cora y guasave.

Independientemente de los grupos y territorios indígenas que hayan sido atendidos por los miembros de las distintas órdenes religiosas, no cabe duda que éstos tuvieron necesidad de adaptar algunos elementos de las culturas indias, a fin de alcanzar sus objetivos. Algunos, como los franciscanos, tuvieron una mayor diversificación en cuanto a estrategias evangelizadoras. Sin embargo, ello únicamente se debió a que su territorio misional fue mucho más grande, lo cual implica que establecieron contacto con un mayor número de poblaciones y culturas indias.

EDUCACIÓN PARA LOS INDIOS, UNA PROBLEMÁTICA NO RESUELTA

«Una misión sin escuelas, es una misión sin porvenir».[16] Estas palabras pronunciadas por Pío X a un vicario apostólico, representan a todas luces una verdad en la Nueva España. En una sociedad como la española de los siglos XVI y XVII, la enseñanza del Evangelio y de la lectura y escritura, así como de toda clase de materias, no podían ir separadas una de la otra. Incluso podemos ir más allá al afirmar que en realidad, no solamente en España sino en toda Euro-

---

[16] Ricard, *op.cit.,* p. 320.

pa, los únicos maestros que existían y estaban capacitados para brindar educación eran los religiosos; y aun entre éstos, no todos eran aptos para dichos menesteres.

Para el caso de la Nueva España, hemos ya mencionado que los responsables de evangelizar eran los frailes, quiénes directamente habían exportado los modelos europeos para llevar a cabo dicha labor. Asimismo, era evidente que también ellos eran los directamente encargados de la educación de los indios.

¿Qué significaba para los frailes educar a los indios? Para los religiosos esto representaba, además de la enseñanza del Evangelio, otras dos cosas: la instrucción en cuanto a la lectura, escritura, contar y cantar, y la enseñanza técnica, la cual tenía principalmente objetivos prácticos. Es indudable, sin embargo, que estas enseñanzas casi siempre fueron brindadas a los hijos de caciques y principales el resto de la población india, aun los niños, tenía que trabajar en las encomiendas; en todo caso, éstos últimos sólo asistían al catecismo.

A pesar de ser esta educación totalmente elitista, no deja de tener sus méritos y de ser sumamente importante. A este respecto queremos señalar algunas cuestiones. Por una parte, los obstáculos de enseñar a escribir y leer una serie de lenguas que no tenían escritura y alfabeto; a pesar de esto, los misioneros se las ingeniaron para adaptar los caracteres latinos a las lenguas indígenas. Asimismo, también fue utilizado el método fonético y el ideográfico, el cual consistía:

> [...] en poner en las manos de los niños los objetos mismos, que convenían en que representaran las letras, ya su figura, y con ellos aprendían los indios a juntarlos y separarlos [...][17]

---

[17] Ricard, *ibidem*, p. 323.

Con la unión de estos elementos latinos e indígenas se dio un avance que, por demás está decirlo, para su época fue revolucionario: *lograr transcribir las lenguas indígenas con el alfabeto latino*; esta obra fue la conjunción del trabajo de religiosos y de indígenas.

Ahora bien, con respecto a la enseñanza técnica, los misioneros pensaban que ésta debía ayudar en la consolidación de la Iglesia; si los fieles estaban preparados con las herramientas indispensables para ganarse honradamente la vida, y si esto los llevaba a tener una existencia honesta, ello contribuiría a conseguir una gran elevación moral y, por tanto, necesariamente habría estabilidad social. En consecuencia, la consolidación de la Iglesia estaba totalmente asegurada.

Diversos fueron los oficios que los religiosos enseñaron a los indios. Entre otros podemos mencionar: pintura, escultura, fabricación de muebles, fundición de campanas, el arte de la cantera, el tallado de la piedra, entre otros. Incluso, algunos autores señalan que los indios, en muchos casos, resultaron más hábiles para estos oficios que los mismos españoles.

Todo lo anotado en este apartado fue parte del trabajo de los primeros misioneros. Como puede verse a través de estas líneas, los religiosos trataron por todos los medios de educar en materia religiosa y laica a los indios, aun cuando pusieran mayor empeño en la formación de las élites. No obstante, en ningún momento abandonaron al resto de la población. Varias décadas después del inicio de la Colonia, esta situación poco a poco iría cambiando, de ello hablaremos en los siguientes párrafos.

Si bien, como hemos ya mencionado, los primeros misioneros religiosos llegados a Nueva España contaban verdaderamente con un gran espíritu de humildad, caridad, perfección cristiana y tal vez de aventura, además de contar con una formación intelectual avanzada, no se puede decir lo mismo de los subsecuentes grupos de religiosos que vinieron o se formaron en la Nueva España. Al anteponerse el interés económico —entre los misioneros de las diversas órdenes religiosas—al religioso-educativo, la labor de éstos hacia la población indígena se vio abandonada.

Así, todos los esfuerzos realizados por los llamados apóstoles franciscanos, por los dominicos y agustinos de los primeros tiempos de la Colonia, se vieron disminuidos de manera radical. La rápida decadencia moral e intelectual de las órdenes religiosas, la desesperanza al no poder contar con resultados rápidos y definitivos, y los constantes ataques al trabajo evangelizador de los misioneros, por parte de los españoles, criollos encomenderos, comerciantes, mineros y los mismos funcionarios civiles, quienes se sentían afectados directamente por dicha labor, hicieron mella en las ideas de los frailes.[18]

Uno de los primeros resultados de estos ataques fue el cierre del Colegio de Tlatelolco, que había sido fundado gracias al celo del obispo Juan de Zumárraga, quien no se satisfacía con la instrucción puramente religiosa y elemental. El religioso soñaba con una educación más amplia para la población india. Sus anhelos lo llevaron a escribirle al emperador para exponerle sus ideas y solicitar su ayuda:

> La cosa en que mi pensamiento más se ocupa, y mi voluntad más se inclina y pelean con mis pocas fuerzas, es que en esta ciudad y en cada obispado haya un colegio de indios muchachos que aprendan gramática a lo menos, y un monasterio grande en que quepan mucho número de niñas hijas de indios.[19]

De nada valieron los argumentos de los propios egresados de Santa Cruz, ni la labor que éstos habían desempeñado en la enseñanza del Evangelio en sus repúblicas. Los religiosos ya no se sentían apoyados por las autoridades eclesiásticas y tampoco les parecía que los

---

[18] Consúltese Velasco Ceballos, *op. cit.*
[19] Citado en García Icazbalceta, 1882, p. 277.

mismos indios pudieran dirigir el colegio. Por tanto, después de un breve tiempo, en el cual los egresados de Santa Cruz de Tlatelolco probaron sostenerlo con la ayuda de la Corona, se decide su cierre, al no obtener resultados halagadores.

La población indígena en general empezó a verse relegada por los religiosos y cada vez más explotada por los españoles y criollos. Los encomenderos exigían más y más trabajo y no permitían que los niños asistieran a los colegios, ni ellos les enseñaban, a pesar de que había sido instituido por la Corona, desde las leyes de Burgos, en 1512.

· Aunado a toda esta situación de descontento de los españoles por los «privilegios educativos» que la Corona y la misma Iglesia supuestamente proporcionaban a los indios, encontramos el hecho de que en realidad eran muy pocas las instituciones educativas destinadas a esta población, en relación a su gran número. Los recintos educativos existentes resultaban insuficientes para atender a la población indígena, máxime que a ella se sumaba un gran número de niños mestizos abandonados por sus padres. Estas criaturas también eran atendidas en estas mismas instituciones.

Por tanto, asistir a la escuela era un verdadero privilegio que había seguido siendo casi exclusivamente para los hijos de una cada vez más decadente nobleza india. Los niños de la población en general, seguían sin poder acceder a la educación en los colegios, aun cuando solamente fuera religiosa. De hecho, estos niños, si lograban acceder a un puesto en las instituciones educativas, únicamente asistían por poco tiempo, ya que pronto tenían que ayudar a sus padres en la dura labor de ganarse el mísero sustento:

[...] los hijos de los pobres no tenían necesidad de saber mucho, pues no habían de regir la república, y sí la tenían de instruirse pronto en lo más necesario, para quedar libres y ayudar a sus padres en el trabajo [...] al paso que lo nobles no hacían falta en sus casas, y podían estar más de asiento en la escuela hasta alcanzar toda la instrucción que se requiere para ocupar cargos públicos.[20]

Ni qué decir de los adultos, agobiados por la codicia de los encomenderos, disponían de poco tiempo para acudir a recibir algo de instrucción.

Toda esta situación lleva a que en el Tercer Concilio Provincial, llevado a cabo en 1585, se recomendara a los religiosos que exigieran la fundación de nuevas escuelas y que, además, se enseñara el idioma castellano. Ninguna de las dos recomendaciones fue escuchada y mucho menos atendida, aun cuando en reiteradas ocasiones algunos de los religiosos insistieron en ello.

Las poblaciones indias nunca convivieron junto a la población española; sin embargo, para finales del siglo XVI y hasta a mediados del XVII, este alejamiento es mucho más evidente. Los españoles, criollos, e inclusive algunos religiosos no querían saber nada que se refiriera a los indios. En el colmo de la falta de celo de estos religiosos:

[...] comenzaron duros con los indios apóstatas; les azotaban, les ponían en cepos, les aplicaban grillos y les formaban procesos hasta entregarlos al brazo seglar para ser quemados vivos en autos públicos.[21]

La Corona española, en manos de Carlos II, después de recibir la evaluación del programa educativo llevado a cabo por el obispo de Oaxaca, promulga que se nombre consejal o alcalde, en los poblados indios, únicamente a aquellos indígenas que hablaran español. El supuesto era que, según el obispo de Oaxaca, los indios valoraban mucho este tipo de cargos, por lo tanto, si se condicionaba el acceso

---

[20] Icazbalceta, *op. cit.,* p. 273.
[21] Velasco Ceballos, *op. cit.,* p. XI.

a éstos, quizá los indios apreciarían y se empeñarían más en su educación y sobre todo en el aprendizaje del castellano. Cuatro años más tarde, en 1691, nuevos pronunciamientos surgen de la Corona; esta vez, se ordenaba que cada poblado debía tener como mínimo una escuela, y que ésta sería sostenida por los mismos pueblos. Recomendaba a los eclesiásticos mayor celo para escoger a los maestros, los cuales deberían ser de los mismos poblados y sobre todo deberían hablar bien el español, además de estar muy claros de su labor, es decir, confirmar profundamente la fe cristiana.[22]

Carlos II, en un periodo de cinco años, había emitido cuatro decretos con respecto a la educación y castellanización de los indios, demasiados para tan poco tiempo. Esto quizá refleja la preocupación de la Corona con respecto a la unificación de la población india logrando que todos hablaran castellano. A partir de este momento, las autoridades civiles serían los vigilantes del trabajo educativo de las órdenes religiosas. La Iglesia, por su parte, nunca se sintió incómoda por esta supervisión; por el contrario, segura estaba de que no tendría problemas por desobedecer los decretos reales, ya que las autoridades civiles tampoco eran afectas a que los indios tuvieran educación y mucho menos a que aprendieran el español.[23]

La utopía de los primeros misioneros había muerto. Convertir a la Nueva España en el paraíso terrenal y a los indios, a través de la educación religiosa y la enseñanza laica, en seres limpios y puros, libres de pecado, había quedado atrás. Los indios, por su parte, volvieron a refugiarse en sus antiguos dioses y a practicar las costumbres que los frailes creían ya casi erradicadas. La educación para los indios, en su lengua o en castellano, prácticamente había desaparecido.

---

[22] Brice Heath, *op.cit.*
[23] *Ibidem.*

COMENTARIOS FINALES

No cabe duda que es de admirar el trabajo que los primeros misioneros de las distintas órdenes religiosas llevaron a cabo con los indios de la Nueva España. En especial merece resaltarse su labor como lingüistas, no sólo en el aprendizaje de muchas de las lenguas existentes en la Nueva España, sino también en cuanto a su afán de escribir una gran cantidad de obras en o sobre las lenguas.

El espíritu religioso que los movía y su preparación intelectual, los llevó a formar excelentes discípulos indios. Éstos, señalan las fuentes, en ocasiones se hallaban mejor preparados que muchos religiosos.

El papel desempeñado por los misioneros fue fundamental en la conquista de México. Sin embargo, a pesar de reconocerles su labor, surgen algunas dudas respecto a los verdaderos móviles que los llevaron a actuar de la manera como lo hicieron con respecto a los indios. Por una parte, por qué ese afán de no enseñar el castellano a la población indígena, a pesar de las reiteradas ordenanzas y cédulas reales emitidas por la propia Corona española; asimismo, su negativa a educar a la población en general y dedicarse exclusivamente a la preparación de las élites. Esto resulta paradójico, si seguimos lo que dicen las fuentes, respecto a la utopía de la creación de un paraíso terrenal, en donde los sujetos fueran puros y libres de pecado, cualidades que únicamente podían alcanzarse, según los religiosos, a través de lo educativo-religioso.

Otro cuestionamiento que surge es: si la Corona española quería convertir al cristianismo a los indios y formar súbditos fieles a ella, esto sólo se podía lograr enseñándoles la cultura del conquistador y por tanto su lengua. De hecho, la insistencia en que la población indígena aprendiera el castellano, llevaba implícito que los indios se adscribieran a la cultura occidental. Sin embargo, esto no es seguido ni compartido por los misioneros religiosos. Los frailes, en todo momento, se opusieron a que los indios vivieran en los mismos poblados que los españoles; la población indígena vivía en pueblos totalmente separados, a excepción de algunos que trabajaban de sirvientes en las casas de los encomenderos. Si no había contacto cotidiano, no podría haber contaminación, es decir, los indios se librarían de aprender esos males, que los frailes consideraban que estaban muy arraigados entre los españoles. Tampoco, desde luego, podrían tener contacto directo con el castellano.

Finalmente, acaso, entre otros elementos, fueron los religiosos sin proponérselo, los que ayudaron a que las culturas y lenguas indígenas sobrevivieran a los embates de la cultura española. Los que con su actitud, primero de padres amorosos y después de alejamiento total, propiciaron que se afianzara la identidad de esta población. Recordemos que algunos postulados sugieren que, la lengua materna es el último de los elementos de identificación y pertenencia que se pierden, al perder la identidad y adhesión a un grupo cultural.

Desde luego que estos cuestionamientos, finalmente son dudas que surgen al abordar el tema de las lenguas indígenas y el trabajo de las órdenes religiosas durante el periodo colonial. Pero de hecho, debemos recordar que en la actualidad aún existen en México aproximadamente 57 lenguas indígenas. Todas ellas mucho más antiguas que el propio descubrimiento de América. Todas ellas continuando en su lucha por existir, a pesar de los embates del castellano. La identidad de indígena —entendiendo ésta como la identificación y reproducción de las prácticas culturales propias de los grupos étnicos, incluyendo aquí el uso cotidiano de las lenguas indígenas, su reconocimiento por parte de los hablantes, sus actitudes valorativas hacia ellas—, seguirá existiendo mientras existan y se sigan hablando las lenguas indígenas, mientras se continúen reproduciendo prácticas culturales que, aun cuando ahora hayan incorporado elementos no indios, conservan características propiamente indígenas.

BIBLIOGRAFÍA

AGUIRRE BELTRÁN, Gonzalo: *Lenguas vernáculas, su uso y desuso en la enseñanza: la experiencia de México,* Centro de Investigaciones y Estudios Superiores en Antropología Social, Ediciones de la Casa Chata 20, México, 1983.

BRICE HEATH, Shirley: *La política del lenguaje en México: de la colonia a la nación,* México, Instituto Nacional Indigenista, 1977.

BUELNA SERRANO, Ma. Elvira: «Modernidad y contramodernidad en la Compañía de Jesús» en *Constelaciones de modernidad II.* Anuario Conmemorativo del V Centenario de la llegada de España a América, México, División de Ciencias Sociales y Humanidades. Departamento de Humanidades, Área de Historia de México, UAM-Azcapotzalco, 1990.

CHÁVEZ CHÁVEZ, Jorge: «El pensamiento indigenista decimonónico», en *La antropología en México. Panorama histórico,* vol. 3. Carlos García Mora (coord.), México, Colección Biblioteca del INAH, 1988.

CONTRERAS GARCÍA, Irma: *Bibliografía sobre la castellanización de los grupos indígenas de la República Mexicana (siglos XVI a XX),* tomos I y II, México, UNAM, 1985.

CUEVAS, Mariano P. (comp.): *Documentos inéditos del siglo XVI para la historia de México,* México, (facsímil) Consejo Real de Indias, Calendario Mexicano, 1596.

De SAHAGÚN, Bernardino fr.: *Historia general de las cosas de la Nueva España,* México, Edición a cargo de Angel Ma. Garibay K., Colección Sepan Cuántos, núm. 300, Editorial Porrúa, 1975.

ESCOBAR OHMSTEDE, Antonio: «La educación para el indígena en la colonia y el siglo XIX», *La antropología en México. Panorama histórico,* tomo 3, Carlos García Mora (coord.), México, Colección Biblioteca del INAH, 1988.

GARCÍA ICAZBALCETA, Joaquín: «La instrucción pública en México durante el siglo décimosexto», en *Memorias de la Academia Mexicana Tomo II (1880-1975),* México, Ediciones del Centenario de la Academia Mexicana, 1975.

GONZÁLEZ PHILLIPS, Graciela: «Antecedentes coloniales (siglos XVI a XVII)», *La antropología en México. Panorama histórico,* tomo I, Carlos García Mora (coord.), México, Colección Biblioteca del INAH, 1987.

KAZUHIRO KOBAYASHI, José Ma.: «La conquista educativa de los hijos de Asís», en *La educación en la historia de México,* Lecturas de Historia Mexicana, 7, México, El Colegio de México, 1992.

OROZCO y BERRA, Manuel: *Geografía de las lenguas y carta etnográfica de México. Precedida de un ensayo de clasificación de las mismas lenguas y de apuntes para las inmigraciones de las tribus,* México, Imprenta J. M. Andrade y Escalante, 1864.

PUGA, Vasco de (reimpresión): *Provisiones, cédulas, instrucciones para el gobierno de la Nueva España,* (2 tomos, 1878-79),

México I, pp. 140-41; y *Recopilación de leyes de los reynos de las Indias* (3 tomos), Madrid, Archivo General de la Nación, 1943.

RICARD, Robert: *La conquista espiritual de México* (tercera reimpresión), México, Fondo de Cultura Económica, 1994.

VELASCO CEBALLOS, Rómulo: *La alfabetización en la Nueva España. Leyes, cédulas reales, ordenanzas, bandos, pastoral y otros documentos,* México, Instituto Nacional de Pedagogía, Ediciones de la Secretaría de Educación Pública, 1945.

LOS LIBERALES MEXICANOS FRENTE AL PROBLEMA INDÍGENA: LA COMUNIDAD Y LA INTEGRACIÓN NACIONAL

Iván Gomezcésar Hernández

El siglo XIX en México estuvo tan cargado de acontecimientos en todos los órdenes, que si se tratase de sintetizar en un solo proceso podría definirse como el siglo de la lucha por la nación, por constituir una patria diferenciada dentro del concierto mundial. En ese tiempo tiene lugar el movimiento de independencia política (1810–1821), que inició una profunda y radical revuelta popular y concluyó en uno de los regímenes más conservadores de América Latina. Son los años también en que México debió hacer frente a la voracidad y arrogancia de los países poderosos que encontrarían en él la oportunidad de practicar su torcida diplomacia de imponer tratados leoninos y de cobrarse los dividendos a punta de cañoneras. Momentos decisivos de esa presión extranjera fueron la pérdida de más de la mitad del territorio a manos del pujante expansionismo norteamericano (1846–1848) y la invasión francesa, que concluye con el triunfo mexicano y la derrota del imperio de Maximiliano (1861–1867).

Luces y sombras de esta historia, las invasiones extranjeras cincelaron a México y desempeñaron un papel importante en que, a la postre, se operara el milagro de constituir una sola nación en ese territorio (y no siete, como sucedió en Centroamérica) y de formar, como se ha dicho, la frontera entre lo que llegaría a ser el imperio más grande del mundo (Estados Unidos) y un país pobre.

En medio de esos complejos procesos fue despuntando una corriente ideológica, política y social que pasaría a la historia con el nombre de *el liberalismo*, que logró convertirse en la fuerza dominante e imprimió su sello a la nación en ciernes. Fueron los liberales quienes lograron finalmente derrotar a sus enemigos internos, generalmente identificados como los conservadores, así como a las presiones externas provenientes de los países poderosos. El proyecto de nación resultante de ese proceso se identificó con los vencedores, de tal forma que en la historia de bronce aparecen como una y la misma cosa.

Sin embargo, tal historia soslaya otro componente central de la compleja trama decimonónica de México: la presencia de los indios, y en particular de la comunidad india como centro de su vida. Atrás, como telón de fondo de los grandes acontecimientos señalados, siempre estuvo esa presencia que obligó a las diferentes fuerzas a expresarse.

Decía Jean Meyer: «las rebeliones indígenas del siglo XVII y el XVIII son mucho mejor conocidas que los movimientos del siglo XIX [...]»[1], hecho que tiene su explicación precisamente en el enorme peso que ha tenido, dentro de la historia patria, la lucha nacionalista en ese siglo.

En general se reconoce el divorcio entre el proyecto liberal y la perspectiva de las comunidades. Se coincide en que el dogmatismo liberal era enemigo irreconciliable de las formas de propiedad, la economía, la presencia religiosa, la educación, la cultura y, en una palabra, la supervivencia de las comunidades indias, por entender que éstas entrañaban un obstáculo a la integración nacional. Las comunidades, en tanto unidades diferenciadas y autónomas debían desaparecer en favor de la integración de una sociedad que tendía a la homogeneización social y cultural.

Siendo esto cierto, es menester señalar que el liberalismo es una escuela de pensamiento sumamente amplia, que en México, al igual que en otras partes, va a sufrir cambios con el tiempo. Estamos

---

[1] Véase Meyer, 1973.

hablando de un periodo de casi un siglo en el que intervienen varias generaciones, se operan hondos procesos de transformación social y económica y el mundo y su influencia sobre México cambian también significativamente. Se requiere entonces pasar a un nivel de análisis más detallado, buscar los matices dentro de ese cuadro que se ha pintado demasiado con la técnica del alto contraste.

Uno de los factores que, más allá de los planteamientos de la ortodoxia liberal, matizan la actitud de los liberales frente al problema indígena es la capacidad o incapacidad de las propias comunidades de actuar en las diferentes coyunturas. No es, pues, la misma posición la que enarbolan aquellos liberales que provienen de la matriz popular de la guerra de Independencia, que los que vieron, seguramente con horror, el peligro de disolución nacional que podían representar las comunidades durante los levantamientos indígenas de 1847–1850.

Las presentes notas se proponen contribuir a ese debate partiendo de identificar tres momentos principales en la definición de la corriente liberal: la Independencia, la Prerreforma y la Reforma.

1. LOS INDÍGENAS Y LA INSURGENCIA (1810–1821)

Cuando se analiza el liberalismo en México no es extraño que se asocie al periodo de la Reforma y en todo caso a las décadas previas. Sin embargo, resulta claro que esta corriente de pensamiento tuvo una presencia importante en el movimiento de insurgencia e incluso en las postrimerías de la Colonia. Baste recordar que mucha de la orientación de las reformas borbónicas decretadas por la Corona tenían un sentido liberal para tratar de competir en términos económicos con los países capitalistas de punta que habían dejado atrás al imperio español. Los proyectos de independencia en toda

América Latina tenían como uno de sus objetivos explícitos la posibilidad de un libre comercio con el resto del mundo.

Pero, pese a la existencia de una influencia de las ideas liberales en esos tiempos, no se puede decir que éstas expresaran un proyecto coherente de nación en el movimiento de Independencia. Existía, por supuesto, un largo sustrato proindependentista en lo que se ha llamado la ilustración criolla,[2] pero no había generado un proyecto social y económico suficientemente definido.

La inmadurez del proyecto criollo se reflejó en el plan independentista mismo: originalmente comprendió tan sólo un golpe de estado en el que se trataba de que fuerzas leales a la insurgencia ocuparan los principales centros de poder de la sociedad colonial. Incluso la bandera que se levantaría —como de hecho sucedió— fue la defensa del monarca español Fernando VII. No se tenía ni siquiera claro el nombre del país: la libertad de la «América Septentrional» era, según los primeros independentistas, por la traición que los propios españoles habían cometido al permitir que su rey cayera prisionero de los franceses.

Pero —en ocasiones sí hay pero que valga—, aquí intervino de una manera sustancial un individuo para modificar los estrechos límites del plan original. El cura Miguel Hidalgo, presionado por las

---

[2] La ilustración criolla es la primera en concebir una nación independiente: son ellos los que buscan distintivos, símbolos propios que pudieran diferenciarlos de la «madre patria». El águila y la serpiente, aunque de origen indígena, fueron utilizados por los criollos y no por casualidad fueron prohibidos por las autoridades coloniales. Para el inicio del siglo XIX, el orgullo criollo competía con el hispano en materia artística, científica y religiosa. En especial, en este último campo se generó la que podría ser considerada la primera bandera nacional: la guadalupana.

Los jesuitas, orden que fue expulsada de la Nueva España a raíz de las reformas borbónicas en la península, formaron parte destacada de la ilustración criolla. Clavijero llevó a cabo la tarea de dignificar el pasado prehispánico, otorgando de esta manera una nueva coherencia a la historia y haciendo suyos valores que antes eran despreciados. Ello era muestra de lo que Brading ha calificado como la «expropiación» de los símbolos indios llevada adelante por los criollos.

circunstancias adversas al intento de golpe de Estado que pretendían los criollos, echó mano de las masas para lograr los objetivos independentistas. Conforme éstas se incorporan a la insurrección —transformándola en auténtica revolución— el programa insurgente cambió. Ya no se trataba tan sólo de suprimir la condición de colonia y de arrebatar el poder a los peninsulares: ahora aparecen en un primer plano la igualdad ante la ley, el agrarismo, el derecho a la educación, la abolición de la esclavitud.

No por equivocación Hidalgo fue llamado «un cura capitán de indios» por los libelos contrainsurgentes. La decisión de llevar el mo-vimiento de una simple asonada comandada por los criollos a una movilización popular desató fuerzas que no estaban contempladas en el proyecto original. Hidalgo realizó, desde la perspectiva del pragmatismo político, una suerte de alianza con fuerzas populares: nombró a curas de pueblo, rancheros y caciques como capitanes y llegó a emitir decretos respetando la tierra comunal y eliminando las múltiples alcabalas que sobre ellos pesaban.

El momento más drámatico de esa alianza —auténtico pacto de sangre— fue la autorización, de puño y letra de Hidalgo, como lo reconoció en su juicio ante la Inquisición, de la degollina, en las afueras de Guadalajara, de decenas de españoles acomodados que le fue solicitada por los jefes de las bandas armadas que le seguían. Ante la rapidez con que las masas indígenas y mestizas se sumaban a la revuelta —se habla de ejércitos de 80 y 100 000 hombres— la propia Corona se vio precisada a anunciar medidas reformadoras en favor de los indios. Desde febrero de 1811, las cortes españolas decretaron «la igualdad social y civil de españoles, indios y mestizos, la abolición de las mitas o repartimientos de indios y de todo servicio personal por ese título u otro semejante».[3]

---

[3] González Navarro, vol. 1, 1973.

Las «chusmas» insurgentes de Hidalgo duraron poco. Él mismo fue hecho prisionero de sus propios compañeros, quienes temían tanto como los peninsulares al descontento popular que no distinguía entre gachupín y criollo acomodado, y decidieron acabar de tajo con «las locuras de Hidalgo», como dijo el capitán Allende ante los inquisidores. Poco después, víctima de una delación, todo el alto mando insurgente fue hecho prisionero y fusilado.[4]

Pero la insurrección había calado. Uno de los lugartenientes nombrados al vapor por Hidalgo mostró ser un personaje excepcional desde muchos puntos de vista: el cura José María Morelos. Gran estratega, mejoró la capacidad militar insurgente sin dejar de contar con una amplia base popular, y como político pulió las armas discursivas a un grado de radicalismo insospechado. Firmó decretos que tal vez harían temblar la mano a los anarquistas más furibundos de siete décadas después.[5]

La insurgencia de Morelos tuvo un aliento más largo. Sin embargo, también fue derrotada.[6] La vertiente radical–popular de la insurrección se mantuvo en las montañas del Sur, encabezada por Vicente Guerrero, en lo que sería la región de mayor continuidad de esa alianza entre pueblos campesinos e indios con una comandancia insurgente mestiza y criolla.

La parte final de la historia pareciera no tener nada que ver con estos momentos: el Acta de Independencia mexicana fue firmada por varios de los más furibundos antiinsurgentes con la bendición de la oligarquía criolla y bajo los preceptos más conservadores. Sin embar-go, la participación popular —y en particular la indígena— desató procesos que continuaron en las siguientes décadas. Impor-

[4] Véanse Ibarra, 1988; y Gomezcésar, vol. I, 1989.
[5] Por ejemplo, el conocido como *Bando de devastación,* señalaba que debía repartirse toda la tierra de las localidades que fuesen ocupadas, que se destruyeran todos los ultramarinos y confiscaran todas las propiedades de los hacendados.
[6] Véase Lemoine, 1984.

ta destacar este hecho porque, dentro de la primera generación del liberalismo, una fracción, la heredera directa de la insurgencia, mantuvo una posición de defensa de la comunidad campesina. El caso más conocido es el de la resistencia popular en la zona de Vicente Guerrero, que continuaría bajo la jefatura de Juan Álvarez.

La participación indígena en la revolución de Independencia fue muy diversa y no tuvo un signo común. En realidad se trata de muchas historias, reducidas a los planos regionales las más de ellas, pero que, vistas en su conjunto, muestran la profundidad que alcanzó la acción de pueblos y comunidades. A nivel meramente enunciativo, tenemos los siguientes casos:

El que sería el líder zapoteca Gregorio Meléndez (Che Gorio Melendre), cabeza de la insurrección del Istmo en 1847, peleó al lado de otro cura Mariano Matamoros, lugarteniente de Morelos.[7] Encabezados por el cura Marcos Castellanos, los indios purépechas del lago de Chapala tomaron la isla de Mezcala e hicieron la Independencia a su modo, con una capacidad de resistencia que «se haría leyenda entre el pueblo y quebradero de cabeza entre las filas realistas». Duró hasta 1816,[8] año en se rindieron ante las fuerzas realistas.

Los huicholes, encabezados por el indio Cañas, lugarteniente del cura Mercado, se lanzaron a la revuelta, aunque después

[...] bajo la presión de los misioneros abandonaron el campo insurgente para unirse al realista, cuando en octubre de 1815 en Bolaños firmaron los pueblos de la sierra una acta de adhesión al gobierno español [...] Pese a su poca participación, la guerra de independencia trajo algunos cambios a los huicholes: durante casi veinte años no tuvieron ningún control, ni por parte del gobierno ni de la Iglesia [...].[9]

---

[7] Véase De la Cruz, 1983.
[8] Véase Ochoa, 1985, p. 25.
[9] Véase Rojas, 1993, p. 256.

En la huasteca tamaulipeca, el indio Bernardo Gómez de Lara, conocido como «el huacal», se levantó en armas en diciembre de 1810, logró encabezar a más de mil hombres y sus correrías, aunque cortas, abarcaron hasta Guanajuato. En Tamaulipas también se rebeló José Julián Canales, indio de la misión de Santa Ana de Camargo.[10]

En cambio, los yaquis y ópatas, al parecer junto con el resto de etnias indias de Sonora, tomaron parte en la guerra del lado realista.[11]

Los hechos anteriores dan cuenta de una gran diversidad de respuestas indias a la insurrección de Independencia que sólo puede explicarse cada una de ellas en lo particular.

2. LA PRIMERA GENERACIÓN DE LOS LIBERALES FRENTE AL PROBLEMA INDÍGENA (1821–1853)

El México independiente, en sus primeras décadas, fue un sumario de todo tipo de problemas que mostraron la inmadurez de las fuerzas que propugnaron por la Independencia. La economía resintió seriamente el disloque del comercio exterior y la devastación de minas, cosechas y ganado prolongó sus efectos negativos por muchos años. El panorama político no fue mejor: es el tiempo en que tuvieron lugar, según cálculo realizado por Josefina Vázquez, alrededor de 2 000 pronunciamientos, asonadas y golpes de Estado y en que se sucedieron en promedio un gobierno nacional por año, de todos los colores del espectro ideológico.[12]

---

[10] Véase Portes Gil, 1966.
[11] Meyer, *op. cit.* p. 8.
[12] Véase Vázquez, 1987.

En esas circunstancias, las definiciones ideológico–políticas de las diversas banderías frecuentemente no son muy claras. Según varios autores, la división entre liberales y conservadores en dos alas bien definidas se lograría hasta mediados del siglo.[13] Sin embargo, en el periodo 1820–1854 existe ya lo que podría llamarse líderes intelectuales de ambas corrientes: del lado conservador, Lucas Alamán, y por los liberales el doctor José María Luis Mora.

Es de destacarse la impronta profundamente aristocrática y antiindígena de ambos pensadores. Mora, con acentos marcadamente racistas, decía:

> La población blanca es con mucho exceso la dominante en el día, por el número de individuos, por su ilustración y su riqueza, por el influjo exclusivo que ejerce en los negocios públicos y por lo ventajoso de su posición con respecto a las demás: en ella es donde se ha de buscar el carácter mexicano, y ella es la que ha de fijar en todo el mundo el concepto que se deba formar de la República.[14]

Los indios, «estos cortos y envilecidos restos de la antigua población mexicana», estaban destinados a desaparecer como consecuencia de su propia debilidad y del mestizaje. Alamán no se quedaba atrás; aunque defendía a la comunidad y al indio como instancia subordinada y fiel, consideraba que «sería peligroso poner a los indios en estado de entender los periódicos».[15]

Tal similitud en posiciones tenía, en estos casos concretos, una base objetiva: las familias y las propiedades tanto de Alamán como de Mora habían sufrido los embates de las «chusmas» de Hidalgo. Ambos coinciden en un juicio severo en torno al líder insurgente, aunque si bien Mora acepta el hecho mismo —la Independencia—,

---

[13] Véase Hale, 1982.
[14] Mora, vol. 1, 1977, p. 74.
[15] González Navarro, *op. cit.*, p. 213.

Alamán emplea el relato de esas «atrocidades» para descalificar la revolución misma.

Pero no sucedía lo mismo con el resto de sus seguidores, donde se puede apreciar todo tipo de posturas. Por ejemplo, el padre Arenas, cuya divisa fue «religión y fueros» —grito prototípico de los conservadores en esta etapa— prometió en su levantamiento de 1827 que los indios recuperarían sus repúblicas. Asimismo, los curas Carlos Tapisteco y Epigmenio de la Piedra, conservadores también, promovieron un plan monárquico apoyado en una supuesta realeza indígena integrada por los descendientes de Moctezuma.[16]

Del lado liberal también menudearon las heterodoxias. Ya se mencionó el caso de Juan Álvarez en las montañas del Sur, en el territorio de lo que se convertiría, a finales del periodo, en el estado de Guerrero. Álvarez, que, como se recuerda, fue el hombre fuerte de la revolución de Ayutla y luego presidente de la República, fue duramente criticado en diversas ocasiones por sostener las demandas agrarias de las comunidades en contra de los hacendados.

Nunca se ha reducido —decía Alvarez a principio de los cuarenta— la insaciable avaricia de ciertos hacendados. Poco a poco se han ido posesionando de las tierras de propiedad privada, de los ejidos o de las tierras comunales. Y después sin vergüenza alguna alegan propiedad sin mostrar título legal, de ahí el clamor de los pueblos por justicia y protección. Los tribunales están sordos a sus quejas y desprecio, persecución y prisión es lo que reciben quienes exigen lo que les pertenece.[17]

Otro caso singular fue el del abogado de origen indio Juan Rodríguez Puebla, conocido como *Cuautli*, también liberal de la primera línea

---

[16] Meyer, *op. cit.,* p. 11.
[17] Véase Bushnell, 1988, p. 134.

y heterodoxo redomado en relación con la cuestión indígena. Como rector del Colegio de San Gregorio, dedicado a la educación de los indios, se opuso firmemente a su disolución y defendió la enseñanza del idioma mexicano, en los momentos en que, a nivel nacional, se imponía la destrucción de las instituciones de este tipo y se pretendía exclusivamente el aprendizaje del castellano.[18]

Ni la postura de Álvarez ni la de Rodríguez Puebla eran las dominantes. A raíz del Plan de Iguala y posteriormente de la Constitución de 1824, en el país se había decretado la igualdad ante la ley. Había desaparecido la distinción entre indios y no indios, sustituida —a decir de Mora— por la de pobres y ricos. Pero, el igualitarismo en los derechos políticos fue limitado de tal forma que no entraban en la categoría de ciudadanos ni los analfabetos ni los sirvientes, es decir la mayoría de la población india.

En cambio, el igualitarismo sí sirvió para emprender una ofensiva en contra de las propiedades comunales y para reforzar la dependencia de los indígenas: los terratenientes de Puebla argumentaron que como todos eran ciudadanos que debían cumplir sus compromisos, los jornaleros que abandonaran las haciendas debían ser obligados por la fuerza a regresar.[19] De igual forma procedió muchas veces la Iglesia.

El punto más importante fue la propiedad comunal de la tierra. La desamortización comenzó casi de manera inmediata a la culminación formal del movimiento de Independencia. En el Congreso Constituyente de 1824, el diputado Terán alegó:

---

[18] Al parecer no existe una investigación dedicada a este personaje, lo cual es una auténtica laguna en la historiografía del siglo XIX mexicano. Los datos mencionados se tomaron de López de Escalera, 1964.
[19] González Navarro, *op. cit.,* p. 214.

[...] la experiencia y una constante observación en todos los países acredita que las tierras que pertenecen a una comunidad o corporación están condenadas, si no a una perpetua esterilidad, a lo menos al cultivo más descuidado y menos útil al público. Estas posesiones de todos, ninguno las trabaja con esmero [...][20]

Tal idea, movida por la noción del individualismo como base para el despegue capitalista, encerraba intereses diversos. De un lado, es evidente que entraba dentro de la órbita de los viejos y nuevos hacendados, que veían la posibilidad de debilitar a las comunidades con el fin de apoderarse de las mejores tierras y dejar a los indígenas en condiciones de abastecedores de mano de obra barata para sus cultivos. Por otro lado, también expresaba el interés de un sector liberal que propugnaba por la modernización de México e incluso cifraba en esa medida la posibilidad de sacar de su postración a los indígenas. Incluso tuvieron lugar algunos repartos de tierra a indios carentes de ellas, como el llevado a cabo por el liberal Lorenzo de Zavala en 1833 entre los indígenas en el Estado de México, como pequeñas propiedades individuales.[21]

La gravedad de la ofensiva en contra de las comunidades, que para algún autor fue tan severa como la guerra de Conquista,[22] y de la que no fue un dato menor el empleo de indios como leva de los ejércitos en las interminables asonadas, provocó una multitud de protestas y estallidos sociales. Es larga la lista de levantamientos indios en esa época,[23] pero se coincide en que su punto más alto fue entre 1846 y 1848, es decir, en los momentos en que México vivió la invasión norteamericana.

---

[20] Citado por Reyes Heroles, 1982, p.
[21] González Navarro, *op. cit.,* p. 220.
[22] Véase Carmagnani, 1987.
[23] Véanse Meyer, *op. cit.,* y Reina, 1983.

Especialmente cruentos y largos fueron los conflictos con los mayas: se estima que entre 1846 y 1862, la península de Yucatán perdió 184 000 habitantes y fueron destruidos más de mil pueblos.[24] En 1847, precisamente en el momento más difícil de la «guerra de castas», los insurrectos llegaron a establecer contactos con el gobierno inglés —presente en Belice— con miras a lograr la protección de la Corona británica para lograr la autonomía de su territorio.

El levantamiento de Sierra Gorda (que comprende partes de Querétaro, San Luis Potosí y Guanajuato), aunque no duró mucho (1847–1850), causó un gran impacto al acercar a la temible «guerra de castas» al centro del país.[25]

El otro gran conflicto indígena, intermitente a lo largo del siglo, fue la llamada genéricamente «guerra apache», aunque en realidad se trató de una gran diversidad de conflictos en los que intervinieron diferentes etnias del norte del país. Su origen está ligado a la dislocación de lo que habían sido durante el dominio español las instituciones colonizadoras en esas regiones: las misiones y los presidios militares. Al depender crecientemente de la fuerza de las armas a partir de las colonias militares, y sufrir bruscos vaivenes en cuanto al flujo de recursos destinados a este fin dada la inestabilidad del país, la frontera norte quedó sumamente expuesta al ataque de grupos de indios armados, que reivindicaban de esa manera sus territorios ancestrales. Además, en estos conflictos intervinieron con frecuencia los intereses de los grupos expansionistas norteamericanos, ansiosos por mantener inestables las regiones que codiciaban: «que los indios, armados por ellos, devastaran las poblaciones e impidieran su riqueza y crecimiento: crear desiertos para después apropiárselos».[26]

---

[24] Barabás, 1987, p. 210.
[25] Véase Reina, 1994.
[26] Véase García Cantú, 1971.

Se ha interpretado que la coincidencia en el tiempo de las insurrecciones indias y la invasión norteamericana a México se explica porque esta última provocó un serio desajuste de la estructura de poder, momento aprovechado por las comunidades que se sentían agraviadas para pasar a la ofensiva. Se ha conjeturado también que los mismos invasores tuvieron un papel relevante en los estallidos, al proporcionar armamento y azuzar a las comunidades. La verdad es que, como en otros casos, el análisis debe ser casuístico, pues mientras en la Sierra Gorda en algunos momentos un grupo de grandes propietarios descontentos que participaron en la revuelta se pronunciaron en favor del ejército invasor, en el istmo de Tehuantepec los zapotecos lucharon en contra de un hacendado conservador.[27]

La invasión norteamericana, dice Hale, punzó la inteligencia mexicana, después de un profundo desánimo, en pro de un proyecto nacional.[28] La respuesta nacionalista que existió dos décadas después frente a los franceses corrobora ese acerto. Pero, parece ser que desempeñó también un papel fundamental el riesgo que implicaron las revueltas indias. Los liberales de la siguiente generación se enfrentaron a esa noción de peligro frente a las comunidades. Eso es lo que explica que, a decir de Bonfil,

> [...] ni siquiera una generación de políticos e intelectuales tan indiscutiblemente brillante como la de la Reforma fue capaz de considerar siquiera la posibilidad de que los valores, las instituciones y las maneras de pensar y actuar de los países más desarrollados de Occidente tuvieran que someterse a una crítica radical a partir de la presencia abrumadora de los pueblos con culturas mesoamericanas. La querella por la nación ocurría al margen de la mayoría de los supuestos ciudadanos, que permanecían como el escenario ignorado que sólo ponía una incómoda interrogación a los anhelos de «progreso y civilización».[29]

---

[27] Véanse Reina, *op. cit.*, 1994 y De la Cruz, *op. cit.*
[28] Véase Hale, *op. cit.*
[29] Bonfil Batalla, 1992, p. 93.

3. LOS LIBERALES DE LA REFORMA (1854-1876)

En el periodo conocido como la Reforma tiene lugar el triunfo definitivo de las corrientes liberales. Son años cargados de intensas movilizaciones sociales: la revolución de Ayutla, que hizo caer a la dictadura de Santa Anna; la guerra de tres años o guerra de Reforma y la intervención francesa. Como resultado de esas contiendas, se reafirmó la soberanía nacional y el Estado logró la supremacía frente a la Iglesia.

El liberalismo, como doctrina y como organización política, fue capaz de encabezar la resistencia frente a la invasión francesa y de derrotar a un adversario tan poderoso como la Iglesia en el momento en que logró encabezar los intereses de los propietarios de tierras —el segmento más numeroso de la burguesía en ascenso— por apoderarse de los llamados «bienes de manos muertas», que incluían además de las fincas eclesiásticas, la propiedad de las numerosas comunidades indígenas que conservaban sus tierras.

Desde 1832, con el primer programa reformista encabezado por Gómez Farías, y sobre todo durante la guerra de tres años (1858-1860), los liberales hicieron explícito su interés por comprometer a los latifundistas grandes y pequeños con la revolución.[30] Su triunfo permitió crear las bases para el ulterior proceso de concentración territorial, que tuvo lugar sobre todo en el periodo del Porfiriato.

Pero, además de los apetitos de los grandes propietarios, el liberalismo fincó su triunfo en un respaldo popular no desdeñable. Entre estos segmentos populares estaban los rancheros, los arrendatarios y los campesinos minifundistas, en su mayoría mestizos, que compren-

---

[30] En la *Justificación de las leyes de Reforma* de 1857, «el programa de lo que se intitula el partido liberal de la República», se propone alentar «los grandes intereses que se identifiquen con la reforma social» y la conservación del orden público. Véase Gomezcésar, 1992, p. 37.

dían dentro de sus demandas agrarias la reivindicación de su condición social y étnica. De ellos surgirían los *chinacos*, la base combativa y popular de los liberales.[31]

La educación, que desde décadas atrás había sido un importante bastión de las ideas liberales, contribuyó a impulsar a numerosos mestizos e indígenas a ocupar destacados niveles de dirección de la vida social, política y cultural del país en esa etapa. El importante papel desempeñado por gentes de la talla de Benito Juárez, Porfirio Díaz, Ignacio Ramírez, Ignacio Manuel Altamirano y muchos otros, es, por sí solo, expresión de lo anterior. Basta comparar los retratos de los integrantes del Congreso, de las gubernaturas o de los ministerios: paulatinamente se puede apreciar como va apareciendo, junto a los conspicuos rostros de los criollos puros, el color cobrizo de mestizos e indios, por más que todos estén enfundados en rigurosa levita o en el uniforme militar.

La incorporación de personajes de origen humilde en los primeros planos de la vida nacional, no necesariamente significó que éstos asumieran los intereses de las clases de donde provenían. En realidad, el siglo XIX fue escenario de la contradicción entre los intereses de la nación en ciernes —dirigida por la burguesía— y las demandas inmediatas de amplios sectores populares; contradicción ante la cual los dirigentes mestizos tuvieron que definirse en favor de los primeros.

En este sentido, la contradicción más grave fue la que tuvo lugar entre las comunidades indígenas y el nuevo Estado, a partir sobre todo de la promulgación, en 1856, de la Ley Lerdo o Ley de Desamortización de Bienes de Corporaciones Civiles y Eclesiásticas, que terminó por despojar a las comunidades del aparato de defensa legal

---

[31] El mestizaje como elemento decisivo en el surgimiento de una conciencia nacional fue tratado primeramente por Andrés Molina Enríquez en *Juárez y la Reforma,* en 1906, y posteriormente en su magna obra *La revolución agraria de México*, aparecida entre 1932 y 1936. Véase también el trabajo de Carbó, 1988.

que, con todo y sus grandes limitaciones, había subsistido desde los tiempos de la Colonia.[32]

Los liberales, triunfantes en la guerra de tres años, arremetieron contra las corporaciones y sus fueros, y se esforzaron por constituir un Estado que garantizara las libertades que consideraban básicas: libertad de comercio y de empresa, y las libertades ciudadanas fundamentales. Para ellos, las comunidades eran una herencia colonial que impedía establecer los principios democráticos y republicanos. Eran sinónimo de estancamiento económico y degradación social, puesto que en ellas imperaba la ignorancia, el fanatismo y algo que era particularmente contrario a su ideología: la ausencia de la propiedad privada.

En su concepto, el hombre sería un verdadero ciudadano en la medida en que sus ansias de progreso y de mejoramiento material fueran el motor de su actividad. El enriquecimiento personal coincidía con la creación de una nación próspera, y era además la base de la democracia. La comunidad indígena, por tanto, no sólo era un estorbo a la libre circulación de la riqueza, sino un obstáculo a la integración nacional. Pero, independientemente de los aspectos doctrinarios, la burguesía en ciernes que nutría a los liberales, aprovechó el río revuelto que significó la liquidación de la propiedad comunal sobre la tierra para acrecentar sus heredades.

De esta manera, si bien es cierto que los ideólogos liberales aspiraban a que, transformados los indígenas comuneros en pequeños propietarios, lo que se lograba era la siembra de nuevos ciudadanos «libres», la resultante fue bien distinta: los grandes propietarios y las capas medias aceleraron el despojo territorial sobre las comunidades. Se sembraron en realidad latifundios, y multitud de comuni-

---

[32] La ley de desamortización del 25 de junio de 1856, inspirada en el individualismo, trató de hacer desaparecer la propiedad comunal de los indígenas formando la pequeña propiedad agrícola con los arrendatarios de esos bienes, quienes debían adjudicárselos. Véase González Navarro, *op. cit.*

dades reducidas a aportar mano de obra en condiciones muchas veces peores que en los sistemas esclavistas.

No obstante lo anterior, dentro de los cuadros liberales existió un significativo esfuerzo por defender los intereses mayoritarios. Podemos hablar de una corriente liberal —dentro de la cual estaría lo que Reyes Heroles llamó «el liberalismo social»— que, lejos de los tintes aristocratizantes de la primera y muy criolla generación de liberales, se entendió a sí misma como parte de los intereses del pueblo mexicano. No dejó esta fracción de compartir la visión extremadamente dogmática que caracterizó al liberalismo, pero al menos se propuso introducir variantes en defensa de los pobres de México.

En el Congreso Constituyente de 1856–1857, las voces de esta corriente se hicieron presentes, y pese a resultar derrotadas ante la presencia dominante del liberalismo moderado, dejaron su impronta en la tremenda requisitoria que Ignacio Ramírez hizo a la Constitución al condenarla por mantener la esclavitud de los jornaleros. De igual forma quedó allí el voto particular de Ponciano Arriaga, quien propuso limitar a la gran propiedad con medidas fiscales, así como con el reparto de tierras a los pueblos que carecieran de ellas, la distribución de tierras incultas, la libertad de los trabajadores y el pago de jornales en dinero y no en especie. Pero, pese a estos esfuerzos y los de los diputados Castillo Velasco e Isidoro Olvera, el proyecto social avanzado de los reformistas radicales fracasó.[33]

La guerra de tres años alteró la correlación de fuerzas en el interior de las filas liberales y permitió que los radicales ascendieran al poder. Como consecuencia de ello tuvieron lugar las Leyes de Reforma, que llevaron mucho más adelante que la misma Constitución el proyecto liberal. Es a ellos, a los liberales radicales, a quienes corresponde encabezar la resistencia ante la invasión francesa, capí-

---

[33] Véanse Tavera Alfaro, 1958 y Maciel, 1980.

tulo excepcional desde muchos puntos de vista. Es en esas circunstancias en que tiene lugar el intento, limitado sin duda, de llevar adelante algunos de los preceptos agrarios de la corriente liberal radical.

El presidente Juárez decía así al general Escobedo en 1865, en plena ocupación del territorio nacional por las tropas francesas: «ahora es la oportunidad de que se destruya el monopolio que esos hombres —se refiere entre otros a los Sánchez Navarro de Coahuila— tienen de inmensos terrenos con perjuicio de la agricultura y de los pueblos de ese Estado.»[34] Esta idea, reiterada en varias otras comunicaciones del gobierno trashumante de ese entonces, tuvo al menos una aplicación concreta, cuando Juárez realizó un reparto agrario entre colonos de una región dominada por un latifundista aliado al cacique neoleonés Santiago Vidaurri, en el momento en que éste se alió abiertamente al imperio de Maximiliano.

Muy significativo resulta, además, que este reparto estuvo ligado a uno de los capítulos más emotivos de la resistencia popular ante la invasión, cuando los habitantes de un humilde pueblo de la región de La Laguna se hicieron cargo, a petición expresa del presidente de la República, del Archivo General de la Nación y lo regresaron intacto a la capital del país en 1867. Esto pese a la cruda represión que desataron en su contra las tropas francesas y sus aliados. Durante esos años, el archivo representativo de la soberanía nacional se mantuvo resguardado —paradojas de la resistencia popular— en una cueva de bandidos.[35]

Ciertamente el agrarismo liberal no fue más lejos: no podía correrse el riesgo de lastimar el tejido social encabezado por los propietarios de tierras en que se apoyaba el gobierno juarista. Incluso en los años posteriores a la ocupación francesa, las tierras confiscadas

---

[34] Citado por Gomezcésar, *op. cit.*, p. 77.
[35] Véanse Santos Valdez, 1973 y Fernández, 1964.

a los aliados al imperio les fueron devueltas (no así las repartidas en Matamoros, Coahuila, en el caso reseñado líneas atrás).

Pero más allá de la política agraria, la relación entre el gobierno nacional y los diferentes grupos regionales implicó distintos tipos de alianzas en las que el doctrinarismo cedió al pragmatismo político. En este punto hace falta mucho por esclarecer: aún grupos indígenas aparecen en determinados momentos como resueltos adeptos del juarismo en contra de la invasión francesa. El caso más representativo es el de los indios zacapoaxtlas de la sierra de Puebla, liderados por Juan Francisco Lucas, los primeros que, machete en mano, enfrentaron al ejército francés. Después organizaron una denodada resistencia que llevó a los habitantes de Xochiapulco a incendiar sus hogares para impedir que pudieran hacer uso de ellos los enemigos. Por esas acciones el gobernador de Puebla decretó en 1864 que el pueblo recibiría el nombre de Villa 5 de mayo y los soldados recibirían las tierras de una hacienda que había sido abandonada, previa indemnización a los dueños. En 1865 infligieron una importante derrota a las fuerzas austríacas y más adelante se negaron a la rendición a las que se les conminó cuando los franceses ocuparon las principales poblaciones de la sierra.[36] Otros casos en que se tiene constancia de una activa participación indígena en contra del imperio son los de los zapotecos de Juchitán y de los nahuas de la huasteca.

No obstante, la revisión de la legislación del imperio de Maximiliano muestra que éste tuvo una visión marcadamente más avanzada en lo que se refiere a la protección de los intereses agrarios y sociales de los indios.[37] Gracias a ello se logró la adhesión al imperio,

---

[36] Durante los años siguientes, el general Lucas se mantuvo como el «hombre fuerte» en la zona serrana. Apoyó el ascenso de Porfirio Díaz y durante la Revolución de 1910, fue tratado con respeto y buscaron atraerlo tanto Zapata, como Madero, Carranza y Obregón. Murió en 1917. Véase Ferrer Gamboa, 1967.

[37] Parte de esta legislación se puede consultar en Fabila, 1990.

al menos formalmente, por parte de grupos de coras, huicholes, yaquis, mayos, tarahumaras, nahuas de diversas zonas, totonacos y
otras etnias. Sin embargo, la acción indigenista del imperio se topó
con la barrera infranqueble que significó que entre sus propias filas
militaran destacadamente muchos hacendados criollos que debían
su fortuna y propiedades al más atrasado peonaje y al despojo de
las comunidades. Fueron estas fuerzas las que detuvieron el intento
de dotar al proyecto neocolonial francés de una base social que
compitiera con las huestes liberales.

  ¿Cómo se explica que los liberales consiguieran un mayor respaldo popular que los conservadores, a pesar de su legislación anti-
comunalista? Alan Knight sostiene que ello se debió a que «en muchos casos la agresión real a la propiedad comunal llegó en los de-
cenios 1880–1890».[38] Podría agregarse tal vez que también estuvo
presente el que el gobierno juarista encabezó el combate contra el
poder omnímodo de la jerarquía eclesiástica (que en no pocas ocasiones había entrado en serias contradicciones con las comunidades) y que se transformó en el símbolo de la resistencia frente a los
franceses en la coyuntura en que la idea de nacionalidad comenzó a
brotar entre amplios sectores populares.

  En 1867, concluida la ocupación francesa, el gobierno federal
buscó afanosamente que se activara la desamortización de los ejidos
y comunidades indígenas. Pero, nuevamente, tal política avanzó muy
lentamente, dada la resistencia de los comuneros a convertirse en
pequeños propietarios. Los indios no respondieron, salvo cuando
existían denuncias públicas que de sus tierras se hacía por conside-
rarlas baldías.

  La resistencia indígena frente al proyecto liberal no era sólo la
lucha por el recurso de la tierra. Era algo de mayores dimensiones
que no fue comprendido ni por los ideólogos más visionarios del

---

[38] Citado por Carbó, *op. cit.,* pp. 159-160.
[39] Véase Tutino, 1990.

liberalismo: la lucha de las comunidades por mantener su capacidad de decidir y actuar como ente colectivo. Los indios comuneros sabían por experiencia que convertirse en propietarios era el camino más seguro para perder su identidad cultural y su cohesión.[39]

Es necesario distinguir entre dos tipos de intereses en el interior de las fuerzas liberales: por un lado, la presencia de los grandes propietarios de tierras y, por el otro, la verdadera pasión doctrinaria de los ideólogos liberales. En el primero de los casos, los dirigentes liberales, como integrantes de las élites dominantes, participaron del despojo y explotación de los indígenas desde una perspectiva puramente clasista: el elemento ideológico desempeñó aquí un papel del todo secundario.

Un ejemplo ilustrativo fue el del enfrentamiento entre el general Riva Palacio, héroe de la resistencia ante los franceses y posteriormente próspero propietario y Julio López, de origen liberal también, pero que, influido por los ideales anarquistas, encabezó la resistencia de las comunidades de Chalco afectadas por Riva Palacio. El «sagrado principio» de la propiedad fue respetado a punta de ballonetas, varios de los insurrectos fueron enviados como presos a Yucatán y Julio López fue acusado de bandido y fusilado.[40]

Muy diferente es el caso de los ideólogos liberales como Ignacio Ramírez, «el sublime destructor del pasado y el obrero de la Revolución», como lo llamó Justo Sierra. Como la absoluta mayoría de los liberales, era partidario de la colonización («la primera necesidad y el centro de todas las empresas mexicanas») pero, a la vez fue, contra las opiniones dominantes, un decidido impulsor de la conservación y enseñanza de las lenguas indígenas. Ramírez siempre se colocó del lado de lo que entendía como los intereses populares. «Nada de feudalismo —señaló—, los dueños de haciendas, atropellando nuestras instituciones, conservan en dura tutela a sus depen-

---

[40] Véanse Reina, 1980 y García Cantú, 1984.

dientes y explotan de mil maneras [...] a nuestros gañanes indígenas».[41] Para él, el origen de ese feudalismo estaba en la herencia del coloniaje español que obligó a los indios a poseer bienes en común, despojándolos de todo derecho individual y usurpándoles su representación.

La gran propiedad era producto del fraude y el despojo. La forma de resolver ese nudo de problemas era, desde su punto de vista, «devolver las fincas a sus primitivos dueños» cuando se comprobara que fueron usurpadas.[42] Junto con eso era necesario transformar las haciendas en colonias, la intervención directa de los interesados sobre sus propios negocios: «donde esta base se acepte serán una realidad la república y la democracia».[43] Pero, la condición era acabar con las parcialidades y convertir a los peones en propietarios: su independencia económica modelaría de esa manera la independencia del municipio, del Estado y de la patria.

Ramírez participó en la defensa de las comunidades en contra de despojos y arbitrariedades, pero nunca abandonó su terco doctrinarismo en contra de la propiedad colectiva. Por eso es que, por más que se propuso como objetivo esencial «redimir» a los indios, compartió las limitaciones de su generación, que encarnó lo que Bonfil llamó el México imaginario, «un país minoritario que se organiza según normas, aspiraciones y propósitos que no son compartidos (o lo son desde otra perspectiva) por el resto de la población nacional».[44] Los liberales estaban deslumbrados por lo que, ante sus ojos, era el éxito rotundo de sus principios, materializado en el sorprendente avance social y económico de los Estados Unidos y se propusieron seguir el mismo camino.

---

[41] Ramírez, vol. 2, 1966, p. 150.
[42] *Op. cit.,* p. 295.
[43] *Ibid.,* p. 408.
[44] Bonfil Batalla, 1988, p. 10.

Pero, con todo, también tuvieron que pactar con la terca realidad que una y otra vez les demostró que las ideas importadas no
se aclimataban fácilmente en estas tierras. La coyuntura creada
por la extraña alianza entre el gobierno de Juárez y Manuel Lozada
es harto elocuente. Lozada, «el Tigre de Alica», dirigente de coras
y huicholes del actual estado de Nayarit, contaba con un largo his-
torial: se había pronunciado en favor de los conservadores durante
la guerra de Reforma, y posteriormente reconoció al imperio de
Maximiliano. De esta manera había logrado mantener por dos décadas un poder regional incontrastable en el que había aplicado una
política agraria en favor de las comunidades. Al triunfo de la República, y siguiendo su hábil política de alianzas, entabló negociaciones
con el gobierno de Juárez en 1868, quien sorprendentemente reconoció su poder e impidió que fuera aplastado por sus enemigos liberales. Sin embargo, a la muerte de Juárez, Lozada entró de nuevo
en con-flicto con los liberales en el poder y fue fusilado en 1873.[45]

No es necesario esforzarse mucho para comprender por qué las
comunidades indígenas representaron, en el siglo XIX, proyectos
diferentes de los elaborados tanto por los conservadores como por
los liberales. Tales proyectos no alcanzaron —y tal vez ni podían
pretenderlo— una visión propiamente nacional: se circunscribieron
a los planos regionales y las más de las veces involucraron a individuos de una sola etnia o de varias etnias de una misma región. No
es posible hablar de una tendencia única en lo que se refiere a la
respuesta india frente al acoso sufrido por las comunidades en el
siglo XIX. Obligados a resistir, los indios asumieron todas las tácti-
cas a su alcance: desde las peticiones pacíficas hasta la insurrección armada. Para subsistir, las comunidades se acogieron a toda
suerte de alianzas: apoyaron frecuentemente, como hemos señalado, a los gobiernos conservadores; muchos vieron con simpatía al

---

[45] Véanse Barba González, 1956 y Meyer, 1989.

imperio de Maximiliano; pero también hubo quienes se sumaron a las filas liberales y combatieron a los franceses.

Las comunidades indias, y cada una en particular, tiene una historia propia, y su lucha no fue siempre coincidente con los objetivos nacionales. La explicación parece clara: la nación en México se consolida por encima y en contra —por lo menos en lo inmediato— de los intereses populares. Las comunidades indígenas mostraron como una de sus principales debilidades estructurales la ausencia de intelectuales capaces de sistematizar, dar organicidad y proyectar sus luchas con un alcance nacional.

Altamirano, otro de los liberales radicales e indio de origen, defendió desde la trinchera de la literatura la imagen de un México mestizo, contrario tanto al predominio criollo como a la pervivencia comunalista. La misma presencia del indio Juárez en la presidencia de la República fue empleada ideológicamente para reafirmar la tendencia anticomunal: el presidente era la prueba viviente de cómo un indio podía, merced a su esfuerzo personal, dejar de serlo e incorporarse en los niveles más altos de la vida política nacional.

De esta manera, las comunidades indias, debilitadas en lo ideológico, carentes de alianzas extrarregionales, sin voceros que defendiesen su causa en el plano nacional, vivieron un proceso de despojo territorial que tuvo lugar a lo largo de todo el siglo XIX y que tuvo su momento más álgido en sus últimas décadas, ya bajo el largo gobierno de Porfirio Díaz. No obstante, su terquedad permitió su subsistencia y continuidad. El alcance de la resistencia india puede medirse con un solo dato: en 1910 todavía el 41% de las comunidades conservaban la propiedad comunal de la tierra, y eso en contra de las leyes impuestas por el México imaginario.[46]

---

[46] González Navarro, *op. cit.*, p. 236.

BIBLIOGRAFÍA

BARABÁS, Alicia: *Utopías indias. Movimientos sociorreligiosos en México,* México, Editorial Grijalbo, 1987.

BARBA GONZÁLEZ, Silvano: *La lucha por la tierra. Manuel Lozada,* México, s.e., 1956.

BONFIL BATALLA, Guillermo: *Pensar nuestra cultura*, México, Alianza Editorial, 1992.

— *México profundo*: México, Consejo Nacional de la Cultura y las Artes, 1988.

BUSHNELL, Clyde Gilbert: *La carrera política y militar de Juan Álvarez*, México, Miguel Angel Porrúa Editores, 1988.

CARBÓ, Margarita: «El campo en llamas. La Reforma y la intervención», en *Historia de la cuestión agraria mexicana*, vol. 2, La tierra y el poder, 1800–1910, México, Siglo XXI Editores–Centro de Estudios Históricos del Agrarismo en México, 1988.

CARMAGNANI, Marcelo: *El regreso de los dioses*, México, Fondo de Cultura Económica, 1987.

CRUZ, Víctor de la: *La rebelión de Che Gorio Melendre,* México, Publicaciones del H. Ayuntamiento de Juchitán, 1983.

FABILA, Manuel: *Cinco siglos de legislación agraria en México*, México, Centro de Estudios Históricos del Agrarismo en México, 1990.

FERNÁNDEZ, Rosario: *Pueblo héroe,* México, Secretaría de Educación Pública, 1964.

FERRER GAMBOA, Jesús: *Los tres juanes de la sierra de Puebla,* Cuadernos de Lectura Popular, núm. 108, México, Secretaría de Educación Pública, 1967.

GARCÍA CANTÚ, Gastón: *Las invasiones norteamericanas en México,* México, Editorial Era, 1971.

— *El socialismo en México. Siglo XIX,* México, Editorial ERA, 1984.

GOMEZCÉSAR, Iván: «Los principales actores», en Aguilar, Alonso (coord.), *El pensamiento político de México,* vol I. La independencia, México, Editorial Nuestro Tiempo, 1989.

— *La batalla de Juárez,* México, Editorial Nuestro Tiempo, 1992.

GONZÁLEZ NAVARRO, Moisés: *La política indigenista en México. Métodos y resultados,* vol. I, México, Instituto Nacional Indigenista, 1973.

HALE, Charles: *El liberalismo mexicano en la época de Mora,* México, Siglo XXI Editores, 1982.

IBARRA, Antonio: «Tierra, sociedad y revolución de independencia: 1800–1824», en *Historia de la cuestión agraria mexicana.* vol. II. La tierra y el poder. 1800–1910, México, Editorial Siglo XXI–Centro de Estudios Históricos del Agrarismo en México, 1988.

LEMOINE, Ernesto: *Morelos y la revolución de 1810*, México, Editorial del Gobierno del Estado de Michoacán, 1984.

LÓPEZ DE ESCALERA, Juan: *Diccionario biográfico y de historia de México*, México, Editorial del Magisterio, 1964.

MACIEL, David R.: *Ignacio Ramírez. Ideólogo del liberalismo social en México*, México, UNAM, 1980, Colección Humanidades.

MEYER, Jean: *Problemas campesinos y revueltas agrarias (1821-1910)*, México, Sepsetentas, 1973.

— *La tierra de Manuel Lozada*, México, Universidad de Guadalajara, 1989.

MOLINA ENRÍQUEZ, Andrés: *Juárez y la Reforma*, México, Editores Mexicanos Unidos, 1966.

— *La revolución agraria de México* (5 volúmenes), México, Miguel Angel Porrúa Editores, 1988.

MORA, José María Luis: *México y sus revoluciones*, México, Editorial Porrúa, 1977.

OCHOA, Álvaro: *Los insurgentes de Mezcala*, México, El Colegio de Michoacán, 1985.

PORTES GIL, Emilio: *El general y guerrillero Pedro José Méndez*, México, Secretaría de Educación Pública, Cuadernos de Lectura Popular, 1966.

RAMÍREZ Ignacio: *Obras*, tomo 2, México, Editora Nacional, 1966.

REINA, Leticia: «Las luchas campesinas, 1820–1907», en *Las luchas populares en México en el siglo XIX*, México, CIESAS, 1983, Cuadernos de la Casa Chata, núm. 90.

— *Las rebeliones campesinas en México (1829–1906)*, México, Siglo XXI Editores, 1980.

— «La rebelión campesina de Sierra Gorda», en *Sierra Gorda: pasado y presente*, México, Fondo Editorial de Querétaro, 1994.

REYES HEROLES, Jesús: *El liberalismo mexicano*, México, Fondo de Cultura Económica, 1982.

ROJAS, Beatriz: «Los huicholes: episodios nacionales», en Antonio Escobar (coord.), *Indio, nación y comunidad en el México del siglo XIX*, México, CIESAS, 1993.

SANTOS VALDEZ, José: *Matamoros, ciudad lagunera*, México, s.e., 1973.

TAVERA ALFARO, Xavier: *Tres votos y un debate del Congreso Constituyente 1856–57*, México, Universidad Veracruzana, 1958.

TUTINO, John: *De la insurrección a la revolución. Las bases sociales de la revolución agraria. 1750–1940*, México, Editorial ERA, 1990.

VÁZQUEZ, Josefina Zoraida (coord.): *Planes en la nación mexicana*, México, Senado de la República–El Colegio de México, 1987.

LA PRENSA DE LA CAPITAL Y SU VISIÓN DEL INDIO (MÉXICO, 1867–1880)[1]

Antonio Santoyo

La interrogante que da pie a las siguientes páginas se refiere al significado y la trascendencia de un conjunto representativo de discursos que, en torno a los indios que le fueron contemporáneos, la intelectualidad mexicana hizo públicos a través de la prensa durante los años que siguieron a la llamada Restauración Republicana (1867), y hasta el momento en que se vio afianzado el proyecto modernizador que tendría auge durante el Porfiriato (1880).[2]

El texto aspira a contribuir en el deslinde de los contenidos y las formas concretas que adquirió el proyecto de secularización y modernización del bloque social dominante, a partir del triunfo republicano de 1867. Específicamente en relación con el carácter de las masas indígenas contemporáneas y los cambios que, de acuerdo con tal proyecto, debían experimentar en sus formas de vida y en sus relaciones con el resto de la sociedad.

Se pretende un acercamiento a las concepciones y las propuestas que los hombres de ideas plasmaron en la prensa, de manera abierta o velada, acerca de las políticas a seguir respecto a los habitantes indios del país y las tradiciones comunitarias inherentes a su cultura. Dichas concepciones y tomas de posición tenían que ver

---

[1] Otra versión de este trabajo fue entregada en marzo de 1993 a *Signos. Anuario de Humanidades 1993*, publicación del Departamento de Filosofía de la Universidad Autónoma Metropolitana –Iztapalapa, bajo el título «El indio como mortificación de los letrados. Un acercamiento a la prensa durante la consumación del triunfo liberal en México (1867–1880)».

[2] Lo que aquí se expone proviene de la investigación que el autor desarrolla en torno al indio en el imaginario social de los intelectuales mexicanos, durante los años de consolidación del triunfo del liberalismo en México.

directa o indirectamente con la magna preocupación por consolidar el Estado–nación emergido de la Reforma. Es decir, las ideas respecto del mundo indígena se planteaban en un marco cultural y sociopolítico específico: la urgencia, para el bloque social dominante, de superar todos los obstáculos que se interponían al afianzamiento de la nación.

Las ideas y propuestas de los letrados del periodo acerca de lo indígena son antecedente fundamental de las polémicas y políticas que al respecto se desarrollarían durante el Porfiriato, a lo largo del periodo revolucionario que arrancó en 1910 y hasta nuestros días. Los intentos de la segunda generación de liberales decimonónicos por hacer desaparecer las tradiciones comunitarias indígenas, así como la persistencia y la resistencia de este bagaje secular de raíz prehispánica ante los embates modernizadores de entonces, son fenómenos que se pueden leer en los acontecimientos de hoy, así como en los recurrentes conflictos que en tal sentido han caracterizado la vida del país desde el segundo tercio del siglo XIX.

Pensamos que la temática aquí tratada tiene vínculos estrechos con una serie de cuestiones vigentes hoy en día en México y en el mundo. Nos referimos a los procesos de deconstrucción y construción de las identidades culturales, y los debates asociados a ellos; a las polémicas y luchas en torno a la definición y conservación del patrimonio cultural y material de grupos étnicos, de sectores y grupos urbanos, de regiones y aun de países enteros, y a las discusiones teóricas y políticas alrededor de la disyuntiva diversidad *versus* homogeneidad. Todo esto en el contexto de las poderosas tendencias actuales a la globalización y las respuestas activas que encuentran en múltiples proyectos de conservación y diferenciación.

CONSIDERACIONES HIPOTÉTICAS

1. En la lucha ideológica y material que los republicanos vencedores del conservadurismo y del intervencionismo extranjero sostuvieron contra los pueblos indígenas, se sistematizó y explicitó una serie de valores que la doctrina liberal había aportado al pensamiento mexicano desde tiempo atrás. Sin embargo, creemos en la presencia de valores y principios de matriz no precisamente liberal en dicha batalla. Es decir, fue significativa la incorporación o entrelazamiento de criterios estamentales, verticalistas y racistas, de origen colonial, cargados de tradicionalismo, en las propuestas modernizantes de la doctrina liberal, y particularmente del liberalismo positivista, referentes a la organización social. Una serie de vínculos y formas de pensamiento de viejo cuño sirvieron como ambiente propicio al desarrollo de prácticas, actitudes y políticas concretas, destinadas a afirmar la diferenciación social, por parte de los defensores del «progreso».

La exclusión efectiva de las masas de los beneficios de la modernización no puede ser considerada como efecto que solamente correspondiera a los criterios y valores del liberalismo puesto en práctica. Para tener lugar dicha exclusión en las proporciones y forma en que lo tuvo, hubieron de preexistir ciertas condiciones culturales e ideológicas —entre cuyos fundamentos estaban los valores racistas y estamentales heredados del mundo colonial, rara vez manifestados como tales en los discursos liberales—, además de las materiales, que la facilitaron e hicieron ver como fenómeno normal o natural a los sectores sociales que la impulsaron.

2. Podría sostenerse que el indio vivo resultó ser *el otro*, el adversario de la consolidación de la nacionalidad, pero ya no proveniente del exterior sino instalado a todo lo largo y ancho del país. El indio viviente fue convertido en elemento esencial de aglutinamiento

103

por los, ciertamente no homogéneos ni armónicos, grupos adueñados del poder político y económico. Sirvió al mundo blanco y mestizo como referencia contrastante en su construcción del hecho y el sentimiento nacionales. Al haber cesado en 1867 la amenaza externa, representada por la ocupación francesa, y la interna, encarnada en el proyecto conservador, los vencedores y los sectores sociopolíticos que se ajustaron a sus propuestas de reconciliación política ubicaron en los grupos indios contemporáneos la amenaza interna a la consumación de sus metas más caras: la civilidad y el individualismo burgueses, el librecambismo, la preeminencia de la propiedad privada, la comunión de idioma, de valores y de esquemas de vida, el orden, el control pleno del territorio por parte del Estado, etcétera.[3]

3. Las relaciones de subordinación material e inmaterial se sirvieron a lo largo del siglo XIX de una apreciación despectiva, incapaz de reconocer la riqueza cultural específica de cada grupo indígena.[4] Durante los años de consolidación liberal el viejo afán de hacer tabla rasa de la heterogeneidad india viviente adquirió nuevos bríos, facilitando la labor de desindianización.[5]

---

[3] Véase Guerra, 1988; Hale, 1991; Katz, 1986, y Knight, 1985.

[4] Aquí manejamos lo indígena como fenómeno global, con fines de análisis y empleándolo como punto esencial de referencia, partiendo de la relativa homogeneización que los discursos intelectuales del periodo hicieron de la diversidad de los grupos indios y de sus formas de vida. Es decir, para abordar las especificidades de los discursos de la época y su razón de ser en el contexto en que tuvieron lugar, nos parece pertinente comprender lo indígena como su blanco común, como el enemigo que buscaba eliminar y que, por ello, en muchos casos pretendían homogéneo.

[5] Sin embargo, paralelamente a esta predominante tendencia simplificadora se desarrolló otra que pugnó, sobre todo en boca de algunos académicos y políticos, por el registro de la cantidad y calidad de los recursos humanos (pensando en el crecimiento económico) y de la diversidad cultural (teniendo en mente el diseño de mejores estrategias para la occidentalización de los indios).

4. En cuanto al indio muerto se refiere es pertinente anotar que las condiciones establecidas por el definitivo triunfo liberal propiciaron la consolidación académica e ideológica del pasado prehispánico, sobre todo del mundo mexica, como antecedente histórico glorioso del Estado nacional que se estaba construyendo. Los planteamientos que en tal sentido hiciera el patriotismo criollo tiempo atrás ahora volvieron a rendir útiles frutos.[6]

LA PRENSA Y EL INDIO

La resolución esencial que en 1867 se dio de los principales conflictos entre las élites mexicanas, así como del país frente al extranjero, incidió positivamente en el incremento de los estudios y la reflexión en torno a la cuestión indígena y muchas otras. Esto se debió a la relativa reanimación de la actividad intelectual y a la estabilidad que, también relativamente, experimentó la vida pública en su conjunto.

Sin embargo, hay que anotar el hecho de que, a pesar del innegable renacimiento de las actividades académicas e intelectuales en general —llevado y traído por múltiples comentaristas de ayer y hoy—, algunos integrantes de la minoría letrada se lamentaban con razón de las dificultades concretas que enfrentaban sus empeños. Es el caso de quien firmando como C.A.B. reseñó con amargura las penalidades vividas por muchos hombres de ideas en México hacia 1870. Después de describir las óptimas condiciones en que cualquier estudioso desarrollaba sus faenas en Estados Unidos, Inglaterra, Francia o Alemania, decía:

---

[6] Warman, 1970, p.16; Brading, 1983, pp. 119 y 125, y 1988; Pérez, 1988, en especial pp. 32–49, y Escobar, 1988, pp. 40–50. Asimismo véase Villoro, 1979.

[...] No es así en México. Las pocas bibliotecas son más que insuficientes; con gran dificultad se llega a saber de las obras que se publican no sólo en otros países, sino aún en otro estado de la República. [...] Esto en cuanto a las dificultades de trabajar, luego siguen las de la publicación. Si no es una novela, es raro encontrar un impresor para una obra científica sin que el autor contribuya a los gastos de la impresión o los haga todos de su cuenta, porque la venta de tales obras no cubre ni el costo de la imprenta: ¡es tan corto el número de personas que compran tales libros! Pero eso no es todo. Lo que más desanima a los pocos hombres dotados de amor a las ciencias e inclinados a trabajar para el adelanto de ellas, es la indiferencia que encuentran en su país para sus afanes [...][7]

Las sentidas palabras de este defensor del intelecto retratan una situación a la que poco o ningún remedio se podía poner, dadas las condiciones económicas y sociales que estructuralmente vivía el país. Un paliativo, o mejor dicho, una alternativa frente a las limitaciones culturales de la sociedad fue la fervorosa labor periodística desarrollada por muchos intelectuales.

Las grandes dificultades y gastos para elaborar, vender y adquirir libros nos permiten comprender la importancia entonces concedida al texto hecho público en la prensa. Si resultaba difícil y caro leer un libro, era mucho más fácil y barato leer un artículo periodístico. El periódico era relativamente barato para los sectores medios y altos, y, por otra parte, se leía sin demasiado esfuerzo. Respecto al periodismo de aquellos años, se ha dicho que era el espacio por excelencia de la cultura, la gran posibilidad a mano en un país con mayoría absoluta de analfabetos, sin hábito generalizado de lectura de libros, con muy escasas librerías y bibliotecas públicas, sin casas editoriales, sin maquinaria adecuada de impresión y costos altísimos

---

[7] C.A.B., 1870, p. 647.

del papel, con ediciones que a lo sumo llegaban a los quinientos ejemplares.[8]

Para que el contenido de la prensa periódica tuviera algún efecto no representaba un obstáculo insalvable el hecho de que una parte considerable de la población no supiera leer y escribir.

La lectura de periódicos y folletos llenaba las muchas horas de ocio alrededor de una lámpara durante la tertulia o reunión familiar, en las librerías, en el café, en los lugares públicos, donde un hombre leía y los demás escuchaban para después opinar acaloradamente.[9]

Sobre todo desde 1869, el texto periodístico —en la forma de crónica, comentario editorial y registro de sucesos— tuvo un repunte y adquirió gran importancia en la vida colectiva, aprovechando el clima de debate y libertad de expresión más amplio que se hubiera dado antes, y diera después, en el país. Dicho ambiente fue vivo efecto de las profundas convicciones doctrinarias que aún predominaban entre los liberales que estaban al tanto y al frente de la vida pública.[10]

A manera de muestrario —que de ninguna manera pretende ser exhaustivo ni aspira a conformar una tipología— pasamos revista aquí a algunas de aquellas voces que constituían y construían la «opinión pública», en torno a la cuestión indígena, en la capital del país —si bien debe señalarse que la prensa capitalina se hacía eco, permanentemente y en medida muy amplia, de las preocupaciones manifestadas en la prensa y en la correspondencia de lectores del interior. En todos los casos se trata de publicaciones con importante difusión en la ciudad de México.

---

[8] Monsiváis, 1987, p. 12.
[9] Staples, 1989, p. 48.
[10] Véase González *et al.*, 1956.

En los textos selecionados se plasman opiniones y sentires representativos de las élites letradas, que enarbolaron desde la bandera del exterminio físico completo –tratándose de los indios norteños, pues el genocidio de los demás, aunque puede leerse entre líneas como postura de ciertos autores, no se planteó de manera franca– hasta la de la protección paternalista, pasando por diferentes propuestas de represión, control, incorporación y defensa de derechos.[11]

---

[11] Es necesario resaltar que las marcadas diferencias entre las trayectorias históricas, la organización social y la capacidad de autonomía frente a fuerzas externas de los diversos conjuntos de pueblos indígenas que poblaban el país, influyeron en la configuración de sus particulares relaciones con la sociedad blanca y mestiza. Al respecto cabe anotar la heterogeneidad entre los grupos seminómadas del norte, siempre reacios a la subordinación; los mayas en el sureste, durante largo tiempo sublevados, y los pueblos indios de tradición comunitaria del centro y el sur del país, mayoritariamente vinculados a la sociedad no india desde el periodo colonial y con menor disposición, que no nula, que los anteriores a la rebelión abierta.

Esta heterogeneidad debe ser asociada a la diferenciación y la selectividad de la política que ante los pueblos indios llevaron adelante los distintos regímenes durante los años que abordamos. En cuanto se refiere a los indios norteños y a los mayas, tanto los gobiernos de Juárez y Lerdo como el de Díaz, aplicaron acciones represivas radicales en general, llegando en el caso de muchos pueblos del norte al exterminio total. En lo que atañe a las comunidades indias del centro y el sur del altiplano, Juárez y Lerdo aplicaron extensivamente una política radical de desamortización, la cual dio lugar a múltiples conflictos violentos y medidas represivas durante los primeros años de la restauración republicana. Por su parte, Porfirio Díaz, durante las dos primeras décadas que tuvo el poder, llevó adelante con los indios del altiplano una política conciliadora (que contribuyó en buena medida a la fuerza y estabilidad de su régimen) y acciones represivas severas muy selectivas, sobre todo en los casos de conflictos con una vieja trayectoria. Véase: Guerra, 1988, t. 1, pp. 228–234; Katz, 1986, pp. 10–18; y Tutino, 1990, pp. 221–235.

EL EXTERMINIO

En lo referente a la radical formulación del exterminio, total o limitado, en las páginas de *El Monitor Republicano* se hicieron públicas diversas notas durante el periodo 1867–1880.

Como editor del diario, José María Vigil se identificaba ampliamente con la población blanca del norte del país, que cotidianamente sostenía una guerra frente a los indios y por la cual vivía en la zozobra. Subrayaba la necesidad de exterminar completamente a los «bárbaros» para evitar problemas con Estados Unidos, ya que la movilidad de los indios y la persecución de éstos en ambos lados de la frontera, por parte de fuerzas estadunidenses durante aproximadamente una década, había dado pie a presiones diplomáticas de aquel país.[12]

En las páginas de *El Monitor Republicano* se expresaba con toda naturalidad que los habitantes de las colonias militares recibían de las autoridades locales 200 pesos por la cabellera de cada indio eliminado, pero que el estímulo no había rendido los frutos esperados ante la agilidad de éstos y su conocimiento del territorio.[13] En la misma tónica, el diario pedía al gobierno que otorgara las concesiones para la construcción de ferrocarriles en el norte a las compañías más interesadas en contribuir directamente «al exterminio de los bárbaros».[14]

Los redactores de este reconocido diario liberal se sumaron a la extendida animadversión que, entre los sectores sociales medios y altos de la capital del país, desató en más de una ocasión la presencia en ella de indígenas norteños. Se trató de tribus o clanes enteros –hombres y mujeres de todas las edades—, hechos prisio-

[12] *El Monitor Republicano*, México, D.F., 19 de marzo, 1880.
[13] *El Monitor Republicano*, México, D.F., 10 de marzo, 1870.
[14] *El Monitor Republicano*, México, D.F., 13 de abril, 1869.

neros en sus asentamientos cercanos a la frontera, por fuerzas mexicanas. Sin obedecer a una política definida respecto a ellos, las autoridades los trasladaban a la ciudad de México, sin establecer claramente su condición —ya fuera de protegidos en espera de la asignación de un territorio, de delincuentes o de otra cosa—, les daban durante cierto tiempo alojamiento nocturno en barracas y alguna alimentación. Comúnmente las autoridades se desentendían de ellos pasados varios meses, aunque en algunos casos se les forzó a trabajar en obras públicas y en otros se les encarceló por periodos breves.[15]

En el diario se informó, por ejemplo, del caso de un grupo de aproximadamente 200 lipanes que al ser aprehendidos se reducían ya, al cabo de algunas semanas, a menos de treinta, como efecto de las condiciones en que se les había trasladado y se les mantenía en la capital. Se apoyaba la decisión gubernamental de trasladarlos a la prisión de San Juan de Ulúa debido a que era «imposible tenerlos seguros en otra parte». Ante la dimensión de la amenaza, los redactores decían satisfechos que «entonces, las esposas que se les han puesto en las muñecas tienen por causa, como nos lo sospechábamos, el evitar que hagan de las suyas».[16]

Caso similar fue el de un contingente de indios kikapús, quienes, considerados menos peligrosos que los lipanes, no fueron destinados al encierro. Sobre ellos opinaron algunos lectores de *El Monitor* diciendo que pululaban por la ciudad «holgazaneando y sin beneficio alguno», incluso en estado de ebriedad, tanto hombres como mujeres, dañando con sus «usos de mala moral» a los niños y jóvenes que los observaban. Los lectores subrayaban indignados que lo peor era que el gobierno no les diera «empleo honesto», para evitar así sus «escándalos», «impropios de una capital que va hacia la cul-

[15] *El Monitor Republicano*, México, D.F., 24 de abril, 1879; 9 de septiembre, 1880 y 10 de octubre, 1869.
[16] *El Monitor Republicano*, México, D.F., 24 de abril, 1879.

tura». Los editores del periódico coincidieron con sus lectores, insistiendo en que el gobierno debía «instruir, civilizar y dar ocupación a esos vagos».[17] La posición del diario se traducía en propuestas concretas; decía, por ejemplo: «Ya podía enviarlos a construir el ferrocarril de Morelos. *Ese sería un bonito espectáculo; la barbarie ayudando a la obra de la civilización*».[18]

Igualmente en *El Monitor Republicano* se publicó, el 15 de enero de 1878, una nota que en tono alarmista se refería a la evolución reciente de los conflictos agrarios que, desde años atrás, se vivían en el estado de Hidalgo.[19] Decía:

> Los pueblos todos de los distritos de Actopan y de Pachuca, del estado de Hidalgo, siguen apoderándose de las haciendas y avanzando cada día más en sus depredaciones [...] En una extensión bastante considerable parece que ha dejado sus huellas la maldecida raza de Atila [...] Por donde quiera se ven ranchos quemados, plantas destruidas, desiertos inhabitados.[20]

Al día siguiente, los editores del diario *La Libertad*, jóvenes liberales de profundas convicciones positivistas, hicieron públicas su indignación y su sorpresa frente a la pasividad del gobierno, que se mantenía todavía al margen de tales acontecimientos y no había aplicado las urgentes medidas orientadas a «cortar de raíz un mal» que podía «producir tremendas consecuencias para el país». Aseguraban enfáticamente que los indios «inferiores como seres humanos, ignorantes y casi salvajes» estaban trastornando el orden público y atentando contra la propiedad privada, la civilización y el progreso; su comportamiento amenazaba a la sociedad con un «repro-

---

[17] *El Monitor Republicano*, México, D.F., 9 de septiembre, 1880.
[18] *EL Monitor Republicano,* México, D.F., 10 de octubre, 1869
[19] Véase Santoyo, 1992, pp. 50-68.
[20] *El Monitor Republicano*, México, D.F., 15 de enero, 1878.

bable comunismo» y con una guerra de castas. Sostenían que las autoridades probablemente no se habían dado cuenta aún de «lo que significaría para el país un levantamiento de la clase indígena contra los propietarios».[21]

Frente a las acciones de estos pueblos indios —llevadas a cabo por ser la única opción que se les dejaba, al ser desoídos por los tribunales ante los que solicitaban la protección de sus antiguos derechos agrarios— *La Libertad* indicaba al gobierno el camino a seguir:

> Cuando se trata de semejantes revoluciones sin ideal de ninguna clase y promovidas por una raza de tan cortos alcances intelectuales, que no puede comprender la razón y la justicia [...] no hay más que apelar para evitar mayores males al recurso único que tiene la civilización contra la barbarie: la fuerza. Que comprendan los indígenas que somos los más fuertes y sus amagos de comunismo inconsciente cesarán.[22]

Algunas semanas más tarde los redactores del mismo diario, después de subrayar la morosidad y poco éxito de las acciones represivas del gobierno, expresaban temerosos:

> Hoy el indio se levanta a disputar lo que cree suyo. El día en que se convenza de que es el más fuerte sus pretensiones no conocerán límites. Hoy pelea por unos cuantos centenares de varas cuadradas de terreno, mañana deseará la destrucción de la raza blanca [...] [Por ello] los hombres que el país tiene a su frente tienen el imperioso deber de reprimir con energía, y cueste lo que costare, esos movimientos parciales [...] que son los precursores de una revolución social.[23]

---

[21] *La Libertad*, México D.F., 16 de enero, 1878.
[22] *La Libertad*, México D.F., 26 de enero, 1878.
[23] *La Libertad*, México D.F., 24 de febrero, 1878.

LA INTEGRACIÓN

También se plasmaron periodísticamente las voces de la extendida intención de hacer formar parte de la «sociedad nacional», del «pueblo moderno», a los indios del país. Esta propuesta, compartida por numerosos integrantes de los sectores medios y altos, se dio con variados matices, desde aquéllos que se basaban en el interés de salvar de la destrucción a la raza blanca hasta los que se detenían en los requerimientos fiscales del Estado en formación.

Como muestra del primer caso, resulta interesante un artículo de Joaquín Baranda (1840–1909), publicado en el verano de 1869 por el importante diario capitalino *El Siglo XIX*, de filiación liberal. Baranda escribió con la finalidad primordial de demandar apoyo material al gobierno de la República para Campeche y Yucatán en su lucha contra los mayas sublevados. A pesar de lo que llamaba sus «sentimientos cristianos», pedía «a nombre de los pueblos sobre los que está elevada la mano del salvaje [...] una guerra decisiva», pues «más que los principios vale el instinto de la propia conservación». Concluía Baranda que cuando ya hubiera pasado el peligro para los blancos, éstos deberían acudir a posiciones humanitarias y progresistas. Al respecto sentenciaba:

> Con la guerra mostraremos nuestra superioridad material. La razón en pos de la fuerza. Nos creen enemigos, mostrémonos hermanos. Partamos con ellos nuestro pan y nuestra hacienda: que nuestra patria sea la suya. [Pero] por ahora la guerra [...] Concluir la guerra de indios, hacer del bárbaro un ciudadano, llevar la luz a las tinieblas, redimir civilizando.[24]

---

[24] *El Siglo XIX,* México, D.F., 30 de julio, 1869.

Como buen ejemplo de la propuesta de integrar en beneficio de la modernización en general, y de la consolidación del Estado en particular, encontramos las ideas de José María del Castillo Velasco (1820–1883) quien, en 1870, señalaba que la alternativa de integrar a los indios ahorraba el costo, muy grande, que hubiera implicado «*el sacrificio de cuatro millones de seres*». Esta opción —la de «*hacer perecer a una raza para dar lugar a otra*», según sus términos— era tal vez «*la más civilizada*» pero, dada una serie de consideraciones morales, no se le podía llevar a cabo.[25]

Una ventaja que Castillo Velasco hallaba en civilizar a los indios, a través de su conversión en «productores-consumidores», era el atractivo que esto podía representar para los inmigrantes e inversionistas extranjeros.[26] Pero la razón que consideraba fundamental para hacer de los varios millones de indios del país «ciudadanos que produzcan y que consuman», era mejorar la lamentable situación del erario público. Con la finalidad de hacer viable su propuesta, insistió en los planteamientos que desde años atrás había hecho ante el Congreso respecto a la «urgencia de dar propiedades territoriales [individuales] a las familias indígenas, y obligarlas a cultivarlas», ampliando así el número de contribuyentes.[27]

La necesidad de borrar la diferenciación que se hacía entre indios y no indios tenía motivaciones políticas de primer orden. Por ejemplo, para el ya citado José María Vigil (1829–1909), quien como editor de *El Monitor Republicano* hizo comentarios acerca de la solicitud que en 1879 dirigieron 45 pueblos indios al poder ejecutivo buscando la resolución de sus demandas agrarias. La comisión que los representaba aseveró que los pueblos indios habían realizado la revolución liberal, que eran ellos quienes conformaban realmente

[25] *El Monitor Republicano*, México, D.F., 4 de junio, 1870. Subrayado nuestro.
[26] *Loc. cit.*
[27] *El Monitor Republicano*, México, D.F., 24 de junio, 1870.

la nación y que, por otro lado, el poder había sido usurpado por los mestizos. Vigil rechazó indignado tales afirmaciones, contestando que las leyes establecían una igualdad legal, «independientemente del origen, color o raza» del individuo. Reivindicando y reconociendo la naturaleza de la élite, de la que él mismo formaba parte, agregaba: «la revolución [liberal] mexicana no se hizo en beneficio de determinada raza, *eminentemente liberal y cosmopolita en sus ambiciones*», pero al término de ella *«no todos podían hacerse cargo de la cosa pública, algunos tuvieron que tomarla»* en sus manos. No dejaba de señalar la importancia de atender las necesidades de los indios, fundamentalmente la educativa; esto contribuiría a «cerrar la puerta a los agitadores perpetuos» quienes les inculcaban a aquéllos «odio y resentimiento» ante todo lo que fuera «diferente a su raza».[28]

EL PATERNALISMO

Las manifestaciones en la prensa periódica que durante aquellos años defendieron de un modo o de otro a los indios, no llegaron en momento alguno a hacer propuestas que se alejaran cabalmente del verticalismo social y el desprecio velado. Por otra parte, es notable el rechazo o temor al desarrollo de conflictos interétnicos, como los que con diversa intensidad y duración habían tenido lugar a lo largo del siglo, de manera especial desde mediados de éste, y que recordaban a las élites el gran potencial subversivo manifestado por las masas indias durante la revolución de Independencia.

Los temores al comunismo y a las «guerras de castas», mezclados con la exigencia de los derechos consagrados en la Constitu-

---

[28] *El Monitor Republicano*, México, D.F., 10 de junio, 1879. Subrayado nuestro.

ción, se expresaron, entre otras publicaciones, en *La Revista Universal*. En junio de 1868, haciendo referencia al levantamiento que había tenido lugar en Chalco recientemente,[29] los editores criticaron la postura adoptada por la generalidad de la prensa capitalina, que había satanizado y dado a los indios de aquel lugar «los más negros coloridos», tratando incluso de «hacer creer a los lectores que ahí había dado inicio una guerra de castas». Señalaba la publicación que, habiéndose ya dado a conocer las demandas y condiciones de vida reales de aquellos indios así como los atropellos cometidos contra ellos por las fuerzas del orden, debía quedar en claro que: «[...] los indígenas han alzado la voz, no de la rebelión, como se quería hacer creer, sino la de petición y queja, que la Constitución misma otorga a los pueblos como un derecho del ciudadano». Sin embargo, dejando ver una preocupación insoslayable, los editores advertían que los problemas de los indígenas, que en ese momento se podían todavía resolver, debían ser atendidos inmediatamente, pues «de dejarse avanzar, las injusticias y los odios harán estallar una rebelión, donde [los indios] *pueden adoptar el comunismo y las mezquinas ideas de raza*».[30]

Obedeciendo al legalismo característico de los sectores progresistas de la época, algunos de los letrados interesados en defender a los indios con su labor periodística, hicieron responsables a las autoridades de los conflictos interétnicos asociados a cuestiones religiosas. Al respecto, se leía en *El Monitor Republicano* en septiembre de 1869, que la guerra de castas continuaba en Chiapas como resultado de la violencia gubernamental que había disuelto por la fuerza reuniones indígenas al culto de una santa en San Pedro Chenalhó, violando así la Ley del 4 de diciembre de 1860, norma que protegía a todos los cultos sin excepción. Señalaba el autor —sin compren-

---

[29] Véase Tutino, 1990 [1988].
[30] *La Revista Universal*, México, D.F., 29 de junio, 1868. Subrayado nuestro.

116

der las reivindicaciones sociales, políticas y económicas inherentes a aquel tipo de levantamientos, cuyo ropaje religioso era únicamente el plano superficial de su compleja naturaleza— que: «[...] Si la libertad de conciencia tiene que ser un hecho, no sabemos por qué es un crimen enarbolar 'el negro pendón de la idolatría', y no lo es establecer un templo evangélico en México»; preguntaba por qué era lícito el protestantismo y no lo era la tradición religiosa de los antiguos zoques.[31]

Las propuestas para beneficiar a los indígenas tomadas más gravemente por la prensa fueron las innumerables que se hicieron en relación con proyectos educativos, más o menos viables. Entre ellos podríamos resaltar el aplaudido plan de revivir el extinto Colegio de San Gregorio.[32] La prensa capitalina insistió durante los últimos meses de 1868 en la necesidad de respaldarlo. La Asociación Gregoriana había solicitado al Congreso el restablecimiento de aquella institución especializada en la educación de indígenas y que había sucumbido a mediados del siglo ante el embate secularizador. El objetivo de «los gregorianos» era «difundir las luces entre las masas, y con especialidad entre la raza indígena y nuestros virtuosos obreros y artesanos».[33] El proyecto, que poco después marcharía, no obstante múltiples limitaciones, tuvo entre sus principales promotores a Ignacio Ramírez y Vicente Riva Palacio.

Algunas opiniones censuraban en 1869 el desinterés y la incapacidad gubernamental para atender las necesidades sociales de los indios. Ante tal estado de cosas proponían que, de no tomar el gobierno cartas en el asunto en la forma y medida necesarias, «el público caritativo, el pueblo generoso y humanitario» tomará la iniciativa, «por lo menos con los indios de la capital».[34]

---

[31] *El Monitor Republicano*, México, D.F., 21 de septiembre, 1869.
[32] Véase Escobar, 1988, especialmente pp. 65 y ss., y 116 y ss.
[33] *El Monitor Republicano*, México, D.F., 20 de noviembre, 1868
[34] *El Monitor Republicano,* México, D.F., 14 de mayo, 1869.

Además de la ya referida acción de los gregorianos, a lo largo de los siguientes años «el público caritativo» tuvo diversas iniciativas de esa naturaleza —siempre celebradas por la prensa— a través de sociedades, asociaciones, clubes, etc. Entre los múltiples casos estuvo la representativa actuación de la Sociedad Ruth, «formada por señoras» de alta posición social que vivían en la ciudad de México y que «con pensamientos positivos y filantrópicos» acudían «a los poblados aledaños a la ciudad, haciendo una extraordinaria labor» de asistencia social. Asimismo fue respaldada la creación de diversas escuelas primarias para indios de la capital, aunque frecuentemente se dieron objeciones ante tales proyectos por parte de prestigiados comentaristas. Fue el caso de José María Vigil, quien desde una posición doctrinaria, nada excepcional en aquel tiempo, alegaba que tal tipo de escuelas atentaban contra el proyecto de hacer de México un país cultural, económica y socialmente homogéneo. Según él era intolerable «conservar las diferencias de raza» por medio de establecimientos educativos especiales para indios.[35]

Mención especial merecen los planteamientos que llegaron a contravenir desde una perspectiva antiliberal los puntos de vista dominantes respecto a la situación social de la población india. Se trató comúnmente de posiciones sostenidas por publicaciones conservadoras —portavoces, en distintos grados y modalidades, de los puntos de vista del catolicismo mexicano en torno a la cuestión social— como *La Voz de México*, *La Ilustración*, *La Idea Católica*, *La Semana Religiosa de México* y *El Pájaro Verde*. Por ejemplo, en las páginas de esta última escribió Gregorio Pérez Jardón en 1874, que: a pesar de ser los indios quienes costeaban y contribuían mayormente al «banquete de la civilización», éste lo disfrutaban solamente unos cuantos mexicanos, pues aquéllos eran «olvidados por los gobiernos todos» en el momento de repartir los beneficios. Des-

---

[35] *El Monitor Republicano*, México, D.F., 15 de octubre, 1878.

pués de describir detalladamente las pésimas condiciones en que trabajaban y vivían los indios en México, y de comparar desventajosamente su situación frente a la que experimentaban los esclavos en Estados Unidos y Cuba, el autor planteaba que aquéllos habían vivido mejor «en el tiempo del gobierno español» que en el México independiente y republicano.[36]

Finalmente, también en relación con los cuestionamientos a la política social del proyecto hegemónico, vale la pena señalar un incidente surgido en 1879 entre el periódico católico *La Ilustración* y Telésforo García, director y fundador de *La Libertad*, periódico de corte positivista, aunque en tal ocasión no se haya hecho referencia a los indios como tales, sino a las masas de pobres en general, integradas mayoritariamente por indígenas. *La Ilustración* publicó un artículo en el cual señalaba a los ricos «la obligación que tienen de dar limosna a los pobres»; anotando también que éstos «tienen derecho a esa limosna, de acuerdo con la doctrina cristiana». Telésforo García contestó severamente a los redactores del periódico católico desde las columnas de *La Libertad*, observando que dicha obligación de dar limosna a los pobres debía ser considerada como un atentado al derecho de propiedad privada; «eso no es sino comunismo», afirmaba tajantemente.[37] Para García, el papel y los derechos de cada actor social en los ámbitos de la propiedad y la producción eran muy claros:

> En el caso de la propiedad privada, la misión del Estado y la Iglesia es la de protegerla contra cualquier peligro que la amenace, no pueden inmiscuirse tratando de reglamentar dicha propiedad, señalando obligaciones que la vulneren. ¿Qué clase de derecho puede tener el trabajador frente al patrón? ¿Qué clase de deberes tiene el rico para con el pobre? Es algo que no puede ser señalado por ninguna ley social ni divina. La

---

[36] *El Pájaro Verde*, México, D.F., 24 de febrero, 1874.
[37] *La Libertad,* año II, núm. 29, en Noriega, 1972, p. 486.

propiedad privada no puede ser objeto de coacción material ni divina. Cada individuo es libre de manejar sus propiedades como mejor convenga a sus intereses.[38]

Así pues, la intelectualidad liberal exponía crudamente los valores esenciales de un proyecto de sociedad que, preponderantemente hacia fines del periodo que nos ocupa, se definía con franqueza y no encontraba obstáculos significativos.

OBSERVACIONES FINALES

1. Durante el período 1867–1880 fue de primordial importancia la función de la prensa en la construcción de «la opinión», del sentir y pensar de las élites y de algunos sectores urbanos que rebasaban los límites de éstas; es decir, en la difusión de valores y premisas tanto liberales como antiliberales. Aunque debe subrayarse el hecho de que a pesar del heterogéneo espectro de posiciones y matices ideológicos alimentado por el periodismo, era amplio y ascendente el predominio de la visión liberal.

2. No obstante que en la prensa de la época se llegaba a defender a los indios, tanto en la apología paternalista como en el llamado de atención correctivo —ya fueran de orientación ideológica conservadora o liberal— se filtraba una valoración negativa y la descalificación de lo indígena.

3. Los textos periodísticos de la época nos permiten percibir la profundidad y efectividad de la aculturación eurocentrista vivida por las élites victoriosas, las cuales, aparte de la reivindicación del pasado prehispánico que muchos de sus integrantes llegaron a hacer, no se plantearon el reconocimiento de los indios vivos como portadores

---

[38] *Ibid.*, p. 487.

y creadores cotidianos de una cultura simplemente distinta. Estaban efectivamente inhabilitados para entender y aceptar el mundo indio. La fe en el progreso, la ciencia y la técnica, por un lado, y el individualismo, por el otro, les impidieron comprender tanto la cosmovisión como los elementos materiales y comunitarios que lo constituían.

4. El profundo arraigo que todavía en los intelectuales liberales tenían valores y esquemas de pensamiento generados durante el periodo colonial, se percibe en el trasfondo de muchos de sus discursos. Sus afanes doctrinarios no los liberaron automáticamente de su moralismo e intolerancia de raíz católica. Por ejemplo, en discursos teñidos de retórica escolástica, autores como Altamirano afirmaban que los liberales eran los auténticos defensores del espíritu de caridad.[39]

El enraizamiento de los valores sociales desarrollados a lo largo de los siglos coloniales se denota igualmente en el racismo que caracterizaba el sentir y el pensar de los intelectuales decimonónicos independientemente del velo que en muchos discursos lo cubriera. Al respecto se puede considerar que en el país ha existido una mínima o nula correlación entre ideologías o filosofías como el liberalismo, el conservadurismo y el positivismo, por una parte, y el racismo, por la otra. Este último posee una trayectoria profunda y continua en la cultura mexicana. Se conformó durante la época colonial y de ahí ha llegado hasta nuestros días. Por ser en amplia medida independiente de esquemas doctrinarios o teóricos, es muy difícil explicarlo en esos planos formales. Tal vez se le podría comprender y explicar mejor estudiándolo en la dimensión, más informal y subjetiva, de la cultura heredada y reproducida cotidianamente. No obstante, se debe tener presente que en algunas fases, como la del florecimiento del positivismo en el país, que arranca durante la Restauración Republicana

---

[39] Altamirano, 1934, p. 17

y culmina durante el Porfiriato, el racismo recibió aportaciones filosóficas y teóricas del darwinismo social.[40]

Así, vemos figurar en la práctica liberal del último tercio del siglo
XIX una lógica de la exclusión, primero fincada en un desprecio
encubierto de cierto paternalismo, así como ausente de los planteamientos doctrinarios básicos del liberalismo, y después expresada
por el positivismo en ascenso.[41]

5. El reformismo liberal y sus leyes decretaron la igualdad entre
indígenas y no indígenas cuando tal igualdad no podía ser creada
por acciones meramente legislativas. Los intelectuales de la época
cometieron un exceso de voluntarismo al darla como un hecho. Estuvieron envueltos en una realidad social compleja y heterogénea
que no fueron capaces de reconocer en su totalidad. La efectiva
subordinación política y económica de los indígenas los situaba de
antemano en una posición desventajosa; por ello, la nueva igualdad
liberal provocó el agravamiento de su situación.[42] Esto contribuyó a
explicar las ambigüedades y las contradicciones del Estado liberal
mexicano que se construía entonces entre los principios formulados
doctrinariamente, por un lado, y la cruda realidad de la política social llevada a cabo, por el otro.

---

[40] Véase Raat, 1971, pp. 424-427.
[41] Véase Girón, 1983, pp. 81-83.
[42] Escobar, 1988, p. 47. Véase también Guerra, 1988, t. 1, pp. 261–269; Katz,
1986, pp. 10–18; Knight, 1985, pp. 70–81; Powell, 1972, pp. 658–674, y Tutino,
1990 [1986], pp. 220–231.

FUENTES PRIMARIAS

El Federalista
El Monitor Republicano
El Pájaro Verde
El Semanario Ilustrado
El Siglo XIX
La Libertad
La Revista Universal

BIBLIOGRAFÍA

ALTAMIRANO, Ignacio Manuel: *Discursos de Ignacio Manuel Altamirano*, México, Ed. de Beneficencia Pública, México,1934.

BRADING, David: *Los orígenes del nacionalismo mexicano*, México, ERA, 1983 [1973].

—*Mito y profecía en la historia de México*, México, Vuelta,1988 [1984].

C.A.B. :«Los escritos de Don Joaquín García Icazbalceta», en *Boletín de la SMGE*, México, Imprenta del Gobierno en Palacio, 2a. época, t. II, 1870, pp. 642–647.

COSÍO VILLEGAS, Daniel *et al.*: *Historia moderna de México*, 10 v., México, Ed. Hermes, 1955–1972.

ESCOBAR, Antonio: *El Colegio de San Gregorio en la política indigenista y educativa de la primera mitad del siglo XIX*, tesis de maestría (INAH), mecanuscrito, 1988, 156 pp.

GIRÓN, Nicole: «La idea de la 'cultura nacional' en el siglo XIX: Altamirano y Ramírez», en varios autores, *En torno a la cultura nacional*, México, SEP/FCE,1983.

GONZÁLEZ, Luis: «El liberalismo triunfante», en varios autores, *Historia general de México*, México, El Colegio de México, 1981 [1976], pp. 897-1015.

GONZÁLEZ, Luis, Emma Cosío Villegas y Guadalupe Monroy: *Historia moderna de México. La República restaurada. La vida social*, México, Hermes, vol. III, 1956.

GUERRA, François–Xavier: *México. Del Antiguo Régimen a la Revolución*, 2 vols., México, FCE, 1988 [1985].

HALE, Charles: *La transformación del liberalismo en México a fines del siglo XIX*, México, Vuelta, 1991 [1989].

KATZ, Friedrich: «Mexico: Restored Republic and Porfiriato, 1867–1910», en Leslie Bethell (ed.): *The Cambridge History of Latin America*, Cambridge, Cambridge University Press, vol. V, 1986, pp. 3–78.

KNIGHT, Alan: «El liberalismo mexicano desde la Reforma hasta la Revolución (una interpretación)», *Historia mexicana*, México, El Colegio de México, vol. XXXV, núm. 1 (137), julio–septiembre, 1985, pp. 59–91.

MONSIVÁIS, Carlos: «Ignacio Manuel Altamirano, cronista», en *Obras completas* de Ignacio Manuel Altamirano, vol. VII, México, SEP, 1987, pp. 9-25.

NORIEGA, Alfonso: *El pensamiento conservador y el conservadurismo mexicano,* vol. II, México, UNAM, 1972.

PÉREZ Toledo, Sonia: «La educación elemental de la ciudad de México y la formación de la conciencia nacional durante el Porfiriato (1876-1910)», tesis de maestría en Historia, México, Universidad Autónoma Metropolitana–Iztapalapa, 1988, 242 pp.

POWELL, T. G.: «Los liberales, el campesinado indígena y los problemas agrarios durante la Reforma», en *Historia Mexicana,* México, El Colegio de México, vol. XXI, núm. 4, abril–junio, 1972.

RAAT, William D.: «Los intelectuales, el positivismo y la cuestión indígena», en *Historia Mexicana,* México, El Colegio de México, vol. XX, núm. 3, enero–marzo, 1971, pp. 412–427.

SANTOYO Torres, Antonio: «Un viejo y conocido extraño en casa: el indio para los hombres de ideas durante la consolidación liberal en México (1867-1880)», tesis de maestría en Historia, México, Universidad Autónoma Metropolitana–Iztapalapa, 1992, 264 pp.

STAPLES, Anne *et al.: El dominio de las minorías. República Restaurada y Porfiriato,* México, El Colegio de México, 1989, 154 pp.

TUTINO, John: *De la insurrección a la revolución en México,* México, ERA, 1990 [1986].

—«Cambio social agrario y rebelión campesina en el México decimonónico: el caso de Chalco», en Friedrich Katz (comp.):

Revuelta, rebelión y revolución, México, ERA, 1990 [1988], pp. 94–134.

VILLORO, Luis: *Los grandes momentos del indigenismo en México,* México, Ediciones de la Casa Chata, 1979 [1950], 248 pp.

WARMAN, Arturo: «Todos santos y todos difuntos», en *De eso que llaman antropología mexicana,* México, Nuestro Tiempo, 1970, pp. 9–38.

EL INDIO Y LA IDENTIDAD NACIONAL DESDE LOS ALBORES DEL SIGLO XX

Paz Xóchitl Ramírez S.
Eduardo Nivón Bolán

Con el recuerdo siempre presente de
Guillermo Bonfil

PRESENTACIÓN

A pesar de la pobreza de la celebración de los «quinientos años» en nuestro continente, a diferencia de la que ocurrió en Europa, la conmemoración dio mucho de qué hablar sobre el significado de la presencia e importancia de la población indígena en la historia y la conformación de la América Latina contemporánea. Conforme se acercaba la fecha, la tibia celebración iba entrando en calor a partir de diversas declaraciones efectuadas tanto por indios como por distintos especialistas. Así, la historia y situación de los indios de México y el resto del continente fue juzgada, reivindicada o simplemente se intentó comprender.

En ese ambiente, el círculo pareció cerrarse con la entrega del Premio Nobel de la Paz a la dirigente indígena guatemalteca Rigoberta Menchú Tum. La distinción de que fue objeto, así como el Quinto Centenario, tuvo también diferentes interpretaciones. Por un lado se trató de un *mea culpa* de la sociedad occidental representada por el parlamento noruego, que en ocasión de los quinientos años parecía hacerse sensible a la postración de las poblaciones aborígenes del continente; por otro, la designación fue interpretada como un intento de mediatización de las movilizaciones indígenas o una condena internacional explícita al gobierno en turno de Guatemala. Para muchos otros fue sólo un momento coyuntural que, aunque no borraba el pasado ni eliminaba la condición actual del indio en nuestros países, constituía una ocasión en la que la realidad de explotación y miseria del indio americano se imponía y nos exigía repensar una problemática que a ratos, por cotidiana, por «aparentemente» eterna y siempre semejante, pasaba a un segundo plano. «Me cuesta mucho recordarme toda una vida que he vivido [...] pero lo importante es, yo creo, que quiero hacer un enfoque que no soy la única, pues ha vivido mucha gente y es la vida de todos. La vida de todos los guatemaltecos pobres y trataré de dar un poco de mi historia. Mi situación personal engloba toda la realidad de un pueblo» (Rigoberta Menchú). Con la distinción de que fue objeto, la figura de esta mujer quiché se convirtió en algo más que la de una connotada dirigente indígena de su país. Rigoberta es en sí misma un «texto» y un «pretexto». En el primero podemos «leer», sintetizar y aprehender la tragedia personal y colectiva de un sector de la sociedad latinoamericana que, al mismo tiempo que muestra en su biografía personal el escarnio de que ha sido objeto por sociedades y gobiernos, hace patente también su decisión resuelta de luchar, aquí y ahora, por un presente y un futuro diferente. Como pretexto, Rigoberta se ha convertido en una justificación de gobernantes, funcionarios internacionales e intelectuales de su repentina conversión en decididos indigenistas y para nosotros mismos como miembros de una sociedad pluriétnica y pluricultural, es un factor que obliga a la reflexión de nuestra propia situación y del papel que le adjudicamos al indio en nuestro país.

Rigoberta Menchú es pues, además de una valerosa y admirable mujer, un símbolo que nos remite a otras esferas de significación. En este trabajo abordamos el tema de la relación entre el «indio» y la llamada identidad nacional. Para ello nos remitimos, por fuerza de una manera muy breve, a un momento determinado de nuestra historia —el de los primeros años del siglo XX— usando para ello algunas de las imágenes que ofrece la prensa de la época. Estas son sólo un hilo, por cierto muy corto, de la compleja madeja que envuelve las relaciones de la sociedad nacional con los indios a lo largo de nuestra historia.

IDENTIDAD *VERSUS* UNIFORMIDAD ANTE EL PROBLEMA INDÍGENA

> *Creo que hablar de identidad nacional es una cosa bien difícil. A mí se me escapa mi identidad todos los días y tengo que hacer grandes esfuerzos por parecerme un poco a mí mismo que es igual que parecerme a nadie*
> (Jaime Sabines).

Convenimos con Sabines en que la identidad es una «cosa bien difícil», es escurridiza y relativa como lo son también los elementos sobre los que se la pretende fundar. La fragilidad de estos últimos —la arbitrariedad de su selección y su evidente imposibilidad de ser generalizados— ha hecho popular la idea de que las identidades nacionales, locales o de grupo son «mitos» continuamente desmentidos por la diversidad cultural, y que más bien su sentido es fundamentar ideológicamente un principio de homogeneidad en un país caracterizado por desigualdades sociales evidentes. La identidad desde esta perspectiva es una imposición que se construye desde el poder, pues sólo desde él es posible eliminar ideológicamente la diversidad para instaurar en su lugar la pretendida existencia de una nacionalidad en la cual todos quedamos incluidos más allá de las diferencias grupales, colectivas y afectivas que de manera particular nos determinan.

129

Sin embargo, el sentido «mítico» de la identidad puede pasar a un segundo plano si consideramos a ésta como un instrumento promotor de relaciones sociales basado en la propuesta de símbolos y significados capaces de ser leídos de manera amplia por los miembros de un grupo social. Los mitos fundadores tienen en gran parte esta misión. Su importancia no radica en la veracidad de los acontecimientos que sirven a una comunidad para explicar su origen y las características actuales de su organización social, sino en que a través de la propuesta de símbolos comunes ampliamente capaces de mover a un grupo social hacia ciertos objetivos o en contra de otros, se dispone un orden social imaginario. La idea de la existencia de una comunidad sostenida en el lenguaje fue durante muchos años un factor de movilización política y cultural para fundamentar la existencia de la «nación alemana», pero no sucedió así con el francés, el español o el inglés. De igual modo, los principios organizadores de las comunidades imaginarias se fundamentan en factores simbólicos comúnmente aceptados independientemente de su existencia real o su veracidad histórica. En este sentido, la identidad nacional en México «existe» y se fundamenta en factores tales como la llamada «historia nacional», en la valoración de un territorio acotado que se llama México, en un idioma que se llama «nacional», en la presencia y el uso compartido de una serie de tradiciones y bienes materiales e incluso en la reivindicación de la población autóctona; en la música o la poesía «mexicana», en la «selección nacional de futbol» o en el consumo de ciertos alimentos que configuran una «dieta del mexicano». Puede ser incluso que se haga en un indefinido futuro «nacional» que como país seguiremos compartiendo.

En resumen, el carácter movilizador de la identidad procede de la construcción de un imaginario colectivo basado en signos y símbolos organizados para promover la legitimidad de instituciones o políticas. Desde esta última perspectiva la identidad nacional se sustenta en un imaginario promovido por una lógica del poder, en la cual el indio ha sido una de las figuras a las que con mayor frecuencia se ha apelado para fundamentarla.

¿Pero de qué indio estamos hablando? Desde el periodo constituyente de la nacionalidad en el siglo XVIII, durante la gestación del llamado nacionalismo criollo, en el imaginario de la identidad nacional sólo ha encontrado lugar el indio del pasado, el creador de las grandes civilizaciones, el indio de los museos. Obligados a huir de su pasado peninsular, la dignidad de Cuauhtémoc o Cuitláhuac fue recuperada por los hijos de los conquistadores para fundamentar la nueva nacionalidad. Al continuarse esa tradición hasta el presente, es interesante notar que el indio no es presentado como una figura que subvierte, sino a través de imágenes apacibles y mansas, a lo más solemnes, convertidas en estatuas o en indicadores peatonales, ubicados en lugares donde junto a los indios de bronce del pasado deambulan indios de carne y hueso a los que estas gloriosas figuras nada dicen.

Bajo esta óptica buscaremos hablar del indio en el discurso dominante en los inicios del siglo XX, partiendo de la idea de que en cada momento histórico los grupos sociales dominantes establecen ciertos ejes de clasificación simbólica para interpretar y estructurar la vida social, a fin de con ello definirse a sí mismos y a los demás, pensar su modo de «ser» en el presente y pensarse en el futuro.

Como trataremos de mostrar, el vértice de estos ejes de clasificación se encuentra en el ideal de modernidad popularizado desde el Porfiriato, en el que se trazan los afanes por conducir a la nación mexicana por la senda del progreso y la civilización, luego de un largo proceso de contradicciones que se inician desde la guerra de Independencia y que para principios del siglo XX parecen estar resueltas.

A este respecto hay que recordar lo que varios intelectuales que han reflexionado sobre la cultura latinoamericana han subrayado recientemente. ¿Por qué a pesar de tantos años de proceso de modernización aún no llegamos a la modernidad? ¿Qué es lo que ha hecho que ese movimiento perpetuo al que todos los regímenes latinoamericanos de diversas formas han convocado a sus sociedades no parezca coronarse con la llegada a una etapa de emancipación de los campos culturales, de racionalización de la vida social, de individualismo creciente y expansión permanente del conocimiento y la producción científica; de democracia plena en la educación y la distribución de los beneficios de la sociedad occidental?

Para algunos analistas de nuestro desarrollo la paradoja de una modernización sin modernidad en América Latina se deriva de la contradicción en la que descansan ambos procesos, pues el anhelo por arribar a la modernidad a través de un proceso que niega lo que hemos sido, se sostiene en métodos autoritarios que intentan aniquilar símbolos tradicionales simplemente para proponer otros fundamentalismos ahora basados en la técnica y la importación de modos de vida occidentales dudosamente exitosos en otros contextos.

Por ello, los analistas han puesto de relieve que, para América Latina, la modernidad debe leerse desde el contexto histórico en que se produce y desde los intereses y expectativas de los ilustrados que, como en México, la resignifican.

Si la modernidad supone para el pensamiento europeo, además de los progresos tecnológicos, el advenimiento de la sociedad de masas y con ello del ideal democrático, para el México de fines del siglo XIX y principios del XX, la modernidad se reduce a la renovación de algunas esferas de la economía, el impulso de la educación elemental y el consumo cultural de ciertos productos europeos, creaciones artísticas, así como modas y modos de ser que se convierten en modelo desde el que se sancionan y clasifican modos de vida ajenos a las corrientes del progreso y la civilización.

Desde este punto de vista el mundo indígena se ordena y clasifica como la antítesis de la civilización y de la modernidad, aunque es necesario señalar que se distinguió en éste el indio histórico del indio del presente, a su vez diferenciado entre el pacificado y el indio rebelde. Para cada uno de ellos hubo un lugar en el discurso y la acción política de la época y desde éstos hallan su explicación la arqueología, los proyectos de «redención del indio» y las campañas militares en contra de los indios rebeldes del Porfiriato.

1900. MÉXICO MIRA HACIA LA «CIVILIZACIÓN»

Como distintos historiadores han analizado, el Porfiriato gozó —al menos entre amplios sectores de las clases dirigentes y de la reducida clase media— de gran prestigio y estabilidad, y se habló de él como un período caracterizado por desarrollo material, «paz» social y reconocimiento internacional. En efecto, a la vuelta del siglo México se encontraba participando en la Exposición Universal de París —se dice que con gran éxito—, gracias a la cual el mundo empezaba a mirar a un país que paulatinamente se alejaba de la barbarie.

El Porfiriato puede ser tratado como el arranque de nuestra modernidad, no sólo por la adopción de las modas y costumbres parisinas sino también por la presencia de un régimen legal que permitía la continuidad del gobierno sin que el conflicto fuera aparentemente notable. A lo largo de los años el régimen construyó un andamiaje simbólico que se condensaba en algunos momentos como el de las fiestas con que Porfirio Díaz celebró su reelección presidencial en 1900, o el de las famosas fiestas de conmemoración del Centenario. Éstos son una muestra interesante de la mezcla de símbolos para organizar la imagen que el régimen quería irradiar de sí mismo, pues consistieron en la producción de un espejo en el que se buscaba que los extranjeros miraran al nuevo México, como también el retrato de los mexicanos del momento: una sociedad de hombres selectos, inteligentes, conscientes del momento histórico que estaban viviendo.

El desfile con el que se celebró el inicio del sexto período presidencial porfiriano, que fue descrito por el periódico *El País* el 2 de diciembre de 1900 como un derroche de lujo, digno del aconteci-

133

miento que se festejaba, muestra la elaborada ingeniería simbólica del régimen: tras la participación de grupos industriales, obreros, comerciantes y sociedades científicas, el «carro de la paz» avanzaba mostrando «dos leones echados dormidos, simbolizando la tranquilidad de la República». En el centro de la imagen de la representación de la República aparecía la imagen del indio. El segundo grupo era descrito en su composición de la siguiente manera: lo abría una descubierta de rurales, le seguían carros que representaban a la agricultura, después de ellos «[...] seguía el carro del pulque, figurando un cerro con magueyes. En la parte superior se veía a la Reina Xóchitl y más abajo a unos indios [...] y más adelante [...] Las señoritas Juana García, Lorena e Isaura López y Pilar Pinto llevando los trajes de nuestros campesinos completaban el adorno»; en el cuarto grupo, entre otras «elegancias» destaca «el carro de la Cervecería de Toluca con elegantes palafreneros los cuales llevaban pelucas empolvadas, y el carro del Hogar de niños pobres, los que lucían sus trajes típicos de indios aztecas».

Sólo de esta manera y en los hallazgos arqueológicos cabía en ese momento la imagen del indio para la que la modernidad tenía proyectado un destino que anulaba su presente. Fuera de esa situación, el indio a principios de siglo se definía por exclusión: su camino hacia la modernización incluía la extinción misma si ello era necesario. Por ello no es sorprendente que mientras aparecía significando un origen común y distinto frente al mundo occidental, por otro lado se registraba también la más brutal acción genocida del periodo independiente contra las poblaciones yaqui y maya.[1]

---

[1] El conflicto del Estado nacional con el grupo yaqui tuvo larga historia. Sus inicios se ubican en 1825 con la rebelión acaudillada por Juan Banderas. Desde esta fecha hasta las insurrecciones de Cajeme (1875–1877) y Tetabiate (1887–1901), la lucha fue casi ininterrumpida. El 31 de agosto de 1901 se declaró terminada la campaña del Yaqui, sin embargo, una nueva rebelión obligó a reabrirla. De manera definitiva se dio por concluida la guerra del Yaqui en 1904, pero fue hasta septiembre de 1908

La deportación de los yaquis a diversos estados, principalmente hacia la península de Yucatán, se fundamentó en razón del bienestar nacional. Deberían salir las mujeres, los niños y los hombres más tenaces, consignaba el informe militar de mayo de 1900, para el que uno de los principales enemigos era la mujer yaqui. Ésta era peligrosa porque impartía los primeros elementos de educación al niño a través de la cual le inculcaba el odio al yori (blanco). Al deportarlas,

> [...] ellas, que son por naturaleza vigorosas y fecundas formarán en el interior del país nuevas familias, con otras tendencias, por efecto del cambio de ambiente social, y los niños se ilustrarán en colegios, desapareciendo la idea de eterna rebelión y latrocinio que en el yaqui son congénitas.[2]

Como cuando se realizó la venta de mayas a Cuba a mediados del siglo XIX, la política de deportación de rebeldes yaquis se justificó con argumentos civilizatorios: «[...] eran prisioneros, *enemigos obstinados de la civilización*, que merecían la muerte por su rebeldía».[3] Lo que para el gobierno se trataba de un acto de «piedad», el dejarlos vivir en otros lugares, era en realidad un acto de brutalidad sin paralelo. El primero de abril de 1900, Díaz informaba al Congreso de la deportación de mil indios; él mismo en una entrevista realizada diez años después explicaba que el objetivo era acabar con la rebelión y, al mismo tiempo, lograr que se pagaran buenos salarios,

---

cuando el presidente informó al Congreso por última vez de combates con pequeñas partidas rebeldes. La deportación de yaquis rebeldes a diversos estados del país inició en 1900. El conflicto maya inicia en 1847 y se mantiene casi sin interrupción hasta 1904. En 1901 se desarrolla una fuerte campaña militar con la participación de tres mil efectivos del gobierno federal. La deportación de mayas a Cuba inicia en 1849 y, pese a diversas voces que la denuncian como tráfico de esclavos, continúa hasta 1861, año en que el gobierno juarista la prohíbe (González Navarro, 1981).
[2] González Navarro, 1974, p. 394.
[3] *Ibid.*

además del transporte gratuito a sus familias. Para la Secretaría de Guerra la deportación traía un doble beneficio: para los indios, trabajo e instrucción, para la República hombres sanos y vigorosos.[4]

Se llegó incluso a contemplar la posibilidad de sacar a toda la tribu yaqui del estado como la forma más radical y definitiva de apaciguar la zona, pero, se preguntaba en el informe:

¿No se cometería al deportarlos, un acto de injusticia y hasta de ingratitud, con el que sirve con la excelencia de su energía física, todas las manifestaciones del trabajo? Por otra parte, no pudiendo por el momento substituir al Estado de estos brazos, ¿de qué magnitud sería el trastorno para el propietario, para el industrial, el minero, etc., arrancándole los únicos de que puede disponer para su negocio?[5]

Por ello se propuso que la pacificación del yaqui no se daría solamente por medio de las armas, sino que había que disponer de una política de colonización para que al traer elementos extraños al estado y entremezclarlos con los indios locales, la población nueva contribuya a que

[...] pueda ponerse en producción este suelo que pide a grito abierto se le ponga mano, para que su fecundidad derrame sobre los nuevos pobladores todos sus bienes, los que en un corto número de años, resarcirían a la Nación de sus sacrificios, muy especialmente si esos elementos sanos de la población se preocupan del cultivo del algodón [...][6]

En la actualidad se puede afirmar que los casos yaqui y maya fueron situaciones límite de resistencia al reconocimiento de la «Nación», que como entidad superior buscaba construirse desde la independencia a la que no estaba claro que estaban convocados. Así, en

---

[4] *Ibid.,* 1981, pp. 303–304.
[5] González Navarro, 1974, p. 394.
[6] *Ibid.*, pp. 395–396.

los albores del siglo XX los mexicanos se batían con los indios «bárbaros» en una lucha a muerte que abarcaba todos los terrenos, desde el militar hasta el de la «estética» y las buenas costumbres. Por
ejemplo, la jefatura política de León dio como plazo hasta el 31 de
enero del año 1902 a los hombres que andaban en calzón blanco
para que «se habiliten y usen el pantalón». Inmediatamente el periódico *El País* aplaudió esta decisión y pidió que se cumpliera efectivamente pues «[...] Es verdad que hay mucha pobreza en la gente
de última clase; pero más es la indolencia de nuestro pueblo, que
poco se cuida en su porte gastando en vicios lo que podía gastar en
vestirse».

Pese al encono con que se libraba la lucha contra los indios
remisos a la nación, el indio histórico continuó su ascenso en el imaginario social de la época. Junto a las obras de modernización urbana, aparecieron los signos de la pasada grandeza prehispánica: en
1901, tras las obras de remodelación del edificio destinado a la Secretaría de Justicia e Instrucción Pública, la prensa registró el ha-
llazgo de diversas «preciosidades arqueológicas»:

> [...] una enorme cabeza de serpiente que tiene en su parte posterior el
> jeroglífico «tres acatl» fecha de fundación del gran teocalli de Tenoxtitlán
> [...] un tigre echado en actitud de hacer presa [...] y [...] una escalinata
> compuesta de ocho escalones.

El descubrimiento se atribuye al capitán de ingenieros Porfirio Díaz

> [...] quien ha desplegado gran celo para evitar que tan preciosos monu-
> mentos sufran el más leve deterioro. Al Señor General Díaz le fue envia-
> do modelado el jeroglífico de la parte central del «Ocelotl». Por acuerdo

del Primer Mandatario de la República, ha intervenido el señor Batres en los descubrimientos y anoche deben haber sido trasladados al Museo Nacional, el tigre y la cabeza de serpiente.[7]

Un caso aún más representativo fueron los trabajos de Teotihuacán iniciados en 1905 encaminados a celebrar el Centenario de la Independencia;[8] a partir de estos trabajos nuestra «pasada grandeza» se materializó en piezas de obsidiana, de jade, de pinta de bronce y hierro, conchas de mar y caracoles, cuentas, serpientes y cuchillos de obsidiana, un «verdadero tesoro arqueológico» hallado durante la restauración de la Pirámide del Sol.[9]

A través de encuentros contingentes o por indagación dirigida, el pasado se convirtió en indicio, en vehículo de significación. De este modo, si el encuentro con la Coatlicue y la Piedra del Sol en 1790 dio cuenta de los grandes conocimientos que poseían los indios y sentaron las bases del discurso independentista del siglo XVIII,[10] los hallazgos del siglo XX reforzaron el sentimiento de pertenencia a una nación en franco proceso de desarrollo que era capaz de incidir en la recuperación de su pasado.

Es importante tener a la vista que entre el indio histórico y el indio rebelde cuyos casos límite fueron los yaquis y los mayas, se encontraban los pueblos indígenas «pacificados» luego de la larga serie de rebeliones que se registraron durante el siglo XIX, mismas que en su momento fueron puntualmente derrotadas.[11] Se trataba de un alto porcentaje de población indígena cuya presencia provocaba discusiones encontradas respecto al que se suponía que era, debía o podía ser su lugar en el proyecto nacional del momento. En este sen-

---

[7] *El Imparcial*, México, D.F., 5 de diciembre de 1901.
[8] Matos, 1979, p. 12.
[9] *El Imparcial*, México D.F., 26 de diciembre de 1906.
[10] Véase Lafaye, 1976 y Brading, 1980.
[11] Véanse Meyer, 1973 y Powell, 1974.

tido el punto de partida básico para la discusión era el de la «calidad del indio» de cuya definición derivaban propuestas de acción política determinadas; éste a su vez era en realidad un debate no resuelto que se había iniciado en la postrimerías de la Independencia.

En uno de los extremos de la contradicción encontramos una corriente indigenista que llamaba la atención sobre las precarias condiciones socioculturales de la población indígena y sobre la necesidad de establecer un amplio programa educativo encaminado a la «redención del indio». Impulsaba esta idea un importante aunque reducido grupo de pensadores de la época que, continuando la tradición de Ignacio Ramírez y de otros connotados liberales, reclamaba como paso fundamental para arribar a la unidad nacional, la atención a los numerosos grupos indígenas por medio de un amplio programa de educación popular que los condujera a la uniformidad con los habitantes del país y, por tanto, a una unificación nacional auténtica.

Esta corriente indigenista sistematizó sus ideas en el Primer Congreso de Instrucción Obligatoria que se realizó en 1889. Sus conclusiones escandalizaron a todos aquellos que, de una u otra manera, negaban todo estatuto de ciudadanía a los indios. Los congresistas rechazaron la inferioridad racial del indio y afirmaron su convicción respecto a sus aptitudes y su potencial para el éxito educativo.

En sentido opuesto, otros sectores de intelectuales negaron toda posibilidad de evolución al indio argumentando su incapacidad intelectual. Francisco Bulnes, por ejemplo, arguyó que là dieta del indio, limitada al maíz, había embotado sus capacidades mentales; una opinión parecida fue expresada por el editor del diario *La Libertad,* Francisco Cosmes, quien se opuso abiertamente a cualquier plan educativo para los indios, salvo alguno que los pusiera en contacto con nuevas técnicas agrícolas: «bestias de carga por varios siglos, sirvientes de las clases dirigentes, poseedores de lenguas indígenas

que los mantenían en aislamiento mental, cualquier esfuerzo civiliza-
dor estaba condenado al fracaso».[12]

Asombra por lo demás que esta última opinión reflejara la actitud
generalizada de la sociedad ilustrada de la época. La corriente
indigenista, en cambio, se enfrentaba al prejuicio social y a la indiferencia gubernamental que toleraba estas expresiones pero que ne-
gaba también cualquier acción efectiva para ponerlas en marcha.

Sin embargo, y siempre a contracorriente, las iniciativas
indigenistas continuaron desarrollándose. En 1906 se registró lo que
Juan Comas definió como el primer texto legal del siglo XX en favor
de los indios, el cual dio origen a la «Junta para el mejoramiento y
protección de la raza tarahumara», cuya meta era «promover todo
lo conveniente a la civilización de los indios, a su mejoramiento social, al régimen de sus bienes, al cuidado de sus colonias».[13]

Más trascendental aún, fue la fundación de la Sociedad Indianista
Mexicana promovida por Francisco Belmar en el el año 1910, iniciativa que fue recibida con aparente entusiasmo por varias personali-
dades de la élite porfiriana, misma que en el momento en que se
sintió presionada para resolver efectivamente los problemas indígenas rompió con la Sociedad negándole su apoyo por «razones económicas y políticas».[14]

Es así como la masa indígena parecía ser sujeto de políticas efec-
tivas sólo en aquellos casos —como el yaqui o el maya— en que
amenazaba subvertir el orden establecido. Después de todo y de
acuerdo con el imaginario social dominante, el lugar que la flore-
ciente nación mexicana estaba logrando en el mundo civilizado del
momento, se estaba alcanzando sin el concurso del indio y más bien
a pesar de él. Por el momento el indio vivo no estaba convocado al
banquete de la nacionalidad mexicana.

---

[12] Heat, 1977, p. 119.
[13] Comas, 1976, p. 11.
[14] Comas, pp. 15–20 y Heat, 1977, pp. 122–123.

LOS SÍMBOLOS DE LA NACIONALIDAD

La idea de nación y los símbolos identitarios se van fraguando lenta y selectivamente. La nación mexicana como universo simbólico es resultado de muchas historias plenas de contradicciones, de intereses encontrados, de utopías libertarias e igualitarias postergadas o traicionadas.

Tomemos por ejemplo el caso de los héroes, los que empezaron a registrarse poco a poco en nuestra historia. Cuando la Independencia estaba lo suficientemente lejos para recuperarla sin peligro, como lo era enero de 1902, se colocó la primera piedra del monumento a los Héroes de la Independencia dedicado a los que «por hacernos vivir dieron la vida». Se inició así la construcción de uno de los monumentos más importantes de la ciudad de México, cuyo significado es doble: por un lado apuntalar el pasado común, y por otro, significar materialmente el poder económico, político y social de un régimen capaz de pagar una construcción de tal envergadura. De su capacidad militar qué más pruebas: la campaña contra los mayas de Yucatán, mientras que la política de guerra y deportación contra los yaquis continuaba su curso.

Aunque con reservas, algo del pasado inmediato también se empezaba a recuperar, de modo que los hombres de la Reforma eran iniciados en el camino de la mitificación. Francisco Bulnes aludió a ellos como los ejecutores de la

[...] gloriosa obra de demolición del antiguo régimen [...] especialmente [...] los grandes jacobinos de 1856 a 1867 [...] sus dos obras inmortales [...] las Leyes de Reforma y la defensa de la patria contra la invasión francesa. Sus grandes errores aparecen como imperceptibles insectos en inmenso campo de mieses. Ahora, en todas partes y siempre, debemos descubrirnos al oir sus nombres y templar nuestro espíritu en su gigantesca y sombría grandeza.[15]

Para los grupos dominantes que imponían su visión en la construcción de la identidad nacional basada en un pasado histórico común, los primeros años del siglo XX y la «paz social» que los caracterizó, permitieron consolidar una de las ideas centrales de su imagen del «pueblo mexicano», consistente en mirar a éste como en lucha constante contra el invasor. Impusieron la idea de que como «nación», nos hemos forjado en una defensa continua de nuestra soberanía, misma a la que incluso hemos subordinado la democracia y la diversidad. Desde esta perspectiva devenimos mexicanos en la lucha contra los españoles, los estadunidenses y los franceses, en fin contra todos aquellos que han intentado violentar nuestro territorio, nuestra soberanía, nuestro progreso. En contraparte, los enemigos de la patria toman cuerpo no sólo en el extranjero como invasor, sino también en el que dentro de nuestro territorio se opone a los intereses nacionales. El indio rebelde es sin duda una de estas figuras, como también han intentado que lo sean las diversas formas de oposición y crítica que se han desarrollado en nuestro país hasta nuestros días.

El nuevo orden que funda la Revolución mexicana reconoció en los habitantes del país a un conjunto de ciudadanos libres e iguales, sancionó legalmente este reconocimiento y emprendió la reconstrucción nacional. El reto que representaba el indio resurgió tanto más problemático en la medida en que la reconstrucción se fundó *a priori* en la «unidad nacional» entendida como «homogeneidad nacional». En esta direción, el discurso sobre el indio, pese a las buenas intenciones de sus autores, es ambiguo. Su pertinencia se ratificará sólo en la medida en que asuman los valores, las creencias y los recién nacidos intereses nacionales.

---

[15] *El Imparcial*, México, D.F., 22 de junio, 1903.

LAS TENSIONES ENTRE LO INDIO Y LO NO INDIO

Pese al paso de los años, la tensión entre lo indio y el indio no desaparece, las políticas indigenistas (como políticas de población y políticas de lenguaje) se encuentran en tensión permanente con los elementos de construcción simbólica que atienden a lo indio como elemento de la identidad nacional. De ésta, la parte fundamental continúa siendo el indio mítico, el mismo que en su momento, cuando era indio vivo, fue para el conquistador tan despreciable como el indio vivo del Porfiriato, de la Reforma y de los años post-revolucionarios, pues incluso en esos momentos en que se hizo explícita una política indigenista, se antepuso como condición de ingreso a la mexicanidad el abandono de sus particularidades étnicas —sea a través de las políticas de «aculturación» o de las de «cambio dirigido»— pues el indio sólo sería mexicano a condición de que dejara de ser indio.

¿Cuál es el sentido de este andar, a grandes zancadas, desde el inicio del siglo hasta los años noventa? Durante todos estos años, a pesar de que los símbolos de la identidad nacional se acumulan uno tras otro, apenas han dejado de tener una función subversiva o de ser peligrosos. Cierto que las políticas indigenistas actuales no pueden juzgarse por las anteriores. Cierto también que hoy el discurso dominante tiende a incorporar la pluralidad como parte de la esencia de la identidad nacional, pero es cierto también que pese al discurso, las tensiones fundamentales no se han resuelto, en gran parte porque, desde la lógica del poder, es imposible resolverlas.

En este sentido, el derecho a la diferencia ha sido permanentemente objetado en aras de la defensa, el crecimiento y el bien de la nación, esta última siempre amenazada por el extranjero. Al respecto señala Soledad Loaeza:

La defensa de la nación ha justificado en primer lugar la monopolización del poder, ha sustentado el rechazo al pluralismo, que ha sido visto como fragmentación, y desde esta perspectiva ha sido un obstáculo para la transformación de la ficción democrática en realidad.[16]

Qué mejor oportunidad que la reflexión sobre la trayectoria de Rigoberta Menchú, que es finalmente quien nos ha convocado para este homenaje, para plantear de manera contundente y definitiva que es la heterogeneidad lo que nos define como país y que sólo desde ella será posible proponer una identidad colectiva que lance a la nación hacia una verdadera democracia y modernidad.

---

[16] Loaeza, 1988, p. 99.

FUENTES PRIMARIAS

El Imparcial
El País

BIBLIOGRAFÍA

BRADING, David: *Los orígenes del nacionalismo mexicano,* México, ERA, 1980.

BURGOS, Elizabeth: *Me llamo Rigoberta Menchú y así me nació la conciencia,* México, Siglo XXI Editores, 1985.

COMAS, Juan: *La antropología social aplicada en México. Trayectoria y antología,* México, Instituto Indigenista Interamericano, 1976.

GARCÍA CANCLINI, Néstor: *Culturas híbridas. Estrategias para entrar y salir de la modernidad,* México, CNCA–Grijalbo, 1990.

GONZÁLEZ NAVARRO, Moisés: «La era moderna», en González Navarro, Moisés *et al., Historia documental de México,* México, Universidad Autónoma de México, 1974, pp. 337–432.

—«Instituciones indígenas en el México independiente» en Caso Alfonso *et al.: La política indigenista en México. Métodos y resultados,* tomo I, México, INI, 1981, pp. 209–313.

HEAT, Shirley B.: *La política del lenguaje en México: de la colonia a la nación,* México, Instituto Nacional Indigenista, 1977.

145

LAFAYE, Jacques: *Quetzalcóatl y Guadalupe,* México, FCE, 1976.

LOAEZA, Soledad: «Nacionalismo y democracia en México: tensión entre dos ficciones», en Cordera Campos, R. *et al.* (coords.), *México: el reclamo democrático*, México, Siglo XXI Editores, 1988, pp. 98–109.

MATOS MOCTEZUMA, Eduardo: «Las corrientes arqueológicas en México», *Nueva Antropología,* año III, núm. 12, México, diciembre de 1979, pp. 5–26.

MEYER, Jean: *Problemas campesinos y revueltas agrarias (1821–1910)*, México, Sepsetentas, núm. 80, 1973.

POWELL, T. G.: *El liberalismo y el campesinado en el centro de México (1850 a 1876)*, México, Sepsetentas, núm. 122, 1974.

LA IDEOLOGÍA SUBYACENTE EN LA DISCRIMINACIÓN HACIA LOS PUEBLOS INDIOS

Virginia Molina Ludy

A raíz de los 500 años del denominado «Encuentro de Dos Mundos» se desató una fuerte polémica alrededor de la conveniencia o inconveniencia de celebrar tal acontecimiento. Algunos afirmaban que debía conmemorarse la aportación europea al continente americano; sus oponentes elevaron múltiples denuncias sobre la situación contemporánea de explotación económica y discriminación social en que aún viven los descendientes de los pueblos originarios de estas tierras. La discusión entre hispanófilos e indianófilos es casi tan antigua como la misma conquista de los territorios americanos; lo sorprendente —sólo en apariencia, ya que es perfectamente explicable dentro del ámbito ideológico— es la persistencia, durante cinco siglos, de los mismos prejuicios, estereotipos, enmascaramientos y omisiones sobre la participación de los pueblos indios cuando se trata de relatar la historia o definir a la nación mexicana. La lectura de textos oficiales deja la impresión de que hay una enorme dificultad para reconocer la existencia contemporánea y la situación que viven los indios en nuestro país; el problema es que la evasión de esta realidad tiene efectos negativos al contribuir a la reproducción de la discriminación, de ahí el interés en señalar algunas de sus manifestaciones, para después presentar vías alternativas de análisis.

1. EL ENMASCARAMIENTO DE LA REALIDAD DEL INDIO CONTEMPORÁNEO

Diversos son los medios en los que el presentar un estereotipo del indio o el silencio al respecto no resultan neutros. Es necesario cuidar en especial la imagen que se presenta a los niños, puesto que el prejuicio se adquiere por aprendizaje desde muy temprana edad.[1] La escuela no es la única responsable de transmitir la conciencia social, ya que el niño aprende a discriminar también por las actitudes de los padres y las imágenes visuales que recibe de la televisión o del cine. El poder de la imagen en el muy difundido medio de comunicación televisivo representa un medio privilegiado para la reproducción de los estereotipos. No obstante, la discriminación del indio en textos publicados por los organismos que están a cargo de la educación y de la acción indigenista en México, tienen también importancia central, debido a que su carácter oficial les adjudica un poder adicional, el de

> [...] imponer una visión del mundo social a través de los principios de división que cuando son ejecutados por un sujeto con la investidura adecuada, pueden llegar a imponerse al conjunto del grupo, crean sentido y crean el consenso sobre él.[2]

Es muy revelador que la imagen ideal de nación que se pretendió inculcar en veinte generaciones, a través de los libros de texto oficiales discrepó, en lo esencial, del discurso gubernamental contemporáneo que hubo de reconocer, en 1991, la pluriculturalidad del país en la Carta Magna de la nación.

---

[1] *Cfr.* Goodman, 1968 y Miller y Dolard, 1941.
[2] Bourdieu, 1980.

En un primer análisis de los textos de ciencias sociales que sirvieron de base para la educación de los niños, tanto indios como no indios de México, durante casi veinte generaciones, y que recién fueron cambiados el año pasado, se aprecia la forma en que se excluye a aquellos del conjunto nacional. En las guías didácticas para los docentes, los libros del maestro para tercero, cuarto y quinto año de primaria, se determina como uno de los objetivos fundamentales del área social que los niños sean capaces de «identificar algunos elementos característicos de la vida del México actual que son resultado de la fusión de las culturas mesoamericana y española» e «identifique algunos de los elementos que constituyen la nacionalidad mexicana», para lo cual se sugiere como actividad de reforzamiento que los alumnos construyan «una maqueta que represente el territorio nacional y los lazos que nos unen (idioma, costumbres, bandera, gobierno, etc.)»,[3] con lo que implícitamente se niega la posibilidad de compartir la nacionalidad desde la diferencia y se reitera, como en otros contextos, que la nacionalidad mexicana es mestiza.

Es en el libro de cuarto grado donde se aborda con mayor detenimiento la «esencia» de la nación mexicana y su historia, lo cual permite un análisis más fino de la dificultad de reconocer la participación de los pueblos indios en la historia y el quehacer contemporáneos de México. La historia presenta ciertas características que permiten conocer cómo se define a sí mismo un grupo determinado. En la historia, nos dice Luis Villoro, hay

> [...] un doble interés: interés en la realidad [...] [e] interés en justificar nuestra situación y nuestros proyectos [...] los proyectos de nuestro grupo, nuestra clase, nuestra comunidad. Por ello es tan difícil separar en la historia lo que tiene de ciencia de lo que tiene de ideología.[4]

---

[3] Secretaría de Educación Pública, *Libro para el maestro*, tercer grado, México, 1982.
[4] Villoro, 1985, p. 159.

Por otra parte, la historia requiere siempre precisar los límites del grupo o la sociedad que se está considerando: la historia nacional pretende incluir a toda la población del territorio de un Estado–nación; la historia regional incluye a la de un territorio más pequeño; las historias de instituciones, de grupos, de clases sociales delimitan el sujeto de estudio, incluyendo a algunos y excluyendo a otros. Se presume que un pasado compartido explica las características presentes de dicho grupo y ambos, pasado y presente, darán la base para el futuro del grupo. De ahí que el análisis de los textos históricos permita identificar a quiénes consideran los autores como copartícipes de una misma sociedad, a quiénes incluyen y a quiénes excluyen, conscientemente o por «olvido».

Además, la historia de un grupo ayuda a consolidar la conciencia de pertenencia a éste y, al hacerlo, propicia la integración y perduración del grupo como comunidad: «Ninguna actividad intelectual ha logrado mejor que la historia dar conciencia de la propia identidad a una comunidad [...] favorece la cohesión en el interior del grupo [...] [y] refuerza actitudes de defensa y de lucha frente a los grupos externos».[5] Así, la historia puede unir al intragrupo y, al mismo tiempo, reforzar las barreras o fronteras étnicas entre los grupos, es decir, una segregación que alega razones étnicas (supuestas diferencias esenciales entre unos y otros con base en las distintas características raciales y/o culturales de cada uno), y la autoidentificación de los miembros de cada uno de los grupos, su identidad social, se da como una definición frente a dicho juego de contrastes entre un «nosotros» y un «ellos».

Aunque en la primera parte del *Libro de ciencias sociales* de cuarto grado resalta la unidad, a pesar de la diversidad, y señala claramente que «Todos somos mexicanos [...] los que hablan lenguas indígenas y los que hablan la lengua española», ya que, a pesar

---

[5] Villoro, 1985, pp. 162–163.

de las diferencias, es más lo que nos une (las mismas leyes, los mismos programas de estudio, las mismas autoridades, etc.) que lo que nos diferencia. Sin embargo, en ese afán de unidad, se «olvida» a los indios contemporáneos y sólo se habla de ellos en pasado. Esta última mención es indispensable, ya que el mito fundador de nuestra nacionalidad sigue siendo la originalidad de nuestro origen, constituido por la fusión de dos razas y dos culturas: la indígena y la europea.

En este libro se ilustra «nuestro pasado prehispánico» con el ejemplo de los mayas: los mayas *fueron* antepasados de los yucatecos, *fueron* uno de los grupos indígenas que vivieron en Mesoamérica donde también *vivieron* otros grupos, como los zapotecos. En México, los mayas *vivieron* en Tabasco, Campeche, Chiapas, Yucatán y Quintana Roo, además de Guatemala, Belice, El Salvador y Honduras, donde *cultivaban* la tierra, *cazaban* venados y aves y *pescaban* en los ríos y en la costa. Su alimentación *era* variada y abundante. Además *eran* buenos comerciantes, etc., etc., etc. Más tarde, la labor de los frailes que llegaron después de la Conquista, les enseñó a los mayas una nueva forma de vivir y de pensar. Con la importación de esclavos africanos, muy «pronto existieron tres grupos humanos en la Nueva España: españoles, indios y negros. Estos grupos se fueron mezclando entre sí hasta formar familias compuestas por personas de distintas razas. De la mezcla de españoles e indios nacieron los mestizos [...]».[6] Con la independencia, la Constitución de 1824 «declaraba, entre otras cosas, que todos los mexicanos *eran* iguales», por eso, hacia mediados del siglo XIX, «aunque había ricos y pobres, no había obstáculos legales para que cualquier persona pudiera ascender a los más altos puestos, como sucedió con don Benito Juárez».[7] En México *todavía* se usan cosas que nos

---

[6] Secretaría de Educación Pública, *Libro de ciencias sociales* cuarto grado, México, 1983, p. 65.

[7] *Ibid.*, p. 101.

han dejado los pueblos indígenas, como en Yucatán, donde se habla maya y se usa el huipil (*sic*) y las sandalias como los *usaban* los mayas. Pero no hay que olvidar la herencia española —continúa el libro de texto—, porque en nosotros, los mexicanos de hoy se unen muchas herencias.[8]

Hay también, en el mismo texto, la presencia negativa de los pueblos indios en la historia de nuestro país:

«Juárez y su sucesor [...] se daban cuenta de que el país necesitaba impulsar su economía [...] Sus planes casi no pudieron llevarse a cabo debido a la falta de capital, las numerosas rebeliones indígenas, la inseguridad en los caminos llenos de bandoleros y las revueltas».[9]

Está claro que, entre otras calamidades, los indios obstruyeron los proyectos nacionales de Juárez y su sucesor. Más adelante los indios desaparecen de la escena nacional y la sociedad mexicana aparece sólo dividida entre pobres y ricos.

Estas frases reflejan el espíritu del libro y muestran, por una parte, la *exclusión oficial explícita* de los pueblos indios en el devenir histórico de nuestro país al negar su presencia actual; por otra, el prejuicio en contra de los indios que, según se dice, en vez de contribuir a la construcción de nuestra nación, la obstaculizaban, y por último, no menos grave, la enajenación de su propia historia para los niños indios que estudian la primaria, tanto más grave si recordamos que el mayor porcentaje de los educandos sólo permanece en la escuela hasta cuarto grado.

La modificación, en 1992, del libro de texto de historia de México empeora la situación ya que, señala Bartra,[10] esconde bajo el mito racista y excluyente de la Malinche la exaltación de lo mestizo y el repudio a lo indio. En septiembre de 1993 habrá nuevo libro de cien-

---

[8] *Ibid., passim.* Los subrayados son míos.
[9] *Ibid.*, p.101.
[10] Bartra, 1993, pp. 16–18.

cias sociales para cuarto grado de primaria, aún en prensa, razón por la que no se pudo revisar.

De más estaría reseñar los contenidos de los textos de historia generalmente utilizados en los niveles de secundaria y preparatoria, donde se encuentra la misma visión de la relación entre la sociedad india y el resto de los mexicanos. Sólo agregaré la revisión de los libros de secundaria abierta, porque también están suscritos por la Secretaría de Educación Pública. La visión que presenta el libro de ciencias sociales de primer año,[11] a pesar de reconocer la presencia actual de los indios en varias regiones del país, es aún más excluyente. De entrada se declara que México es un país mestizo:

> El mestizaje constituye de hecho la base de la actual población mexicana. Quedan *no obstante* algunos grupos indígenas, radicados en zonas de difícil comunicación, que conservan su lenguaje y sus tradiciones fundamentales [...] Sus costumbres indican una supervivencia prehispánica de sus sistemas de trabajo, organización, creencias y otras expresiones de cultura.

Inmediatamente después establece, *por contraste, la diferencia* con el resto de la población nacional: «Los grandes grupos mestizos, *en cambio* [...] mantienen formas de vida en las que los cambios son mucho más patentes».[12] Pareciera que los grupos indígenas no hubieran demostrado, como lo han hecho, una gran capacidad de adaptación a las cambiantes circunstancias en las que se han visto inmersos durante más de cuatro siglos, que los ha llevado a modificar tradiciones y costumbres.

En el mismo libro hay una negación, clara y prejuiciosa, de la participación india en la economía nacional desde la época colonial

---

[11] Secretaría de Educación Pública, CONAFE, CNIE, *Libro de ciencias sociales para secundaria abierta*, primer grado, 23ª edición, 1989
[12] *Ibid.*, p. 43. Los subrayados son míos.

hasta el presente. Tomaré como ejemplo lo que dice y deja de decir respecto a los mayas de la península de Yucatán:

> Por lo que toca a la población rural, compuesta en buena parte por indígenas, recordaremos que el Instituto Nacional Indigenista tiene iniciados varios programas dirigidos a lograr su mayor participación en la vida económica y social del país [...]
>
> A través de la historia de la península vemos el problema del monocultivo: en la época colonial la explotación del palo de tinte; más adelante el chicle y, desde fines del siglo pasado, el henequén [...] [además] debe sumarse el turismo, que cada vez cobra más auge en esta región.[13]

El texto da a entender que los mayas requieren de la acción de un organismo externo para participar en la vida de sus estados. No se reconoce, por lo tanto, que los abuelos de los jóvenes estudiantes de la península participaron en la extracción del palo del tinte y del chicle, sus padres en la labor y cultivo de los plantíos henequeneros y el procesamiento de las hojas y ellos son los albañiles, jardineros, meseros y demás trabajadores de los nuevos polos turísticos. Los párrafos seleccionados muestran un estereotipo de indio desarrollado desde la segunda década de este siglo: el indio aislado, dedicado a producir solamente sus cultivos de autosubsistencia, que sustituyó al del indio flojo que se niega a trabajar, constante durante la Colonia, a pesar de que el trabajo de los indios fue el que construyó la infraestructura y logró el éxito de las empresas agropecuarias de la Nueva España.

En resumen, podemos decir que los libros de texto oficiales transmiten una historia impregnada de lo que Luis Villoro llama una conciencia falsa:

> Falsa, no en el sentido de que sea incapaz de ver y comprender la realidad indígena tal como se presentaba, sino en el sentido de que interpre-

---

[13] *Ibid.*, pp. 111, 113.

taba lo visto con un aparato conceptual y un sistema de creencias previas que necesariamente distorsionaba la realidad [...] No nos comunican, pues, una historia *imaginaria*, sino una historia *real* pero *disfrazada*.[14]

El discurso oficial responsabiliza a los indios de mantenerse diferentes y no quererse identificar con los demás mexicanos, de ahí su marginación. Como director del Instituto Nacional Indigenista, a Alfonso Caso correspondió la responsabilidad de elaborar la imagen oficial que se difundiría sobre el indio en México. El análisis que realizó Consuelo Ros Romero sobre el discurso del Instituto Nacional Indigenista permite conocer la evolución de esta imagen que presentaba la dificultad de unir, sin contradicciones evidentes, al indio prehispánico, una parte del mito de origen de nuestra nacionalidad, y la situación del indio actual:

Desde el punto de vista del proceso de enunciación se pasa del imperfecto al pasado compuesto [...] Esta estrategia discursiva permitirá a Caso relacionar al *indio del presente* con sus ancestros; relación que no fue explicitada [antes]. Entonces existía una cierta contradicción puesto que, *el indio del pasado,* siempre valorizado, aparecía en el origen tanto del *indígena* contemporáneo como del *no indígena,* en tanto que individuo representativo de la nación mexicana. Se hablaba de un pasado común [...] Ahora, por el contrario, nada indica que el *indio* que sirve de fundamento a la nación mexicana es el «mismo» que se encuentra al origen del *indio contemporáneo* pues se distingue:
— al que fue utilizado, dada su organización y su cultura avanzada; como tal se incorporó (a la nueva sociedad?) [...] [y]
— al que se aisló y que ha permanecido como tal.[15]

---

[14] Villoro, 1979, p. 10.
[15] Ros Romero, 1992, pp. 123–124. Los subrayados son míos.

De ahí que el mismo indio sea responsable de su marginación. Sin embargo, como veremos adelante, la barrera para la unificación es al menos igual de fuerte por parte de los blancos.

No es de extrañar, entonces, que en los documentos elaborados por el Instituto Nacional Indigenista entre 1953 y 1970 prevalezca la imagen de que las comunidades indígenas han vivido durante cuatro siglos al margen del progreso, viven aislados de México, no participan de su economía, ni en la vida social y política, tienen un desarrollo cultural inferior, etc. Éste es un estereotipo generalizado en la sociedad que el INI formaliza y convierte en oficial; como tal, se reproduce en diversos discursos y regresa a la sociedad ungido por el poder de la investidura de quien lo emite, de forma tal que los autores de los libros de texto lo pueden utilizar sin cuestionarlo.

Otro ejemplo de omisión del indio actual es la edición especial de la *Enciclopedia de México* que, en 1987, publicaron en forma conjunta diversas instancias de la Secretaría de Educación Pública: la Subsecretaría de Cultura, la Dirección General de Publicaciones y Medios y el Consejo Nacional de Fomento Educativo. Se omiten las entradas «indígena», «grupos indígenas», «etnia», «grupos étnicos», más no la de «indio», sólo que su significado es:

> Indio. *Paranthias furcifer Valenciennes,* familia *Serranidae,* orden *Perciformes.* Pez de cuerpo robusto, moderadamente comprimido y de una longitud promedio de 20 cm [...] Se vende fresco o salado; su carne es blanca y de muy buen sabor. También se le conoce con el nombre de *lucero.*[16]

La siguiente entrada es «Indios verdes. Así se llama a las dos estatuas [...]». Esta omisión de la definición de indio o indígena es notable, puesto que desde 1607 aparece en los diccionarios la entra-

---

[16] *Enciclopedia de México*, 1987.

da «indio», aunque sólo sea para referirse a los habitantes de las Indias; desde mediados del siglo XVIII hay en las enciclopedias y diccionarios temáticos españoles, franceses e ingleses (*Cfr.* Alcides Reissner, 1983) una definición de indio y actualmente diccionarios y enciclopedias incluyen la entrada indio. Su omisión en una obra de gran en-vergadura, publicada por el organismo oficial que tiene a su cargo la educación en el país, no puede ser considerada como casual; alguien tomó la decisión de no incluirlo, por lo que debe considerarse más bien como un silencio significativo, en el sentido que Orlandi da al silencio: «[...] para el hablante, el silencio es lugar de elaboración de otros sentidos, del movimiento de su identidad [...]».[17]

La búsqueda de un término para referirse a los descendientes sociales de los pobladores de América previos a la invasión europea muestra cómo se intenta enmascarar una realidad que no siempre puede silenciarse. Después de tres siglos de sociedad colonial, durante los cuales siempre se les denominó *indio*, la recientemente independiente República mexicana se avergonzó del contenido peyorativo asociado al término[18] y decretó que dejaría de usarse, ya que en adelante todos sus nativos serían mexicanos. Evitar el término no cambió la situación social de los indios y hacia fines del siglo

---

[17] Orlandi, 1992, p. 130.

[18] Véase el reconocimiento del contenido peyorativo asociado a la palabra indio en la exégesis léxica que realizó Raúl Alcides Reissner de los diccionarios europeos y americanos. Aunque desde años antes ya se asociaba indio con «salvaje», «antropófago», la edición 1726-1736 del *Diccionario de la Real Academia Española*, bajo la entrada *Indio* pone como ejemplo de su uso: «¿Somos indios? Expresión con que se advierte, o redarguye al que juzga que no le entienden lo que dice, o pretende engañar. Con alusión a los indios que se tienen por bárbaros, o fáciles de persuadir» (p. 107). A su vez en 1856 el diccionario francés de Salvat incluye como parte del significado de la entrada lo siguiente: «*Fig. fam. Soit. qui n'a pas la moindre intelligence*: Es un *Indio, C'est tout bonnement une brute*» y en 1887, en el español de Echegaray también se incluye la expresión «es un indio. Expresión hiperbólica de que nos valemos en equivalencia de es un salvaje» (p. 134).

tuvo que reconocerse nuevamente su existencia, sólo que poco a poco se fue sustituyendo *indio* por *indígena* (que en términos estrictos significa natural o nativo de un territorio; es decir, todos los nacidos en México somos indígenas del país). Aun así, el nuevo término, en su uso común, adquirió el significado discriminador del anterior.[19]

En el medio académico, con el afán de resaltar las diferencias objetivas que existen entre diversos grupos indígenas, este término fue sustituido por el de *etnia*, población étnica y grupo étnico. Etnia deriva del griego *ethnos* = pueblo, y las múltiples definiciones que han intentado precisar este concepto como aplicable a los indios de América, se centran en utilizar esta noción para explicar por qué los grupos sociológicamente minoritarios (indios o etnias) se mantienen como población diferenciada del resto de la sociedad global. Con algunas pequeñas variantes, la mayor parte de las definiciones sobre lo «étnico» (como resalta, criticándolo, Olavarría), se refiere a «un complejo particular que involucra —siguiendo formas específicas de interrelación— ciertas características culturales, sistemas de organización social, costumbres y normas comunes, pautas de conducta, lengua, tradición histórica, etc.».[20] Esta aplicación de etnia se topa, así, con el problema de aplicar solamente a algunos, una definición amplia, extendible a todo pueblo que habita sobre la tierra. Por lo demás, al igual que indígena, etnia empieza ya a adquirir el sentido peyorativo correspondiente a indio; en el *Diccionario Enciclopédico Salvat*, editado en España en 1971, se da el siguiente signi-

---

[19] Ejemplo de la acepción de distinción racial que se da en el uso corriente al término indígena son las siguientes afirmaciones que aparecen en la revista *TV y Novelas* (que asegura tener una venta certificada de 831 512 ejemplares). Al describir el personaje de una telenovela, dice: «una indígena que representa el reencuentro con nuestras raíces»; «una valiente y abnegada mujer indígena que se enamora y es engañada por un hombre que no es de su *raza*» (Flores Buenrostro, s/f, p. 22. El subrayado es mío).

[20] Olavarría, 1991, p. 165.

ficado a «étnico, ca: *Gentil, pagano.* Perteneciente a una nación o raza. Apl. espec. el carácter colectivo que se atribuye a un grupo de población» (El subrayado es mío).

Por otra parte, reservar el concepto de etnia para los grupos indios conduce a la suposición de que *solamente* ellos desarrollan una identidad étnica propia y separada de la global, que refuerza su sentimiento de grupo diferente y contribuye a su aislamiento, responsabilizándolos así de su propia situación y cargando sobre sus hombros la superación de la situación de subordinación en la que los mantiene el resto de la sociedad.

2. LA DISCRIMINACIÓN EXPLICADA COMO IDEOLOGÍA

Es necesario reformular el problema, reconociendo que todo proceso de identificación implica al menos dos partes: en nuestro caso, indios y blancos. Es el «otro» quien intenta definir al indio; «lo indígena aparece, ante todo, como una realidad siempre revelada y nunca revelante. Ante él se erigen en 'instancias', europeo, criollo y mestizo; pero él a su vez nunca toma ese papel»[21] y en el proceso de nominación «los otros» también nos autodefinimos.

Para el caso de América, es indispensable tomar en cuenta que el binomio indio/no indio surgió de una situación colonial y, por lo tanto, la ideología que subyace a las relaciones interétnicas[22] es una

---

[21] Villoro, 1979, p. 240.

[22] Aunque coincido con Olavarría (1991) en que la noción de etnia enmascara la realidad de las relaciones entre indios y no indios, por el momento no cuento con nociones alternativas aplicables a lo que la literatura antropológica ha denominado identidad étnica, relaciones interétnicas, etc.

ideología colonial que produce las identidades contrastantes de colo-
no/colonizado, es decir, en esta confrontación con el «otro» tanto
indios como no indios desarrollan una identidad étnica.

La operación de una ideología que justifica la sujeción y explotación del
indio compele al ladino [mestizo] a formarse *una imagen de sí* mismo
necesariamente falsa. La imagen auténtica, la que emerge de la contem-
plación desinteresada, es demasiado sombría para servir de modelo;
está compuesta por prejuicios y preconcepciones étnicas que no resisten el análisis racional. Ante la indeseable situación el ladino acude a un
expediente indirecto; construye su imagen al través del *contraste con
una imagen opuesta*, la del indio, a la que llena de estigma, mancilla y
suciedad. El contacto prolongado de dos grupos étnicos que durante
siglos han permanecido separados, en situación conflictiva de super-
subordinación, se refleja en los conceptos y opiniones que un grupo
tiene del opuesto. *Ambos grupos tienden a concebirse en términos de
contraste*; todos los defectos, vicios e incapacidades que se imputan al
otro, tienen como contraparte perfecciones, virtudes y talentos que constituyen atributos propios [...] Así, a base de contrastes, de antípodas
conceptuales, según la expresión de Copeland, el ladino construye su
imagen, idealiza el modelo y lo hace operar como mecanismo que proporciona identidad. En tales circunstancias, la membrecía en la casta
superior se adquiere por identificación con la imagen contrastada, *mediante la afirmación de lo no indio* [...].[23]

La imagen contrastada que el ladino [mestizo] tiene del indio —no la
que éste tiene de aquél— es la que trasciende en la estructura de castas,
ya que con ella se justifica la posición de inferioridad, el bajo *status*
social, en que se mantiene a las poblaciones aborígenes. Las diferencias
raciales dieron base, durante los primeros años de la colonización, a
creencias que difundieron la irracionalidad del indio.[24]

---

[23] Aguirre Beltrán, 1967, p. 235. Los subrayados son míos.
[24] *Ibid.*, p. 233. Los subrayados son míos.

Aunque Aguirre Beltrán realiza este análisis de la ideología étnica con referencia a las que él denomina «regiones de refugio» —aquellas en las que la población india debió buscar asilo frente al despojo de sus mejores tierras, donde el porcentaje de mestizos es bajo, pero aun así éstos definen la economía, la política y las relaciones sociales— el enmascaramiento, la omisión y el estereotipo que a nivel nacional se aplican al indio sugiere la posibilidad de ampliar el ámbito geográfico en el que opera la ideología de contraste y exclusión. Debemos recordar que la identidad étnica solamente se desarrolla dentro de la personalidad básica de grupo cuando la sociedad en que se vive resalta los símbolos culturales o raciales como base para normar las relaciones diferenciadas entre un «nosotros» y un «ellos».

Las fronteras étnicas que «canalizan la vida social, marcando normas diferenciadas de interacción con los miembros del grupo propio y con los del otro grupo»,[25] son creadas y mantenidas por la ideología. Las ideologías —como dice Villoro— corresponden a creencias insuficientemente justificadas, que encubren la realidad, al interpretarla con conceptos que la distorsionan; a través de ellas se justifican los intereses de un grupo y se disfrazan, haciéndolos pasar como valores universales. Estas creencias sirven para orientar el comportamiento, forman actitudes que buscan el mantenimiento y la reproducción de las relaciones sociales que las condicionan.[26]

La sociedad interétnica contemporánea en América Latina parte de la distinción entre dos grupos fundamentales: indios y no indios, surgidos del proceso de conquista europea sobre estos territorios. Basado en la confusión de Colón, quien creyó llegar a las Indias, el término indio es mucho más que un sustantivo que designa a ciertos sujetos y todos conocemos el estereotipo negativo que en nuestra sociedad actual conlleva la designación de alguien como indio, indígena o «naco».

---

[25] Barth, 1969, p. 15.
[26] Villoro, 1985, pp. 8, 18, 117 y 122.

El origen de esta división racista proviene de la situación colonial que se implantó a partir de la Conquista española. Cada uno de los grupos tuvo derechos y obligaciones claramente delimitados tanto en lo económico, como en lo político y lo social. La base de la segregación social se asentaba en una justificación ideológica en la que se exaltaba la superioridad del conquistador como portador de la civilización y la inferioridad del conquistado, por incivilizado. La sociedad quedó dividida en dos grupos claramente delimitados, el de los colonos y el de los colonizados. Estos grupos se conocieron como «los de razón» y «los indios». Tan definitiva fue la concepción de la sociedad dividida en estos dos grupos fundamentales que mestizos y mulatos, no siendo españoles, pero tampoco indios, se declaraban a sí mismos como «de razón o español». Aunque la formación social colonial que dio base a esta división desapareció hace más de 150 años, la ideología de la diferencia persiste.

Desde los primeros años de los descubrimientos geográficos por parte de los europeos sobre el continente americano, los marinos ya habían clasificado a su población. Colón mismo recogió «ejemplares» vegetales, animales y nativos para llevar a España y mostrar a los reyes católicos, demostrando con ello que no consideraba a los «indios» como personas con derecho propio. La carta que el Ayuntamiento de Veracruz envió a los reyes de España en 1519 relata los pormenores del descubrimiento de las costas de México; dice que una expedición que salió de Cuba con el objetivo de «ir por indios [...] *para servirse de ellos*», incidentalmente topó con el continente. Así, cuando llegaron a México, entre otros objetivos los españoles buscaban indios de los cuales servirse.

Durante las primeras décadas posteriores al descubrimiento europeo de América se desarrollaron intensas discusiones entre teólogos y juristas de la corte española y de la sede papal, sobre la condición de los indios. Hubo quien declaró a los nativos de América como carentes de alma y semejantes a animales; otra postura los catalogaba como *homúnculos* o «humanos deficientes»; la tercera posición reclamaba el reconocimiento pleno de los indios como humanos.[27]

Juan Ginés de Sepúlveda, defensor de la calidad de «humanos deficientes» de los indios, argumenta en 1550 que España tiene pleno derecho a someter a «aquellas gentes bárbaras»,

> [...] bien puedes comprender [...] si es que conoces las costumbres y naturaleza de una y otra gente, que con perfecto derecho los españoles imperan sobre estos bárbaros del Nuevo Mundo [...], los cuales en prudencia, ingenio, virtud y *humanidad* son tan inferiores a los españoles como los niños a los adultos y las mujeres a los varones, habiendo entre ellos tanta diferencia como la que va de gentes fieras y crueles a gentes clementísimas, de los prodigiosamente intemperantes a los continentes y templados, y estoy por decir que *de monos a hombres.*[28]

Es decir, disfraza el racismo bajo la superioridad cultural como argumento de peso. En este alegato se encuentra explícito y sistematizado el sentimiento general de oposición entre los conquistadores y los conquistados[29] en razón de las diferencias culturales de cada una de las sociedades. No es difícil reconocer aquí el origen de los prejuicios que sobre los indios mantiene la población que hoy en día se siente blanca.

Como representante de Cristo en la tierra, el papa resolvió el asunto, concediendo que los indios tenían alma y por lo tanto eran humanos, pero como no eran cristianos, los reyes de España podían ejercer soberanía sobre ellos y sus territorios con el fin de «cristianizarlos».[30] Así, aunque iguales por tener alma, los indios no eran completamente iguales a los cristianos. En la definición de los indios,

[27] *Cfr.* O'Gorman, 1989.
[28] Sepúlveda, 1979, p. 101. Los subrayados son míos.
[29] *Cfr.* García–Pelayo, 1979.
[30] *Cfr.* Edmundo O'Gorman, 1989.

sobre la opinión de algunos teólogos que defendían la igualdad de todos los hombres por el hecho de ser creados a semejanza de Dios, predominó la concepción organicista del Estado, según la cual éste es concebido como un cuerpo integrado por órganos con diversas funciones complementarias entre sí: los indios serían los «pies humildes y necesarios» de la República. Como consecuencia, aunque los reyes de España los reconocieron como vasallos, se les consideró vasallos con capacidad restringida; «rústicos» o «menores de edad».[31]

Al considerar a los americanos en una posición de inferioridad, tanto por su fe como por su situación de vasallos menores, el término indio reforzó el significado discriminatorio que los europeos *ya le asignaban*; con él se clasifica a una persona y al mismo tiempo se le asigna una incapacidad de nacimiento, un estigma. El prejuicio no sólo se refleja en muy diversos escritos coloniales, también en los producidos desde que oficialmente se descartó el uso del término «indio», y se consideró a todos los americanos con igualdad de derechos ante los poderes gubernamentales, es decir, en los siglos XIX y XX.

Por lo general, los análisis de la imagen que sobre el indio se formó el europeo conquistador o colono se han realizado sobre textos escritos por los «intelectuales» de la nueva sociedad, pero debemos recordar que aunque entre los dirigentes de las expediciones de conquista había letrados sensibles, el grueso de los ejércitos que pasaron a América, y en consecuencia se constituyeron en los primeros colonos, estuvo formado por otro tipo de gente. Así, si Hernán Cortés, lo mismo que un Sahagún y un Bartolomé de las Casas pudieron valorar las civilizaciones mesoamericanas que conocieron, no sucedió lo mismo con la mayor parte de quienes estuvieron en estrecho contacto con los americanos.

---

[31] Aguirre Beltrán, 1981.

A fin de cuentas, la concepción filosófico-teológica tuvo poco que ver con la praxis de la conquista y posterior colonización de América. Lipschutz, citando textualmente a los cronistas de la primera mitad del siglo XVI Gonzálo Fernández de Oviedo, Pedro Mártir de Anglería y Fernando Colón, hace notar que la mayor parte de quienes pasaron a las Indias (diez por cada «hombre noble», según Oviedo) eran «descomedidos», «delincuentes», «sentenciados y desterrados», «vagabundos», «facinerosos».[32] Esta composición de quienes llegaron a las Indias no fue cosa del azar, sino estimulado por los mismos reyes católicos, como lo comprueban la «Provisión de los Reyes mandando suspender el conocimiento de los negocios y causas criminales contra los que van con Cristóbal Colón, hasta que vuelva» (del 30 de abril de 1492) y el «Indulto a todos los súbditos y naturales de estos Reinos, que hubiesen cometido cualquier delito, a excepción de los que se expresan, con tal de que vayan en persona a servir a la Isla Española [...] (del 22 de junio de 1497). Los únicos delitos que no causan indulto son los de «herejía y *Lesae Majestatis*, o *perduliones* o traición».

Las discusiones jurídico-teológicas fueron ajenas a los colonizadores, quienes llegaron a las tierras americanas con el prejuicio inicial en contra de los americanos, como lo demostraron en la práctica cotidiana y en sus escritos. Los inexplicables actos de crueldad durante la Conquista sólo se explican si entendemos que los soldados no consideraban a los indios como prójimos o humanos. Tomando nuevamente el ejemplo de los mayas, sabemos que los mismos españoles llegados a la península pocos años después de la Conquista relatan hechos salvajes por parte de sus paisanos. Fray Diego de Landa habla de acciones reprobables de sus compatriotas:

---

[32] Lipschutz, 1975, pp. 220–222.

Que los indios recibían pesadamente el yugo de la esclavitud, mas los españoles tenían bien repartidos los pueblos [...] (Y buenos castigos para quienes se rebelaban) Quemaron los pies a algunos principales de la provincia de Cupul y ahorcaron a otros. Hízose información contra los de Yobain, pueblo de los Cheles, y prendieron a la gente principal y, en cepos, la metieron en una casa a la que prendieron fuego abrasándola viva con la mayor inhumanidad del mundo [...][33]

Cuenta también de un gran árbol donde él vio cómo un capitán español ahorcó a varias mujeres y a sus hijos colgados de sus pies. Otro caso fue el de dos indias a quienes ahorcaron solamente por el delito de ser muy bonitas, para evitar que los soldados españoles se revolviesen con ellas. Y si los llevaban amarrados en cuerda y alguno caminaba más despacio que los demás, le cortaban la cabeza para que no detuviera el paso de la fila.[34]

Desde el inicio de la colonia de Nueva España los escritos de los soldados poco letrados expresan cómo conciben a los indios. Bernal Díaz del Castillo expone claramente el significado que los conquistadores dan a la palabra indio; cuando menciona a la Malinche dice: «para india, de mucho ser»; y refiriéndose a sus aliados totonacas comenta: «aunque son indios, vieron y entendieron que la justicia es santa y buena». En la *Relación de Xalapa*, escrita en 1580, el Alcalde Mayor dice textualmente «los indios de esta provincia y pueblo tienen muy poco entendimiento porque siguen la generalidad de *Las Indias* [...] no tienen más entendimiento que niños españoles de ocho años». Casi tres siglos y medio después, paradójicamente en una defensa respecto a la capacidad de razonamiento de los indios, volvemos a encontrar la misma comparación con la capacidad de los menores de edad:

---

[33] Landa, 1973, pp. 26–27.
[34] *Ibid.*, p. 27.

[...] tanto los indios de entonces [se refiere a la época de la conquista española] como los de ahora, tenían el suficiente entendimiento para comprender la simplísima noción de que no era el palo o lienzo lo que veneraban y que se trataba de cosa muy diferente de sus idolatrías [...] vemos que tienen, cuando se les explica, la suficiente capacidad para distinguir entre la materia de que la Imagen está hecha y su representación. Cuando a nuestros niños de cinco o seis años de edad, explicamos esta noción, la entienden desde luego y con facilidad.[35]

Otros colonos españoles del siglo XVI muestran la existencia del prejuicio:

No son casas de piedra para indios porque enferman en ellas y mueren, y para su modo de vivir y naturaleza les son de más utilidad las de paja [...] Son los indios por la mayor parte de bajo entendimiento en las cosas de virtud; son prontos en la malicia e inclinados a la idolatría y a cosas de poco momento; tienen una cosa buena, que son bien partidos y de lo que tienen y comen dan y reparten con otros [...] en el género fémíneo se hallan entre ellos muchos excesos, sin mirar grados de consanguinidad ni afinidad.[36]

Junto con los escritos coloniales que usaban los españoles para justificar ante la Corona de España los privilegios que solicitaban, hemos heredado una visión deformada acerca de los indios. Obras contemporáneas de connotados historiadores, siguiendo tales fuentes, reproducen afirmaciones tales como que la población nativa era *frágil* para las labores agrícolas del trópico, omitiendo que durante la época prehispánica los pobladores de América, quienes después fueron llamados indios, producían en el trópico abundantes cantidades de alimentos que aliviaban las periódicas hambrunas del altipla-

---

[35] Cuevas, 1928, pp. 139–140.
[36] Regidor de la Ciudad de Mérida, *Relaciones... de Yucatán*, vol. I, pp. 71–72.

no. En la mayoría de las historias patrias, estatales o regionales, también influidas por los puntos de vista de los escritos coloniales, el indio aparece como si formara parte del telón de fondo en un escenario donde los españoles y sus descendientes genéticos, sociales o culturales transformaron el territorio; en algunos casos inclusive se les menciona solamente como parte de las calamidades (huracanes, invasiones de piratas, plagas) que los españoles debieron sufrir en su tarea civilizatoria sobre el continente americano.

Aunque en su origen la discriminación ideológica hacia los pueblos indios se desarrolló para justificar el colonialismo en América, los actuales pobladores de este continente no sólo la hemos heredado, también la hemos reproducido y actualizado, lo cual permite que, entre otros casos, autoridades locales puedan actuar, impunemente, en contra de las garantías individuales de estos conciudadanos.[37] El hecho de estar inserta en la ideología es la causa de que la discriminación sea persistente y, desde el punto de vista de quien la ejerce, justificada.

3. LA DISCRIMINACIÓN EXPLICADA COMO MITO

Por demás sugerente resulta buscar una vía de explicación alterna para comprender el porqué la imagen elaborada sobre el indio ha sido persistente durante cinco siglos. Esta otra manera de acercarse al problema es la que sugiere Roger Bartra en su libro *El salvaje en el espejo* (1992), en el que considera al mito del salvaje como espejo del hombre occidental. En el fondo, el «otro» es un mito creado

---

[37] Como ha sido denunciado con frecuencia por organismos no gubernamentales en casos de asesinatos por problemas de tierras y de deportaciones forzadas de mujeres indígenas en Ciudad Juárez y recientemente en Aguascalientes.

para autoidentificarse al «verse en el espejo», como dice Bartra, pero ello requiere la existencia conceptual del que «es diferente», ya sea por su cultura, por su religión o por su «distinta» apariencia física.

> [...] la cultura europea generó una idea del hombre salvaje mucho antes de la gran expansión colonial, idea moldeada en forma independiente del contacto con grupos humanos extraños de otros continentes [...] los hombres salvajes son una invención europea que obedece esencialmente a la naturaleza interna de la cultura occidental [...] el salvaje es un hombre europeo, y la noción de salvajismo fue aplicada a pueblos no europeos como una transposición de un mito perfectamente estructurado [...] La otredad es independiente del conocimiento de los otros.[38]

Esta interpretación encuentra sustento al recordar que desde el primer contacto con tierras americanas Colón vertió sobre los «indios» la imaginería popular europea, «encontrando» seres míticos;[39] cómo un intelectual del prestigio de Sepúlveda pudo alegar el derecho de España a someter a los «bárbaros, casi monos»; por qué se afirma que las casas de piedra no son para los indios, que las de paja se ajustan mejor a «su» naturaleza; el hecho de que los diccionarios europeos del siglo XVIII asentaran «salvaje» como sinónimo de indio; que el estereotipo que el Instituto Nacional Indigenista difundió durante décadas reclama a los indios permanecer aislados, «al margen del progreso», es decir, en el espacio «silvestre» que corresponde al salvaje.

Si tomamos el problema como derivado de una ideología colonial, o como la sobrevivencia de algunos elementos del mito europeo del salvaje, la enorme dificultad que nos presenta la definición del «otro» representado en el indio no se explica por las cualidades intrínsecas

---

[38] Bartra, 1992, pp. 8, 13 y 190.
[39] *Cfr*. Todorov, 1987.

de éste, más bien muestra la dificultad que la sociedad nacional tiene para autodefinirse. La identidad nacional no está «dada de una vez y para siempre»[40] y la constante búsqueda de la identidad del «otro» —nuestro espejo, parafraseando a Bartra—, su mismo enmascaramiento o silenciamiento, refleja nuestros propios problemas de autoidentificación. Mientras tanto, por omisión, con la reproducción del estereotipo o por el enmascaramiento, estamos contribuyendo a la reproducción del prejuicio.

---

[40] Del Val, 1991, p. 271.

BIBLIOGRAFÍA

AGUIRRE BELTRÁN, Gonzalo: *Regiones de refugio. El desarrollo de la comunidad y el proceso dominical en Mestizo América,* México, Instituto Indigenista Americano, 1967.

— *Formas de gobierno indígena,* Colección Clásicos de la Antropología, núm. 10, México, Instituto Nacional Indigenista, 1981.

ALCIDES REISSNER, Raúl: *El indio en los diccionarios. Exégesis léxica de un estereotipo,* Serie de Antropología Social, núm. 67, México, Instituto Nacional Indigenista, 1983.

BARTH, Fredrick: «Introduction», en *Ethnic Groups and Boundaries. The Social Organization of Culture Difference,* Boston, Little Brown & Co., 1969.

BARTRA, Roger: *El salvaje en el espejo,* México, Coordinación de Difusión Cultural, Universidad Nacional Autónoma de México y Ediciones ERA, 1992.

—«*Los Hijos de la Malinche*», *La Jornada Semanal,* Nueva Época, núm. 198, 28 de marzo de 1993, pp. 16–18.

BONFIL BATALLA, Guillermo: *México profundo. Una civilización negada*, México, CIESAS/SEP, 1987.

BOURDIEU, Pierre: «L'Identité et la Représentation. Éléments pour une Réflexion Critique sur l'Idée de Région», *Actes de la Recherche en Sciences Sociales*, núm. 35, noviembre, París, 1980, pp. 63–72.

CONSEJO NACIONAL DE FOMENTO EDUCATIVO, CÁMARA NACIONAL DE LA INDUSTRIA EDITORIAL Y EDI-

TORIAL PORRÚA: *Ciencias sociales. Primer grado. México y el mundo contemporáneo,* texto para estudiantes de la educación secundaria abierta, México, 23ª edición (1ª edición: 1975), 1989.

CUEVAS, Mariano, S. J.: *Historia de la Iglesia en México,* tomo I, tercera edición, El Paso, Texas, Editorial Revista Católica, 1928.

DEL VAL, José:«Los caminos de la reformulación de la identidad nacional», en varios: *Etnia y modernidad. Etnias de Oriente y Occidente. Coincidencias*, México, Gobierno del Estado de Nayarit, Instituto Nacional Indigenista, Consejo Nacional para la Cultura y las Artes, México, 1991, pp. 270–274.

DICCIONARIO Enciclopédico Salvat, Barcelona, Salvat editores, 1971.

ENCICLOPEDIA de México, segunda edición, México, Secretaría de Educación Pública, 1987–1988.

FLORES BUENROSTRO, Yolanda: «Las características de Chole entusiasmaron a Angélica Aragón», en *TV y Novelas*, año XIV, núm. 12, *s/f* pp. 22–23.

GARCÍA–PELAYO, Manuel: «Juan Ginés de Sepúlveda y los problemas jurídicos de la Conquista de América», Introducción a Juan Ginés de Sepúlveda, *Tratado sobre las justas causas de la guerra contra los indios,* México, Fondo de Cultura Económica, primera reimpresión, 1979

GOODMAN, Mary E.: *Race Awareness in Young Children*, Nueva York, Collier Books, 1968.

LANDA, fray Diego de: *Relación de las cosas de Yucatán*, México, Editorial Porrúa, 1973.

LIPSCHUTZ, Alejandro: *El problema racial en la Conquista de América,* México, Siglo XXI Editores, tercera edición, corregida y aumentada, 1975.

MILLER, Neal E. y John Dollard: *Social Learning and Imitation,* New Haven, Yale University Press, 1941.

O'GORMAN, Edmundo: *Cuatro historiadores de Indias,* México, Siglo XVI Editores, Alianza Editorial Mexicana–CONACULTA, 1989.

OLAVARRÍA, Eugenia: «Símbolos de identidad entre los yaquis», en *Alteridades. Anuario de Antropología, 1990,* México, Departamento de Antropología, Universidad Autónoma Metropolitana-Iztapalapa, 1991, pp. 157–174.

ORLANDI, Eni Puccinelli: *As Formas do Silêncio: no Movimento dos Sentidos,* São Paulo, Brasil, Coleção Repertórios, Editora da Unicamp, Campinas, 1992.

ROS ROMERO, María del Consuelo: *La imagen del indio en el discurso del Instituto Nacional Indigenista*, Cuadernos de la Casa Chata, Centro de Investigaciones y Estudios Superiores en Antropología Social, México,1992.

SECRETARÍA DE EDUCACIÓN PÚBLICA: *Ciencias sociales. Cuarto grado,* décima edición, Secretaría de Educación Pública (séptima edición: 1979), México,1983.

SEPÚLVEDA, Juan Ginés de: *Tratado sobre las justas causas de la guerra contra los indios*, México, primera reimpresión, Fondo de Cultura Económica, 1979.

TODOROV, Tzvetan: *La Conquista de América. La cuestión del otro,* México, Siglo XXI Editores, 1987.

VILLORO, Luis: *Los grandes momentos del indigenismo en México,* Ediciones de la Casa Chata núm. 9, México, Centro de Investigaciones Superiores del INAH, 1979.

— *El concepto de ideología y otros ensayos,* México, Fondo de Cultura Económica, 1985.

EL INDIO COMO IMAGEN TELEVISIVA: LA CREACIÓN DE NUEVOS MITOS E IDENTIDADES EN LA SOCIEDAD CONTEMPORÁNEA

María Ana Portal

Mucho hemos oído hablar de las grandes transformaciones que se están sucediendo en este fin de siglo y de sus posibles consecuencias en las esferas de lo político, lo social y lo económico.

Un cambio de época —nos dice Villoro— «es, ante todo, una transformación en la manera en que los hombres ven el mundo y se sitúan en él».[1]

Esta afirmación, pensada en el terreno de lo cultural, implica entonces un replanteamiento profundo de la Identidad,[2] o más precisamente de las diversas identidades que entran en juego en una sociedad. ¿Podemos hablar en las condiciones actuales de globalización y de internacionalización de los procesos culturales de una identidad nacional? ¿Qué nuevos parámetros están reproduciendo las identidades colectivas? ¿Cómo se reproduce la imagen colectiva del «ser mexicano» y de qué manera se adecua a las necesidades del México moderno?

El presente trabajo busca reflexionar en torno a este problema en un ámbito específico: la construcción ideológica de los mensajes

---

[1] Villoro, 1993, p. 43.
[2] El concepto de identidad lo entiendo como «un proceso de identificaciones históricamente apropiadas que le confieren sentido a un grupo social y le dan estructura significativa para asumirse como unidad. [...] es un conjunto de evidencias referidas a sí mismo (un individuo, un grupo, una clase, un pueblo, una nación)» (Aguado/Portal, 1992, pp. 47–48).

televisivos y la importancia que tiene en la recreación de una identidad nacional. Particularmente en torno a la figura del «indio».

Reconocer que la identidad de una nación es un proceso continuo de construcciones y reconstrucciones, en donde la clase hegemónica —como dueña de los medios de producción y reproducción económica y cultural— desempeña un papel central de negociación y de incorporación de una amplia gama de imágenes que logran interpelar al conjunto de la sociedad, representa nuestro punto de partida.

Históricamente sabemos que la impronta central de la identidad nacional en México estuvo ligada de manera directa a la incorporación simbólica de la figura del indio al discurso hegemónico.

Esta figura —que aunque aparentemente ha sido siempre la misma— se ha ido transformando a lo largo del tiempo para adecuarse a las condiciones sociales a las que tiene que responder.

El indio como una imagen mítica e ideológica se comenzó a construir desde que los españoles entraron en contacto con esos seres «extraños y exóticos», no previstos por Europa, que les modificaron todo su ordenamiento previo sobre el mundo.

En este complejo proceso de reordenamiento de la cosmovisión europea se pueden sintetizar dos corrientes básicas del pensamiento español: la primera, que consideraba que los habitantes del nuevo mundo eran seres inferiores, demoniacos y primitivos que debían ser sujetados a la fuerza y llevados por el camino de Dios. La segunda los veía como seres libres, cuya capacidad —igual a la de cualquier hombre— sólo requería ser educada y por lo tanto la relación con ellos debía establecerse en términos de expansión de la fe y no en términos de sujeción violenta y mucho menos de esclavismo.

Lo interesante de este proceso es que por un lado, estas dos corrientes de pensamiento han permanecido de una u otra manera como el marco de la reflexión desde lo nacional, en torno a la situación indígena. Por otro lado, y a diferencia de otros pueblos con-

quistadores como los británicos —guiados por una visión pragmáti-
ca que los llevó al exterminio— los españoles iniciaron a una reflexión filosófica profunda en torno al hombre y su naturaleza a
través de intentar definir al indio y de darle un lugar en la historia
universal. Este proceso por sí mismo abrió la posibilidad de una
incorporación de lo indígena más allá de las discusiones circuns-
tanciales o pragmáticas de los discursos políticos o económicos de
los siglos XVI y XVII.

A través de este proceso de reflexión y polémica se logró construir un nuevo discurso cuyo tono llevó a la revalorización secu-
larizada de un antiguo mito: el del paraíso terrenal perdido (por el pecado) en los tiempos que precedieron a la historia.

Esta figura ideológica del indio poco o nada tenía que ver con la
realidad socioeconómica del indio vivo, miserable y oprimido. De
esta manera se gestó un proceso de descontextualización y recontextualización de una realidad histórica. Es decir, se tomaron aquellos elementos de la historia indígena susceptibles de convertirse en
elementos de identificación del grupo hegemónico —los criollos—
y se recontextualizaron en un discurso de poder, en el cual se pudie-
sen «mirar» y por ende identificarse, los demás grupos sociales que
se buscaba incorporar a un nuevo proyecto político y económico
frente a España.

El año de 1737, cuando la Virgen de Guadalupe es jurada solem-
nemente como la «patrona principal» de México, constituyéndose
en lo que para muchos representó el primer símbolo nacional, representa, en mi opinión, la consolidación más clara de todo ese proceso
—que duró varios siglos—, ya que para ese momento la imagen del
indio obtuvo un sentido práctico: el gran logro de delimitar a través
de una figura religiosa la distinción de los criollos frente a los
«gachupines».

177

Esta distinción, dado que no podía ser racial,[3] se dio en el orden de lo cultural mediante la incorporación del indio como parte sustancial de esa diferencia.

Un ejemplo claro de lo anterior lo constituye la reivindicación del pasado a través de nuevos mitos: Quetzalcóatl y Santo Tomás; el indio muerto incorporado al reino de Dios para ser reivindicado y transformado en un elemento identitario digno de recreación.

En el México independiente el proceso se hizo cada vez más complejo en la medida en que la polaridad entre el indio vivo, y la construcción simbólica del grandioso «indio muerto», creció hasta convertirse en insostenible. La realidad social del indio, sus luchas ancestrales, la política de población seguida durante el régimen de Díaz, nada tenían que ver —aparentemente— con la necesidad de construir el origen común de una nación cuya diversidad social y étnica ponía en duda la posibilidad de cualquier tipo de unidad.

Junto con el importante papel que desempeñó la prensa[4] aparecieron espacios físicos en donde se recreó esta imagen grandiosa del indio del pasado como un ejercicio de incorporación «visual» del mismo: los museos.

Considero muy significativa la presencia e importancia que adquirieron los museos a partir de 1825. Espacios de recreación de esa incipiente historia que se comenzaba a esbozar y a sistematizar, en donde se «limpió» y descontextualizó el pasado indígena a través de los objetos materiales resignificados.

Se colocaron sus penachos y vasijas en vitrinas, se descontextualizaron los usos y los significados de sus prácticas y tradiciones, se les asignaron nuevos contenidos, se equipararon a las grandes culturas de la antigüedad —Grecia, Roma, Egipto— y se repitió de mil maneras distintas que éste era el origen del México que nacía

---

[3] Ya que peninsulares y criollos eran blancos.
[4] Véase el capítulo de este libro sobre «La prensa de la capital y su visón del indio (México 1867 a 1880)» de Antonio Santoyo.

de entre las cenizas de las continuas guerras que duraron hasta entrado el siglo XX.

Asimismo, los museos se constituyeron en los núcleos de la reflexión teórica y filosófica de intelectuales y pensadores del momento, mismos que tenían una importante incidencia en la construcción «científica» del saber y, por ende —directa o indirectamente—, en algunos niveles de la práctica política.

Estos intelectuales —que al igual que los pensadores del siglo XVI iban dando tumbos de un lado a otro de la balanza, entre blanquear al indio y desaparecerlo, o rescatarlo y fijarlo en el tiempo como reliquia histórica— lograron conformar cierta conciencia colectiva de lo que era «ser mexicano» hasta llegar a las concepciones de «la raza de bronce», utopía en torno al «hombre nuevo», a la esperanza de la humanidad a partir de la incorporación de los elementos más «positivos» de la cultura indígena.

Así, en esta construcción del mito[5] de origen de la nación mexicana, la civilización prehispánica idealizada se asumió como parte central de «nuestras raíces», frente a un español —ahora tan satanizado como lo fue el indio en el siglo XVI — al que, paradójicamente parecía que se tenía que borrar.[6] Y es a partir de este proceso que vamos construyendo una imagen del mundo que nos rodea y una imagen de nosotros mismos.

---

[5] El mito aparece aquí, no como tradicionalmente lo ha definido la antropología al mirar al «otro» —entre los estudiosos del mito, parece haber cierto consenso en torno a la definición que da Mircea Eliade, que lo define como una narración que habla de los orígenes, del tiempo primordial—, sino como «una forma de dar sentido a un mundo que no lo tiene. [...] Son la autointerpretación de nuestra identidad en relación con el mundo exterior. Son el relato que unifica nuestra sociedad». (May Rollo, 1992, pp. 17, 22.)

[6] Las ciencias sociales han abordado con mucho detenimiento y desde perspectivas diversas el proceso de construcción de lo que ahora conocemos como «nación mexicana». Textos como los de David Brading o Lafaye se han convertido en clásicos para el análisis de los procesos tanto históricos como ideológicos en la conformación de la identidad criolla, vista como punto de partida para lo que ahora llamamos identidad nacional.

Esta imagen se recrea de tal manera que nos sirve también de referencia frente al mundo. Es decir, no basta con que nosotros conformemos colectiva e históricamente una identidad nacional si ésta no sirve de contraste y de identificación frente a otros.

Así, gran parte del esfuerzo post-revolucionario de 1910 se abocó a la tarea de consolidar la imagen interior y proyectarla hacia afuera con éxito. Antonin Artaud escribió en la década de los treinta:

> Habéis de saber, quizá, que en este momento existe en Europa una inmensa fantasmagoría, una especie de alucinación colectiva con respecto a la Revolución de México. Poco falta para que se vea a los actuales mexicanos, revestidos con los trajes de sus ancestros, haciendo realmente sacrificios al sol sobre las escaleras de la pirámide de Tenochtitlán. Os aseguro que apenas bromeo. En todo caso se ha oído hablar de grandes reconstrucciones teatrales en esta misma pirámide y se ha creído de buena fe que había en México un movimiento antieuropeo bien definido y que el México actual quería fundar su Revolución sobre la base de un retorno a la tradición precortesiana. Esta fantasía circula en los medios intelectuales más avanzados de París. En una palabra, se cree que la Revolución en México es una revolución del alma indígena, una revolución para conquistar el alma indígena tal como existía antes de Cortés.[7]

Sin embargo, si la identidad es un proceso en continua reproducción, es necesario analizar de qué manera se está reconstruyendo la imagen del indio en el contexto actual. Frente a un mundo cada vez más comunicado, con fronteras económicas y políticas cada vez más abiertas a procesos globalizantes y homogeneizadores, ¿cómo se reformulan los mensajes ideológicos[8] en torno a la identidad nacional? ¿Cómo construimos nuestros mitos modernos?

---

[7] Artaud, 1991, p. 63.
[8] Aquí es importante señalar que por ideología no entiendo «falsa conciencia». Por ideología entiendo la parcialidad desde donde se ordenan los mensajes culturales en una sociedad. En este caso específico, el tipo de mensaje al que me voy a referir es un mensaje producido por los grupos hegemónicos nacionales. Este concepto de ideología lo desarrollé ampliamente junto con José Carlos Aguado en el texto: «Ideología, identidad y ritual» publicado por UAM-I, México, 1990.

LOS MEDIOS TELEVISIVOS
Y LA IMAGEN DEL INDIO

Considero que una de las características de la sociedad moderna, por lo menos en los últimos 20 años, está dada por la masificación en todos los campos de la vida social, y particularmente por la creciente capacidad informativa con que contamos.

Se sabe que a través de los medios de comunicación modernos —particularmente la televisión— no sólo se conocen los acontecimientos más relevantes que están sucediendo en regiones remotas del globo terráqueo, sino que se estructuran verdaderas redes ideológicas que guían y organizan nuestros saberes y nuestras formas de comprender el mundo.

> [...] el anárquico crecimiento urbano va junto con la expansión de los medios electrónicos. La industrialización y la migraciones que llevaron a la ciudad [de México] en los últimos cincuenta años de un millón y medio a quince millones de habitantes son parte de la misma política de modernización que centra el desarrollo cultural en la expansión de los medios masivos. El desequilibrio generado por la urbanización irracional y especulativa es «compensado» por la eficacia comunicacional de las redes tecnológicas. La expansión territorial y la masificación de la ciudad, que redujeron las interacciones barriales, ocurrieron junto con la reinvención de lazos sociales en la radio y en la televisión. Son estos medios los que ahora, desde su lógica vertical y anónima, diagraman los nuevos vínculos invisibles de la urbe.[9]

Los medios masivos de información han conducido al mismo tiempo al desdibujamiento de las fronteras culturales a través de la homoge-

---

[9] García Canclini, 1993, p. 9.

181

neización de los mensajes; pero también han gestado nuevas formas de comprensión y de interrelación social, profundizando la diferencia en la medida en que, al estar al alcance de un número cada vez mayor de personas, pertenecientes a ámbitos culturales diferentes, los mensajes se reprocesan en relación al contexto y a la experiencia de vida de cada grupo.

En México, este proceso está marcado por la propiedad privada de los medios de comunicación y de una raquítica participación estatal, disminuida aún más por las condiciones del TLC, quedando en manos de el poderoso consorcio de Televisa la creación y recreación de imágenes y mensajes ideológicos fundamentales, tanto por su contenido como por su capacidad de difusión.[10]

> Nuestra imagen forma parte de la vida de México y por ello nos esforzamos en difundir programación que colabore a la superación personal de nuestro auditorio, que fomente la integración familiar y la unidad nacional.[11]

Una de las críticas más importantes que se han hecho a la programación de Televisa es el fomento a procesos de desnacionalización de sus mensajes por el volumen de programas norteamericanos que transmite, pero además por las concepciones «norteamericanizantes» detrás de los mensajes.

Sin embargo, y sin negar lo anterior, llama la atención que entre la programación ofrecida por Televisa podemos encontrar una suerte de «división del tipo de mensajes» emitidos: los canales 4 y 5 transmiten fundamentalmente series y películas norteamericanas,

---

[10] Actualmente, tras la venta del canal 13, el último reducto estatal lo representa el canal 11, que se define como un «canal cultural» lleno de documentales, películas de arte, conciertos de música clásica, opera, etc., para lo que se podría pensar como un auditorio «culto».

[11] Folleto promocional de Televisa, 1981.

se dirigen a un público «clase media» juvenil o infantil, en donde el manejos de lenguaje se adecua a las formas de hablar o códigos de estos grupos;[12] y finalmente el canal 2 dirigido a las clases medias y a grupos «populares» con una programación centrada en telenovelas, noticieros, películas mexicanas y programas «cómicos» y musicales de producción nacional. Y cuando planteo que el canal 2 está orientado a grupos populares me refiero no sólo al tipo de mensajes contenidos en la programación sino también porque es el canal que se enlaza a nivel nacional e internacional con un extenso auditorio que suma millones de telespectadores.

De allí que sea el canal televisivo más interesante para el análisis del discurso identitario nacionalista que se recrea en estos tiempos.

Entre viejas películas del cine nacional, telenovelas de todo tipo y raudales de anuncios, encontramos múltiples imágenes que evocan al indio: el indio tonto, ignorante, motivo de risas; el indio digno, ingenuo, «blanqueado» por el acercamiento a la urbe, etcétera.

Pero dentro de todos estos mensajes entretejidos en las tramas de los melodramas o de las comedias encontramos dos tipos de mensajes —tal vez complementarios— que sintetizan en muchos sentidos la concepción contemporánea del indio frente a la nación: los *spots* de identificación del canal 2, el canal «de las estrellas», en donde explícitamente el discurso hace alusión a la identidad, a la tradición, y al mundo indígena como origen de lo actual; y los anuncios del Programa de Solidaridad.

Todavía el discurso político asocia preferentemente la unidad y la continuidad de la nación con el patrimonio tradicional, con espacios y bienes antiguos que servirán para cohesionar a la población.[13]

---

[12] Basta recordar los cortes de identificación del canal cinco, donde con imágenes cómicas te dicen: «Canal 5 te mueve el tapete»; «Canal 5, tu otro yo», «Canal 5 ideas limpias» etcétera, o la del canal 4 donde «siempre pasa algo bueno».
[13] García Canclini, 1989, p. 184.

Estos cortes «comerciales»[14] llaman la atención tanto por su contenido como por la estructura discursiva en el lenguaje visual que presentan; sin embargo, por sus presupuestos políticos e ideológicos es necesario diferenciarlos. Analicemos primero los *spots* de identificación del canal 2, mismos que podemos pensar como una síntesis de la visión de la iniciativa privada en torno a la identidad nacional.

Estos son mensajes que no duran más de 5 segundos al aire y se presentan como parte de los anuncios comerciales, en intervalos variables de tiempo, que van desde cada media hora hasta cada hora y media, durante toda la programación del canal 2, aunque va disminuyendo la frecuencia según se avanza en la programación nocturna.

En ellos se nos presenta una suerte de «miscelánea» de imágenes significativas en donde el eje pareciera estar dado por la necesidad de mostrarnos un *collage* de tradiciones que buscan «vendernos» la idea de que tenemos un pasado del cual estar orgullosos y a partir del cual se teje un origen común de «todos los mexicanos».

Desde luego, el indio se inserta de manera implícita o explícita como parte de esta tradición y de nuestras raíces, aunque no necesariamente sea el motivo principal del discurso.

Con imágenes llamativas, música de fondo y la voz agradable de un locutor invisible, nos hablan en un mismo tono de los alebrijes, de las «tejedoras de sueños», del árbol del Tule o de Tepoztlán. De la confección del pan y del mole, de las trajineras de Xochimilco, de la cerámica de Talavera, de la Guelaguetza, de Monte Albán, Tulum o Chichen Itzá; de la tradición gastronómica yucateca o del valor ecológico ancestral de nuestras playas.

En un marco de impecables escenarios naturales, con una misma modelo siempre, de rasgos achinados, de «exótica belleza», que

---

[14] Y digo comerciales no por que vendan algo, sino porque presentan la historia, la tradición y al indio como productos vendibles; como parte de la mercadotecnia en donde «nos venden» un origen y nos reconstruyen la tradición.

aparenta ser india, vistiendo ricos atuendos cargados de exuberantes joyas, remedando a una tepehuana, una juchiteca, una azteca, o una mestiza yucateca, según sea el caso. Personajes todos ellos exageradamente estilizados de manera hollywoodesca, que dejan pocos rasgos del «modelo» original, sin importar mucho que tengan o no relación con la vestimenta que realmente utilizan o utilizaron cualquiera de los grupos a los que hacen referencia. Así, mientras se dé una imagen de primitivo, de exótico o de mestizo —enmarcado siempre por una música de fondo con instrumentos de viento y tambor que nos transporta a un escenario prehispánico—, el sustrato real poco importa. Lo que importa es crear una imagen magna y altiva, que rescate el pasado imaginario y lo maquille con los colores actuales que se desean presentar ante el mundo, reinventando igual una etnia, que una vasija o que un árbol:

> Monte Albán; las alturas de nuestra tradición prehispánica. Acercarse al cielo y a sus dioses fue el propósito de los arquitectos prehispánicos. Sus creaciones artísticas representan para nosotros lo que para ellos significó la naturaleza: un misterio. La cultura mixteco–zapoteca: una estrella más del canal de las estrellas.
> [...] Imagen de nuestra tradición. En tu tronco se dibujaron misterios insondeables. Eres sabio viejo. Tu memoria de corteza registra toda nuestra historia, lástima que no hables tule, porque no entiendo tu lenguaje. Cobíjanos pues con tu sombra silenciosa. El tule, rey de los ahuehuetes: una estrella más del canal de las estrellas.[15]

Como un ejercicio de descontextualización y recontextualización se despliegan las imágenes, los sonidos, las voces, la música, los colores. Tomas breves desfilan en la pantalla, una y otra vez apareciendo y desapareciendo chinelos, danzantes de la Guelaguetza, monjes,

---

[15] Textos grabados en el momento de la transmisión televisiva.

caballos con jinetes medievales, pirámides prehispánicas, etc. Armando un rompecabezas de piezas sueltas que van y vienen entre el pasado y el presente, entre tradición y modernidad.

> [...] El cerro del Tepozteco y el convento de Tepoztlán. Son dos fases de una misma realidad. La de nuestra historia siempre cambiante y siempre la misma. En este lugar el pasado se respira, se siente, se ve, nos acompaña. Tepoztlán, enigma hecho ciudad en el que el ayer y el ahora caminan de la mano. Tepoztlán, historia mística en los brazos de la naturaleza: una estrella más del canal de las estrellas.[16]

A diferencia de la imagen descontextualizada del museo, reinsertada en una escenografía para el consumo de turistas o de las élites nacionales, en donde finalmente se busca dar una explicación con un sustento «científico» de la realidad histórica nacional, la televisión es para todos y es para divertir. Está al alcance de nuestra mano y en el interior de nuestros hogares. No necesitamos hacer ningún esfuerzo especial; es parte de nuestra cotidianidad.

De allí, la eficacia del mensaje, la profundidad de su inserción en nuestras conciencias.

A través de ella se construye un «deber ser» mediante el reconocimiento de lo que fue el indio. Se construye de manera dinámica, constante, y teñida de un tono nostálgico en donde se desarrolla visual y auditivamente un concepto de lo que es «la tradición», la costumbre y la historia.

> Xochimilco, la nostalgia de nuestra tradición.
> Xochimilco, en tus trajineras viaja el tiempo;
> recuerdas tantas cosas, eres igual desde que te conozco.
> Xochimilco: una estrella más del canal de las estrellas.[17]

---

[16] Textos grabados en el momento de la transmisión televisiva.
[17] Textos grabados en el momento de la transmisión televisiva.

Una historia en donde junto a lo indio también aparece lo blanco y lo mestizo, como un caleidoscopio cuyos pedazos se ordenan según el movimiento y la capacidad visual del observador.

> [...] delicada huella de una tradición. La cerámica de talavera ocupó un lugar especial entre las artes aplicadas de México. Su proceso de fabricación ha variado muy poco desde la época virreinal. Los objetos de talavera están hechos no sólo para servir, sino para ser admirados. Para procurarnos placer al verlos y tocarlos. Hacer de lo útil algo bello. Tradición del buen gusto. La talavera de Puebla, ejemplo de refinamiento: una estrella más del canal de las estrellas.[18]

El mito[19] se va estructurando en la medida en que se convierte en un «cuento» que explica por qué somos como somos, y de dónde proviene esta forma de ser sin importar el sustrato «objetivo» de esa historia: venimos del indio y del blanco, somos pasado y presente.

La imagen televisiva nos «inventa» un pasado y nos lo presenta como un producto comercial, más parecido a un promocional de turismo que a una historia real. No porque no haya existido ese pasado sino porque lo ordena desde un lugar particular: Televisa como representante de una posición hegemónica en el país; y desde el interés particular de crear la imagen mexicana de modernidad.

Para entrar en este inevitable proceso de desarrollo, para insertarnos como «iguales» en un mercado trilateral no podemos continuar con la figura del indio emplumado y mucho menos del indio desnutrido y poco capaz de integrarse en procesos productivos eficientes y complejos.

---

[18] Texto grabado en el momento de la transmisión televisiva.

[19] A diferencia de los mitos «tradicionales» insertos en la oralidad de los grupos étnicos, el mito televisivo está sustentado técnicamente, no depende de la creatividad de un individuo y se repite siempre de igual manera.

Esta forma de presentar el mensaje tiene a mi parecer dos impli-
caciones fundamentales. En primer lugar encontramos que en efecto,
como señala el párrafo del folleto promocional de Televisa, la televisión desempeña un papel explícito como reproductor de referentes
identitarios correspondientes a un tipo de identidad (con miras a una
unidad nacional). Estos referentes no sólo tienen una incidencia en
el plano nacional, sino que trascienden hacia el extranjero, en donde
la imagen recreada por vía satélite resulta ser la imagen que los
«otros» tienen de nosotros.

Es decir, la imagen televisiva se ha convertido en parte de nuestro propio espejo, dado que la identidad es eminentemente un proceso de contraste con los otros y con las identificaciones que éstos tienen de nosotros. Espejo que nos refleja, que nos dice quién somos y
cómo lo somos.

Desde luego, estos referentes identitarios no se construyen en
una sola vertiente, ni el indígena es el único referente. Aunque como
parte de la tradición y la costumbre, ocupa un lugar central.

En este sentido, los referentes identitarios pueden presentarse
como figuras contrapunteadas: el pasado/el presente; lo agrario/lo
urbano; lo tradicional/lo moderno; el indio/el blanco, etcétera.

Al igual que durante la década de los cuarenta, el mundo conformó una imagen del mexicano a través del «charro cantor» representado por grandes personajes del cine nacional como Pedro Infante,
Jorge Negrete, Pedro Armendariz, etc., la televisión está ocupando
un lugar similar desde hace algunos años mediante la comerciali-
zación de programas musicales, telenovelas y programas cómicos,
todos ellos transmitidos desde el canal 2, cuyos protagonistas se
asumen como «embajadores de la cultura mexicana en el mundo».[20]

---

[20] En 1991 tuve oportunidad de viajar a Quito, Ecuador, y una de mis grandes
sorpresas fue cuando, conversando con una indígena de Otabala, y al decirle que
venía yo de México, me preguntó asombrada que por qué no hablaba como Verónica
Castro.

La segunda implicación que podemos encontrar va en relación a la concepción más profunda del «qué somos» a partir del origen.

El hecho de que la imagen del ser mexicano se constituya en un «producto» de consumo masivo marca toda una nueva forma de concebirnos, ya que al igual que nos venden detergentes, refrescos o aparatos electrodómésticos, también nos venden una «identidad».

Buscan convencernos de lo que somos —con toda la parafernalia de la mercadotecnia— y construyen de manera fragmentada «mitos de origen»; puntos de partida comunes que toda la nación verá y escuchará desde sus parcialidades regionales, étnicas, de clase, de generación, y que por supuesto asimilarán de diferentes maneras, pero siempre gestando un código común: la certeza de que «somos mexicanos».

Como parte de ello aparece el indio blanqueado, descontextualizado, engrandecido en su imagen pasada, maquillado, cargado de joyas y seda y enmarcado en exhuberantes escenografías, que proyectan una imagen acorde al TLC y a las políticas de modernización de este régimen que son vistas en todo el planeta. Y esto, querámoslo o no, nos da un identidad frente al mundo, nos ubica frente a «los otros».

La construcción del indio como un símbolo continúa siendo —de manera similar a lo que sucedió en siglos pasados— una idea cada vez más lejana de la realidad que vive cotidianamente el indígena.

Esta realidad sólo aparece ocasionalmente en los noticieros —generados también por la iniciativa privada— cuando los grupos étnicos se encuentran en medio de algún siniestro natural o cuando se escapa alguna denuncia en torno a la violación de sus derechos humanos. Situación absolutamente coherente con la posición del Estado frente a ellos, según la cual durante décadas ha fingido que no existen.

El V Centenario abrió nuevamente la vieja herida, y coyunturalmente han reaparecido problemas y personajes que se pudrían en el olvido.

Paralelamente a estos *spots* del canal 2, el Estado también manifiesta su postura; un ejemplo de ello lo representan los «comerciales» que anuncian el Programa de Solidaridad.

Éstos, presentes en todos los canales y durante todas la programaciones, parecieran un complemento ideológico de la postura de la IP, aunque encontramos significativas diferencias.

En primer lugar, el mensaje no busca «vender» nada, sólo informa —de manera proselitista— sobre los logros obtenidos por el Proyecto de Solidaridad. En este sentido, tiene una carga ideológica más clara que la que presenta Televisa en su mensaje «neutral» y «anónimo».

Dichos mensajes gubernamentales se estructuran a partir de personajes «reales» o lo que podríamos llamar «los indios en Solidaridad». Éstos no son actores, sino «gente común y corriente», gente del pueblo que se desenvuelve en escenarios cotidianos; pueblos «típicos» del espacio rural mexicano, de casas blanqueadas y techos rojizos de dos aguas, en donde se recrea una experiencia tan familiar que se vuelve casi imperceptible. Desde luego, en un marco de armonía y felicidad poco reales.

Las formas de hablar, de vestir y hasta de andar son las formas en que realmente se mueve, habla y viste la gran mayoría de la población rural mexicana. Aun las pocas veces que se muestran vestimentas indígenas tradicionales éstas, en efecto, parecen indígenas.

Para convencer aún más de que los portadores del mensaje son los beneficiarios del Programa y del «respeto» que tiene el gobierno por estos grupos, se recurre a diversas estrategias ideológicas. Por ejemplo, uno de estos mensajes se presenta grabado en lengua purépecha, con subtítulos en español. Así, pareciera que el interlocutor principal son los propios indígenas y los interlocutores secundarios somos lo hispanohablantes. Por ejemplo, se muestra un diálogo entre un viejo artesano de muebles en Michoacán y sus jóvenes aprendices, hablando en lengua indígena, en donde frente a las bondades de la maquinaria moderna —obtenida gracias a Solidaridad— y al aumento que ello significa en el volumen de producción, se antepone el amor a la tradición del oficio.

En estos mensajes, al igual que los descritos anteriormente, también se establece un diálogo entre pasado y presente, entre lo tradicional y lo moderno, pero ahora relacionados con el trabajo y con las formas de producción, más que con un idílico y poético pasado.

El diálogo entre los personajes —el padre y el hijo, los compadres que se rencuentran, etc.— es un elemento central, en el cual se estructuran por lo menos dos niveles discursivos: uno que hace referencia al plano afectivo y otro que se vincula al plano económico, pero ambos casos desembocan en una misma idea: el trabajo colectivo y el apoyo del programa en cuestión han permitido que se pase de la pobreza a la prosperidad de la empresa capitalista, y con ello a la felicidad, la estabilidad familiar, al afecto a los hijos, a las buenas relaciones de pareja, etc.

De allí que todas las escenas transcurren en un ambiente mistificado por una armonía social tan alejada de la realidad de nuestras etnias como las imágenes teatralizadas de Televisa.

Sin embargo, llama la atención que lo que aquí se vende es tal vez un «producto identitario» mucho más interesante y complejo: la transformación de las formas de producción, la inserción al mercado nacional —de los indios y campesinos— que viene en paquete con una mejor condición económica y afectiva en las relaciones familiares y sociales.

Por ejemplo, en un escenario de bosque aparece un conjunto de hombres con modernos trajes blancos —similares a los de un astronauta—, guantes y sombreros protectores, trabajando con numerosos apiarios. Se acerca uno joven con clara apariencia indígena y comienza el siguiente diálogo con uno de los trabajadores:

-¿Cómo le hicieron? Antes aquí no había ninguna abeja.
- Trabajando en equipo.
- ¿Ustedes solitos?
- No, es que los de Solidaridad nos prestaron la pala y nos dijeron cómo hacer equipo y poner el criadero de abeja reina.
- ¿En serio?
- ¡En serio!
- ¡Ah, qué bueno, invítame pues a tu equipo, no seas malo!
- ¿De veras?
- De veras.
- Pues órale, ponte la camiseta (risas).
Y la voz del locutor afirma: con Solidaridad no sólo los chamulas sino todos los mexicanos emprendemos hacia el progreso. Desde que se inició el programa de Empresas en Solidaridad se ha apoyado a más de 4 000 empresas en todo México. Solidaridad, unidos para progresar.[21]

De esta manera, el mensaje que se estructura en estos discursos también conforma una nueva forma de comprender la identidad.

Ser indio o campesino moderno (desde la perspectiva del mensaje estatal) implica replantear, sin perder, las prácticas culturales tradicionales e insertarlas al proyecto económico vigente. Pero también implica ser hombres y mujeres diferentes, con roles sociales distintos.

---

[21] Texto grabado en el momento de la transmisión televisiva.

A diferencia del mensaje de Televisa, en donde el indio es una figura «estática», estética y ficticia, aquí se nos presenta «un indio vivo», sin especificidades históricas y culturales visibles; un indio «tipo», nuevamente blanqueado. Un indio cuya tradición puede convertirse —por supuesto, gracias a los programas gubernamentales— en una nueva vía de la modernización.

Las costumbres y las expresiones culturales de las etnias en México ya no son sólo reliquias del pasado, sino elementos útiles para el proyecto productivo modernizador salinista.

El eje del discurso está dado por el concepto de «comunidad» o de colectividad. «Unidos para progresar», para el caso indígena resulta un rescate de esta ancestral tradición comunitaria que se pondera como una alternativa para salir de la marginalidad; es el «valor» que aquí se resalta como uno de los aspectos básicos en la definición de lo indio.

A diferencia del discurso de Televisa, el indio mexicano aparece con voz propia (la voz externa del locutor sólo reafirma el mensaje), una voz de indio «superado». Es decir, una voz que lo muestra como un personaje incluido en la vida nacional, emprendedor, casi empresario, cuya cultura ya no es un lastre para el desarrollo sino un pintoresco marco de crecimiento.

Modernidad y tradición no se presentan como antagónicas ni mucho menos como contrapuestas. La nostalgia del pasado se borra dejando paso a un «futuro prometedor».

El indito sombrerudo y guarachudo, ignorante y torpe que por tanto tiempo se recreó en los medios de comunicación tanto nacionales como internacionales, se desvanece poco a poco como imagen del mexicano.

Sin embargo, estos mensajes tanto en su contenido como en su forma nos permiten reflexionar sobre aspectos políticos y sociales de mayor envergadura que posiblemente sean indicadores significativos del marcaje de una nueva época.

193

Históricamente el Estado mexicano había desempeñado el papel rector en la recreación de la identidad nacional. Basta recordar los mandatos de Cárdenas o de Luis Echeverría, que buscaron retomar y reivindicar la identidad a partir de la idea de «lo popular» mexicano y, por supuesto, dentro de ello, de la tradición indígena.

Sin embargo, a partir de la década de los setenta, se pudo observar que el discurso gubernamental silenciaba cada vez más la figura del indio. Ésta reaparece en escena hasta que las celebraciones mundiales del V Centenario la retoman como elemento indispensable, y se conjuga con la política económica gubernamental.

Ahora el Estado (paradójicamente, ya que la construcción de un empresariado nacional debiera ser un ámbito de la incumbencia de la IP) parece más preocupado por la política económica que por su «tradicional» papel de rector ideológico. Esta papel se lo deja a la propia iniciativa privada, mediante la difícil labor de construir una imagen social del ser mexicano, en la medida en que cuenta con el monopolio de la televisión y con ello un espacio social para reconstruir y reorientar el mito del origen.

Esta «traspolación de funciones» posiblemente nos está señalando una tendencia central en las modificaciones sociales e ideológicas que se ven venir como consecuencia de la política económica actual.

Ser mexicano ahora se acerca a hablar como Verónica Castro, vestir como Garibaldi o ser un indio dinámico y emprendedor, siempre y cuando sea reconocido como «una estrella más del canal de las estrellas».

BIBLIOGRAFÍA

AGUADO, José Carlos y María Ana Portal: *Identidad, ideología y ritual*, México, UAM-I, Colección Textos y Contextos, núm. 9, 1992.

ARTAUD, Antonin: *México*, UNAM, Colección Poemas y Ensayos, México, 1991.

GARCÍA CANCLINI, Néstor: *Culturas híbridas. estrategias para entrar y salir de la modernidad*, México, CONACULTA/Grijalbo, 1989.

—*«Hacer antropología en el D.F. Redes locales y globales en una ciudad en desintegración»* (mimeografiado), 1993.

MEJÍA/TOUSSENT/VARIOS: *Televisa: el quinto poder*, México, Editorial Claves Latinoamericanas, 1985.

MAY, Rollo: *La necesidad del mito: la influencia de los modelos culturales en el mundo contemporáneo,* Buenos Aires, Editorial Paidós, 1992.

VILLORO, Luis: «Filosofía para un fin de época», *Nexos*, núm. 185, mayo, México, 1993.

LOS RESTAURADORES DE LA MEXICANIDAD

Lina Odena Güemes

El material que doy a conocer en este espacio en que se rinde homenaje a Rigoberta Menchú, es producto de una investigación iniciada
en el Centro de Investigaciones y Estudios Superiores en Antropología Social (CIESAS) cuyos resultados iniciales se publicaron en 1984.[1]
Después de la publicación de esos avances se continuó el seguimien-
to de los grupos mexicanistas y se tuvo la oportunidad de modificar
alguna interpretación; de igual manera se sumaron otros datos y
planteamientos.[2] Aquí se expone una síntesis del material empírico
hallado durante la investigación global.

Los grupos restauradores de la mexicanidad tienen antecedentes
remotos en el pasado colonial de nuestro país alrededor de nativistas
y de retorno al pasado; algunos de éstos fueron encabezados por
Andrés Mixcóatl, Martín Océlotl y Juan Cóatl.[3] Además de esos
movimientos impulsados por población étnica, otros con características distintas de los primeros, pero que en última instancia buscaban establecer una identidad, se desarrollaron entre la población
mestiza y criolla; el guadalupanismo es tal vez el más espectacular y
temprano de ellos.

Si bien podemos suponer que los mencionados arriba son los antecedentes remotos, casi podemos asegurar que los verdaderos

---

[1] Véanse Güemes y Monfort, 1982. Güemes, 1984.
[2] El Seminario de estudios de la cultura del Consejo Nacional para la Cultura y las
Artes realizó en octubre de 1990 el coloquio «Identidades culturales emergentes»,
en el que se presentaron los últimos materiales obtenidos y se hacían nuevos
planteamientos teóricos. Véase Bonfil, 1993.
[3] Los interesados en estos movimientos pueden ver Grusinski, 1988.

movimientos de búsqueda de la mexicanidad no nacen entre la población nativa indígena, sino entre los mestizos. Porque si las etnias, poseedoras de una antigua identidad buscaban el retorno a su antiguo sistema, el mestizo, que recién empezaba su proceso de etnogénesis buscaba su forma de ser. En algunos momentos de la investigación nos interrogamos: ¿por qué la mexicanidad campea entre sectores mestizos? Y encontramos una posible respuesta en boca de un filósofo, Mays Vallenilla, que nos persuade al afirmar lo siguiente al referirse a la población mestiza americana: «El hombre de esta nuestra América se siente como un ser indefinido dentro de la historia, de allí su afán de identificarse, por saber qué es [...] ¿o será al contrario, que somos, y nuestro ser más íntimo consiste en un esencial y reiterado no–ser–siempre–todavía?».[4] Con sendas pregunta y respuesta arribamos a uno de los puntos cruciales, el que tiene que ver con la identidad y que trataremos adelante cuando se discuta la forma que ésta adopta entre los mexicanistas.

Además de los antecedentes coloniales creímos encontrar otros más recientes gestados hacia finales del siglo pasado y durante los años de la gesta revolucionaria. El material del que dispusimos lo proporciona J. P. Bastian,[5] quien no estudia los movimientos desde nuestra perspectiva pero que nos hace ver de qué manera, en ciertos grupos y en determinadas situaciones, se han desatado sentimientos mexicanistas.

Antes de pasar somera revista a los movimientos claramente mexicanistas que proliferaron antes del Movimiento Confederado Restaurador de la Cultura de Anáhuac (en adelante MCRCA) —a muchos de cuyos miembros conoció su fundador, Rodolfo Nieva—, conviene precisar que la inicial mexicanidad, la que surge claramente con este nombre durante las primeras décadas de este siglo, es un

---

[4] Citado por Zea, 1986.
[5] Véase Bastian, 1986.

sentimiento al que se adscriben los seguidores por y en oposición a lo extranjero. La xenofobia fue, de muchas maneras, el catalizador de numerosas organizaciones. Así, el imperialismo, la hispanidad, los extranjeros en general, el fascismo y el comunismo, fueron los elementos primordiales de un discurso, primero nacionalista y después mexicanista, que rechazaba todo lo proveniente de fuera. Ahora bien, entre estos grupos se encuentran muchos de extrema derecha y otros xenofóbicos que no se pueden calificar exactamente de mexicanistas.

En el trabajo citado de 1984 discutí el papel que desempeñaron los nacionalismos —el popular y el de Estado—, que surgieron a inicios de nuestro siglo y que tuvieron un gran despliegue durante los años de la Revolución y etapa subsecuente, y que de muchas maneras sustentaron a los adeptos de estos movimientos de una base ideológica, xenofóbica, altisonante, y muchas veces mezclada con atisbos de una difusa conciencia de clase.

Casi todos los movimientos xenofóbicos, así como los de restauración del pasado han ocurrido entre sectores mestizos de clase media, en donde cierto número de intelectuales y profesionistas han tenido posibilidad de desempeñar algún papel relevante.[6]

Por otro lado, así como proliferaron los movimientos xenofóbicos contra las minorías extranacionales —especialmente chinos, «turcos» y «húngaros», como genéricamente se denominaban—, ello no impidió que se buscara «mejorar la raza» tratando de mezclarse con población europea. Se advierte la complejidad de la población mexi-

---

[6] Tal es el caso de la Organización Nacional de los Indios de la República que hacia 1936 y con el lema «Pan y Patria» estaba organizado en falanges. Uno de sus miembros prominentes que fungía como «Delegado del pueblo nativo independiente» fue Andrés Molina Enríquez. A iniciativa del Partido Social Anticomunista, esta organización proclamó la independencia económica de México el 16 de septiembre de 1933.

cana que en búsqueda de su identidad ha alcanzado una de las mayores contradicciones en los tiempos modernos.

Lamentablemente, el catalizador de los movimientos mencionados convirtió a muchos de ellos en movimientos racistas, lo cual seguramente se debe a que el nacionalismo que los engendró forma un todo y de muchas maneras se define en relación con la identidad y lo étnico. Los tiempos que corren están viendo desfilar en diversas partes del planeta todo tipo de nacionalismos. En nombre de ellos, de la invocación a la llamada pureza de la sangre, y de la manipulación que los estados efectúan haciendo estallar los sentimientos nacionales, se cometen nuevas atrocidades. No está por demás hacer un recordatorio de los peligros que corre la humanidad con la diseminación de organizaciones que postulan, en nombre de un pasado y de una historia, la supremacía de su raza, pueblo o nación.

Pasemos ahora a conocer los antecedentes más cercanos del MCRCA y de su fundador, recordando que en esta breve introducción no se han mencionado otras causas desencadenantes de los movimientos, ya que, como se apuntó al inicio, esta versión es solamente un resumen.

Entre las primeras organizaciones mexicanistas que hemos encontrado podemos citar las siguientes:

a) Confederación indígena. Ésta existía desde los años treinta en la ciudad de México y era presidida por Juan Luna Cárdenas,[7] quien tenía a su cargo la División de Estudios Lingüísticos del Departamento de Asuntos Indígenas de la SEP. Juan Meztli (Luna), como es llamado por algunos adeptos del MCRCA, tenía a su vez una escuela llamada Gran Sociedad de Compañeros Aztecas o *Uey Tlatekpaliztli* en donde impartía clases de idioma náhuatl un hermano suyo y el

---

[7] Este es el único miembro del MCRCA que jamás me permitió entrevistarlo. La única vez que tuve ocasión de hablar con él fue durante el Congreso de la Mexicanidad organizado por el gobierno del estado de Nayarit en 1991, donde se presentó con la aureola de iluminado y con su hermetismo característico.

pintor Juan Chávez Orozco; éste, según los datos encontrados, era también maestro de calendarios prehispánicos en el Museo Nacional.

Se dice que Juan Meztli es heredero de la corona azteca que dice poseer el «Rey de México en el exilio, Guillermo III de Grau Moctezuma y Rifé de Brossa» con trono en Cataluña, España.[8]

A ese grupo de Luna Cárdenas se unió Rodolfo Nieva, el fundador del MCRCA, y su mayor actividad la realizaron en el pueblo indio de Hueyapan, Morelos, en donde Luna protagonizó una triste historia haciéndose pasar por elegido, y engendrando un hijo en una joven doncella del pueblo. A ambos los abandonó y «el príncipe», como es llamado su heredero, vive una trágica historia.[9]

En 1979 los adeptos informaron que Luna Cérdenas se había distanciado de Nieva y que formaba parte de la Asociación Nacional Cívico Juarista, organismo ligado a una logia masónica. Al parecer, el distanciamiento se debió a que ambos contendieron, aspirando desde el Partido de la Mexicanidad creado por Nieva, a la presidencia de la República.[10]

b) La Sociedad Pro Lengua Náhuatl «Mariano Jacobo Rojas» existía en la ciudad por los años 1943–1944 y se presentaba como filial de la Academia Nacional de Ciencias «José Antonio Alzate». Los nahuatlatos que la integraban —menos Byron Mc Affe—, eran oriundos de Tepoztlán, Morelos y editaban un periódico denominado *Mexicayotl*, «Lo mexicano». Casi todos los miembros de esta organización se sumaron al MCRCA y los sobrevivientes todavía son

---

[8] Información proporcionada por el doctor Joaquín Galarza y en el artículo de Siler, 1978.

[9] Esta información se obtuvo de las entrevistas sostenidas con los padres de la joven y con la señora Modesta Lavana. También hay datos disponibles en Friedlander, 1977.

[10] Datos obtenidos en la entrevista concedida por la hermana del fundador, profesora María del Carmen Nieva López, el 31 de octubre de 1979.

miembros activos. La hermana del fundador aprendió su rudimentario náhuatl con ellos.

c) La Unión Azteca Gran Luz o *Aztekahtlamachtlaka Hueyi Tlahuile*. En el archivo personal del fundador aparece esta referencia así como en hojas volantes emitidas por esta asociación, con textos bilingües náhuatl–español. En uno de ellos, se conmemora a Cuauhtémoc, fechado en Tenochtitlan, el 26 de febrero de 1947. El presidente de esta Unión fue el señor Darío Suárez Zacatzi quien también se afilió al MCRCA.

d) Los Sacerdotes Autóctonos. Muy poco se sabe de ellos, ya que sólo tres de los seguidores decidieron mencionarlos. Al parecer, éstos tuvieron su sede en Texcoco. Uno de los adeptos —que se inició en los asuntos esotéricos mucho antes de adherirse al MCRCA y que perteneció a la Asociación Mundial de la Vida Impersonal—, recuerda que los sacerdotes transmitían mensajes a Luciano González Burns, su fundador.[11] Curiosamente, este grupo de los llamados Sacerdotes Autóctonos, igual que otros, estuvo ligado por circunstancias que no alcanzamos a conocer, al viejo Museo Nacional. Los adeptos que hablaron de ellos coinciden al informar que influyeron para que Nieva no alcanzara la presidencia de la República a la que aspiró poco después de fundar el Partido de la Mexicanidad, como ya hemos anotado.

Antes del Nieva mexicanista, existe el Nieva nacionalista, que es producto del discurso xenofóbico, y que todavía concibe a las poblaciones criolla y mestiza como las verdaderamente civilizadas, en oposición a los grupos étnicos a los cuales todavía hay que integrar a la verdadera cultura. Antes de conocer su propio discurso al respecto, conviene saber un poco más acerca de la vida personal del fundador del Movimiento Confederado.

---

[11] Sobre este organismo existe información en Lozano, 1975.

Oriundo de la ciudad de México, donde nació en 1905, estudió la carrera de leyes, y desde su época de estudios preparatorianos había sido compañero de Ernesto P. Uruchurtu y de Miguel Alemán,[12] lo que explica que hubiere alcanzado algunos puestos como funcionario en algunas dependencias del Departamento del Distrito Federal. Es posible que el joven Nieva haya escuchado a Manuel Gómez Morín, a la sazón director de la Facultad de Leyes, afirmar que «para México resultaban inservibles tanto el bolchevismo como la democracia yanqui». Esta idea, esta concepción política de México fue introyectada por el joven activista (que desde años anteriores se ocupaba en formar organizaciones), que fundó durante esta última etapa de sus estudios universitarios el Partido Nacionalista Estudiantil. Desde esta plataforma ocupó los cargos de regidor y presidente municipal del municipio de la Villa de Guadalupe, donde a su vez fundó el Bloque Nacionalista de Regidores. Nieva y su generación habían heredado una fórmula de vida: nacionalismo, misticismo más revelación, y ese «sentimiento trágico de la vida» que reconoce Unamuno en la mentalidad mexicana.

Uno de los documentos que revelan con nitidez la primera fase nacionalista y acriollada del fundador del Movimiento Confederado data de 1930, del cual se presentan a continuación algunos pasajes:

[...] Este conglomerado humano está formado por más de veinte grupos étnicos diferentes, con lengua y religión diversas, cada uno teniendo su regimen político propio y sus costumbres muy propias que hacen de este conglomerado el grupo más heterogéneo, menos consistente, más débil, más deleznable. De estos grupos étnicos sólo uno, nada más uno,

---

[12] Con el presidente Alemán colaboró en la Comisión del Hierro y al parecer éste le había ofrecido la gubernatura de Baja California. A pesar de que no le fue concedido este cargo, el MCRCA otorgó a Alemán el cargo de presidente honorario de esta organización y en algunos periódicos de la capital siempre aparecía Nieva en el presidium acompañándolo en diversos actos oficiales.

el descendiente directo de los criollos autores de la Independencia de México es el que tiene la nacionalidad mexicana; el que ha vivido en México y ha sentido con él, el que verdaderamente puede llamarse mexicano y el que apenas alcanza a la suma de cinco millones de miembros; es el grupo más civilizado, el más coherente, el más homogéneo y fuerte que por esto se ha impuesto y ha impuesto su cultura, que tiene la responsabilidad histórica de salvar a México y de construir su grandeza, por eso es que tiene que salvar y arrastrar a la civilización a todos los demás grupos étnicos, que juntos suman once millones de almas que están fuera de la civilización, que propiamente no pueden llamarse mexicanos porque no tienen las tradiciones de los mexicanos [...] Todavía son tribu yaqui, tribu maya, tribu juchiteca.

[...] agreguemos, digo, que la nacionalidad de este grupo principal de los que pueblan el territorio de la República, el que ocupa las ciudades y que cultiva las ciencias y las artes, el dueño del comercio y de la industria en la parte que le dejan los extranjeros y el dueño en fin de la política, está a punto de perder su nacionalidad. Con ser el único de nacionalidad mexicana en la República sus concepciones de pueblo son tan débiles que su nacionalidad está siendo destrozada al primer intento de conquista que sobre ella realiza la cultura sajona [...]

Ya se relega nuestra lengua madre [...] la religión de nuestros mayores, la de nuestras tradiciones más caras y más hondas, la de nuestras glorias y nuestras desgracias se sustituye por la religión de los norteamericanos [...] Se pretende implantar en nuestros divorcios el sistema del Estado de Connecticut para matar de una vez por todas el alma noble, pudorosa, dulce de la esposa mexicana, para aniquilar nuestros últimos reductos latinos.[13]

El discurso nacionalista de Nieva se dejó sentir en tantas otras de las organizaciones que fundó, tal es el caso del Consejo Organizador Nacional de Fomento Industrial y Agrícola (CONFIA), que tenía como lema «Independencia Económica de México», o en las actividades

---

[13] Archivo Nieva, doc. núm. 15.

parelelas que ejercía como secretario general de la Liga de Profesionistas e Intelectuales del Sector Popular del Partido de la Revolución Mexicana y como presidente de la Barra de Abogados. Desde estas tribunas y desde su columna en el periódico *El Universal,* en donde también escribía Vasconcelos, Nieva se declaraba católico y entendía de problemas étnicos, políticos y económicos desde una posición nacionalista, enfocada su xenofobia contra lo sajón.

La mentalidad y el sentir de Nieva fueron modificándose. Del nacionalismo criollo dio un salto gracias a la «mexicanidad revelada». Él mismo lo explica en los siguientes términos a su amigo y correligionario Virgilio Valladares Aldeco, en una carta de la que extractamos lo siguiente:

[...] Pero esta labor nacionalista no me satisfacía porque me presentaba como un nacionalista fanático y ciego, como un xenófobo o un chovinista. Aunque yo sabía que no era así, no podía despojarme de estas características y por tal razón proseguí adelante buscando esas razones que se me ocultaban. Un día lancé un manifiesto que muy pocos conocieron y que a nadie interesó porque tenía ese tinte nacionalista ciego. Pero un día, feliz día para mí, recibí una revelación que disipó las sombras de mi cerebro, inundándome de satisfacción y de tranquilidad. Esa revelación fue la de la verdad de México [...][14]

¿Quién reveló a Nieva la verdad? La lectura completa de esta carta indica que la independencia cultural de México había sido ordenada por «los jefes de la nación» —los gobernantes indígenas al momento de la Conquista— y que existía la orden de que Nieva hiciera cumplir el «mandato ancestral» que él asumía y que se halla contenido

---

[14] Archivo Nieva, doc. núm. 113.
[15] La Consigna apareció con textos náhuatl y español en *Mexicayotl,* en la publicación preparada por el MCRCA, con textos seguramente del fundador, aparece como autora Ma. del Carmen Nieva, su hermana. Editado por Orión, México, 1969,

en la Consigna del 12 agosto de 1521.[15] Tal parece que fueron los sacerdotes autóctonos ya mencionados los que revelaron a Nieva la Consigna, hacia el año de 1950, cuando entró en contacto con ellos.

Para esta época el licenciado Nieva ya había encontrado su propia identidad. En carta publicada en *El Universal* en agosto de 1955, replicaba a Eduardo Pallares:

> [...] Además usted da motivo para que yo, indígena, le diga: Está usted equivocado. No somos los indígenas sino también los de raza mezclada la causa del atraso en que se encuentra el país porque son ustedes los que han tenido en sus manos el gobierno de México [...] Son ustedes los que han entregado nuestras riquezas en manos extrañas y están llamando al capital extranjero para que explote nuestros recursos naturales [...]
>
> Sin embargo, yo, indígena, olvido ofensas y humillaciones, me despojo de resentimientos en holocausto a la Patria e invito a usted y a los que como usted piensan, a que a su vez se despojen de prejuicios y dejen de menospreciar y humillar a mi raza pretendiendo «incorporar al indio a la civilización» como si los indígenas no tuvieran valores morales propios, a que abandonen el egoísmo y compartan con esa raza los bienes y las riquezas de la Patria [...]

Fue hacia el año de 1956 cuando, desde la tribuna del Movimiento Cívico Nacional, Nieva lanza un llamado en su documento titulado «Manifiesto a la Nación Mexicana», en el que arengaba de la manera siguiente:

> Mexicano [...]
> Nosotros cumplamos nuestros destinos, los de nuestra Raza, anunciados en las leyendas y en las tradiciones del pueblo azteca o mexicatl, destinos que son de gloria, de poder y de grandeza [...]

---

pp. 168–174 en donde la consulté. En mi trabajo de 1984 se transcribió el texto en español.

Aún existimos, unámonos, organicémonos, y en un impulso común y vigoroso hagamos triunfar a México.

A fin de entender un poco más tan compleja personalidad, que en adelante tendría que sortear una suerte de doble identidad —indio dentro de su organización y mestizo en la sociedad hegemónica global—, es pertinente conocer su pensamiento íntimo:

Es aterradora la delincuencia infantil, nuestra juventud se ha pervertido, nuestras mujeres han perdido el pudor, nuestros hombres se han convertido en entes frívolos y materializados y estamos hundidos en una ciénaga de sexualismo y de esta manera se ha deformado la personalidad de México, cuya esencia fue el hogar de nuestros antepasados en que el padre era la autoridad venerada y en que se forjaron mujeres honestas y hombres virtuosos.

La victoriana, romántica y nostálgica personalidad de Nieva puede explicar sus intentos de retorno al pasado. Pero, ¿a qué pasado? Lo impresionante de este restaurador de la mexicanidad es que, por un lado estaba aferrado a los valores y convenciones de la sociedad mestiza, y por otro, pujaba por el restablecimiento de la sociedad prehispánica. Al respecto hay que anotar que para el MCRCA el pasado existía en función de los aztecas. En casi ningún momento tratan de restablecer las culturas prehispánicas, es el «modelo azteca» el que tratan de reconstruir. Además, la reconstrucción está basada en historias ficticias, y no en mitos propios de la sociedad precolonial. De esta manera, explican que los aztecas o mexicas, al cruzar el Atlántico —de ahí su otro nombre, atlantike—, llegaron a Egipto en donde se convirtieron en los «asesores del faraón», quien se impresionó de su maravillosa cultura, la cual fue llevada a Grecia por Solón, Sócrates y Platón. De esta suerte, reconocen que en *La República Ideal* y en los *Diálogos* se recogió la esencia de la cultura de Anáhuac. Posteriormente, la cultura mexica se transmitiría a Roma.

Además de la construcción moderna de esos mitos, publicados en el libro *Mexicayotl*, en otros documentos se recogieron algunas versiones, en donde se narra que la cultura maya era la misma cultura naga, de la India, en cuyo seno nació Jesús, quien al ser crucificado pronunció palabras en lengua maya.[16] De los materiales obtenidos en entrevistas con algunos adeptos se desprende una versión que indica que el paraíso terrenal existió en México, exactamente en el Ajusco, en donde se encontraron más de dos mil tablillas escritas que testimonian lo dicho.[17]

Por otro lado, gracias a la confianza de algunos de los miembros entrevistados, se pudieron conocer algunos pasajes oníricos que revelan su identificación con el mundo prehispánico, y en especial, su identificación con los sacerdotes, jefes o nobleza. Más allá de lo que pudiera parecer anecdótico, el material, nos parece, es revelador y explicativo:

Algunas veces, cuando pinto, me quedo a dormir en esta salita, entonces tengo sueños. En una de tantas veces soñé que aquí se hacía una gran ceremonia y que yo aparecía como el tlatoani,como el jefe. Los monos que están aquí pintados se bajaron y hicieron una ceremonia de este gran templo con sus encendidos de copalli, con sus sones de teponaxtli y de chirimía [...] En una ocasión hubo aquí un bautizo al estilo azteca y yo en mi sueño pude volver a ver ese bautizo y esas danzas, también he soñado, he soñado algo de las organizaciones políticas en que participaban las mujeres, ellas también tenían su jefatura [...]

Algunas veces me sueño como jefe de la gran tribu azteca.[18]

---

[16] En un debate sostenido por dos miembros del MCRCA, Ignacio Magaloni Duarte y el mayista Domingo Martínez Paredes, el primero afirma que las palabras de Jesucristo traducidas del maya significan: «Ahora hundirme en la pre–alba de tu presencia», en *Izkalotl*, núm. 68, mayo de 1972.

[17] Entrevista con el señor Mauro Pablo Martínez.

[18] Entrevista con el señor Eladio Castillo Flores.

A continuación, de manera también muy sintetizada, se proporcionan algunos datos sobre el funcionamiento y actividades del MCRCA. Éste se rige a través de un órgano superior denominado *Ue Tlatokan* o Supremo Consejo. A su vez, este Consejo está integrado por dos cargos: el de *Ue Tekuhtli* o Gran Ejecutor y el de Ue Ziuakuaitl o Gran Administrador. Nieva ocupó el primer cargo desde la fundación hasta su muerte o «retorno a la naturaleza», acaecida el 17 de septiembre de 1968.[19] Aunque los miembros entrevistados no mencionaron otro cargo dentro del Consejo, en su periódico se habla del cargo de Sub Ejecutor o *Ue Tekuh Paleui.*[20]

Entre 1978–1979 se encontraron en funcionamiento 10 calpulli, que como lo entienden sus miembros, son unidades de trabajo, tipo cooperativas autosuficientes. Estos calpulli se rigen por los «principios prekuauhtemotzinos» de autonomía, buena fe, solidaridad y autarquía. Aseguran los adeptos que estos principios eran llevados fielmente a la práctica por los integrantes de la sociedad mexica y que la única manera de que en la actualidad no estemos sujetos al imperialismo, es restableciendo esta forma de organización.[21]

Entre las actividades dentro del grupo clasificamos dos: las públicas, como el proselitismo, reuniones sociales y rituales cívico–religiosos,[22] y las actividades esotéricas que realizan los adeptos sin la injerencia de personas no iniciadas.

Dentro del movimiento se han institucionalizado algunas actividades, tales como el bautizo o asignación de nombre que denominan como *Apaz–Uiliztli* y que efectúan con base en el calendario ritual prehispánico, Tonalámatl. La Fiesta del retoño o Fiesta de la donce-

---

[19] Datos del profesor Amador Vázquez en entrevista colectiva del 20 de noviembre de 1977.
[20] *Izkalotl*, núm. 78, diciembre de 1974.
[21] *Izkalotl*, núm. 73, junio de 1973.
[22] Como es el caso de la conmemoración de la Batalla de la Noche Victoriosa (la noche triste en la historia oficial), la fundación de la Gran Tenochtitlan, etc.

lla de la primavera, *Izkal–Ichpotzintli,* se celebra el 21 de marzo. El Año Nuevo de *Anauak* o *Anauaka Yankuik Xiuitl,* el 20 de diciembre de 1971, celebraron, por ejemplo, el nacimiento del año «Doce Pedernal». Además, ofrecen clases de idioma náhuatl en instituciones como la Universidad Obrera Vicente Lombardo Toledano, en la Escuela Normal, en la UNAM y en la Universidad de Guadalajara. En su centro Yetlanezi en la colonia Agrícola Oriental dan clases gratuitas de danza y realizan estudios de filosofía, matemáticas y antropología.

El mcrca ha organizado cinco congresos del idioma náhuatl y algunos de sus miembros han dictado conferencias en el extranjero. Tales son los casos de Virgilio Valladares, autor de la obra *El verdadero americano,* que participó en la Primera Conferencia Internacional sobre la Atlántida, auspiciada por la Asociación Investigadora del Antiguo Mediterráneo (AMRA);[23] y del doctor Yaotekatl A. Morales Suárez con el grupo de estudios Blavatsky en la Biblioteca de Riverside School de Miami, Florida, mientras se hallaba en un curso especial para posgraduados en el Hospital Jackson. Antes de viajar a Estados Unidos, el MCRCA había conferido a este distinguido miembro el cargo de coordinador viajero de centros de enseñanza.[24]

Una de las políticas del Movimiento Confederado consiste en el establecimiento de relaciones con personas e instituciones de otros países y en promover la creación de organizaciones filiales en el extranjero. Veamos algunos ejemplos: en las ciudades de Detroit y Chicago se crearon comités de restauradores de la mexicanidad; colaboraban con los grupos «Las blancas raíces de la paz» y con los restauradores de origen mexicano «Tonatiuhz aztecas de América». Han manifestado gran interés en conocer los problemas que

---

[23] *Izkalotl*, núm. 78, diciembre de 1974.
[24] *Izkalotl*, núm. 59, diciembre de 1968.

enfrenta la población de origen mexicano radicada en Estados Unidos y para ello sostuvieron intercambio con el luchador Reies López Tijerina, quien informa: «Mi fe todo lo creía, todo lo guardaba. Un doctor y licenciado Nieves, [*sic*] director de los Restauradores de Anáhuac, me dio mucha información sobre México (Tenochtitlan) y su historia». Estos casos se multiplican y están ampliamente documentados, baste sólo añadir que además de mantener relaciones con institutos profesionales de América del Sur, el Movimiento tiene un organismo, el Centro de Cultura Preamericana o Universidad Precucuhtémica, que operaba al momento de la investigación, en el Club de Periodistas de la ciudad de México. Los adeptos acordaron denominar «El día de la mexicanidad» el 13 de mayo, fecha de nacimiento del fundador.

El símbolo o emblema del MCRCA es el glifo *Nahui ollin*, Cuatro movimientos. Desafortunadamente, la interpretación que algunos miembros del MCRCA hacen de este glifo está íntimamente ligada con la supuesta fuerza esotérica de la cruz gamada. Al respecto, uno de los adeptos indica que la suástica «es parte de nuestros escritos geroglíficos». Es ésta una de las características más aberrantes del MCRCA ya que si se suma a esta concepción aquella otra relativa a los «destinos de la raza», que aparece permeando todo el discurso de los restauradores, se advierte el peligro en que pueden caer.

De hecho, una facción del movimiento se caracteriza por sustentar un racismo atroz. Uno de los miembros, de sobrenombre Cuamatzi, con estudios antropológicos en la ENAH y funcionario medio en el Seguro Social, sostiene, con base en los estudios que ha realizado sobre los Juicios de Nüremberg, que la raza judía es inferior y acepta el holocausto cometido. Por el contrario, afirma que la raza azteca es pura y superior. Durante las dos entrevistas que nos concedió en su casa, pudimos observar que guarda en una estantería el texto *Mi lucha*, y en una vitrina el busto de Cuauhtémoc y la bandera nacional. Este personaje informó que salió del MCRCA porque sus miembros se quedaron tomando atole y él tiene como prioridad preparar cuadros para el futuro. Para ello instruye a contingentes de niños y jóvenes en artes marciales y en historia en su propia comuna, *Omeyotl*. Ciertamente, el peligro de los movimientos como el referido en esta breve exposición no radica en que crean que el paraíso terrenal estuvo en México o en que mantengan contacto con extrarrestres, o que dancen en el monumento a Cuauhtémoc; el peligro mayor está en aquellos subgrupos como el mencionado líneas arriba, que creen y postulan la existencia de la superioridad racial. En este caso no parece tratarse de inocentes restauradores, y con esto no se afirma que todos los adeptos piensen de igual manera. A fin de deslindar las posiciones diversas y de no encasillar a personas honorables en esta desviación, cabe conocer qué es lo que explicitan los seguidores que aún continúan como miembros del Movimiento Confederado:

El motivo de la fundación de nuestro movimiento es el autoctonismo; restaurar los valores culturales de Anáhuac; ir borrando esa serie de complejos nos dejó la invasión, como el complejo de indio [...] ir desterrando tanta lacra que nos trajo la invasión y que nos las atribuyen a nuestros antepasados autóctonos [...] Entonces es necesario dar a luz lo nuestro que ha estado en la obscuridad porque nuestra historia la hicieron los invasores.[25]

Como puede advertirse, el MCRCA es una organización compleja, no homogénea y no indígena. Integrada en su mayor parte por profesionistas, empleados, comerciantes y estudiantes va, como muchos grupos, en pos de una identidad. Considero que muchos de los seguidores actúan de buena fe y buscan en este espacio un lugar que la sociedad global les ha negado. Sin embargo, ahora que reescribo

---

[25] Profesora Rosa Ma. Aguirre, entrevista colectiva, 20 de noviembre de 1977.

estas notas pienso que este tipo de organizaciones son sujetos de manipulación y que su esfuerzo es un esfuerzo inútil, toda vez que es imposible volver, como en el túnel del tiempo, al pasado. Sobre todo, al pasado imaginado, ficticio, construido e ideologizado desde el aquí y el ahora. Por ello, en esta sesión de trabajo que rinde reconocimiento a Rigoberta Menchú, digna representante de los grupos étnicos actuales, cabe preguntar: ¿por qué una porción de la sociedad sigue empeñada en restaurar la cultura pasada cuando lo que importa son los hombres y mujeres, niños y jóvenes de las sociedades étnicas actuales? Sin desconocer la fuerza que otorga a los grupos humanos el conocimiento de su historia, ¿por qué no dejar de emitir lamentos y de gastar energías por un pasado sobre el que ya no se tiene ninguna incidencia? Me parece que este tipo de organizaciones son altamente desmovilizadoras, además de los riesgos enormes que la sociedad en su conjunto corre con la proliferación de los subgrupos que se han creado, como el de la comuna *Omeyotl* que mencioné arriba.

Para finalizar no me resta más que advertir nuevamente que en esta presentación se ha ofrecido una versión muy simple que no revela en su totalidad la complejidad de este tipo de organizaciones sociales ni ha permitido, tampoco, exponer las posibles causas de su aparición. Tampoco hemos hablado de otras organizaciones como ciertos grupos de los danzantes llamados «concheros», que ahora unen sus efuerzos con el MCRCA, ni de Tlacaelel, personaje que habiendo permanecido en el MCRCA ahora despliega actividades mexicanistas un tanto independientes en su calpulli llamado Koakalco. La mexicanidad, como proceso que se despliega de manera inusitada, cuenta con otros grupos de los cuales tampoco hemos hecho mención, tales como los Guerreros del Arcoiris, que tiene una de sus sedes en Huehuecóyotl, Morelos. Esta organización, que pertenece y toma su nombre del movimiento internacional denominado *Rainbow*, se distingue por sus actividades ecologistas, pero a la vez sus miembros se reconocen como descendientes de los toltecas. Trabajan con organizaciones indias de Estados Unidos y han realizado algunos congresos en Oaxaca y Yucatán. En el plano esotérico este grupo trabaja para conseguir la unión de todas las tradiciones sagradas existentes en la Tierra. Además, existen otras agrupaciones que, reunidas alrededor de *Tlacatzin Stivalet*, de Guillermo Marín, de la revista *Ce Acatl*, y de calpullis femeninos que se etán fundando en Milpa Alta, Distrito Federal, continúan en sus esfuerzos resturadores.

Como se advierte, el trabajo de investigación acerca de los mexicanistas no está concluido ya que el fenómeno continúa su despliegue y no sabemos qué dinámica alcanzará en el siglo por venir.

FUENTES PRIMARIAS

Archivo Nieva
El Universal
Izcalotl

BIBLIOGRAFÍA

BASTIÁN, Jean Pierre: «Disidencia religiosa, mesianismo juarista y rebelión maderista 1880-1911» *Hacia el nuevo milenio*, vol. II, México, Universidad Autónoma Metropolitana–Ed.Villicaña, 1986, pp. 149–180.

BONFIL BATALLA, Guillermo (comp.): *Nuevas identidades culturales en México*, Consejo Nacional para la Cultura y las Artes, 1993.

FRIEDDLANDER, Judith: *Ser indio en Hueyapan*, México, Fondo de Cultura Económica, 1977.

GRUSINSKI, Serge: *El poder sin límites. Cuatro respuestas indígenas a la dominación española,* México, INAH–IFAL, 1988.

GÜEMES, Lina Odena y Ricardo PÉREZ MONFORT: *Por la patria y la raza. Tres movimientos nacionalistas,* Cuadernos de la Casa Chata, núm. 54, México, Centro de Investigaciones de Estudios Superiores en Antropología Social, 1982.

LOZANO, Andrés: *La institución mundial de la vida impersonal y Luciano Gonzalez Burns*, México, (s.e.), 1975.

SILER, José M.: «Fraude de sangre azul en España, la novedosa venganza de Moctezuma», *Interviu*, núm 28, España, 1978, pp. 42-43.

ZEA, Leopoldo: «Latinoamérica, milenarismo en la utopía», *Hacia el nuevo milenio*, vol. II, México, Universidad Autónoma Metropolitana-Editorial Villicaña, 1986, pp. 35-39

LA COMUNIDAD INDÍGENA EN MÉXICO: LA UTOPÍA IRREALIZADA

Héctor Tejera Gaona

El tema de la comunidad indígena en nuestro país es sumamente amplio. Se ha escrito mucho, aunque no sé si investigado tanto, sobre sus características y estructura interna. No obstante, quisiera hablar sobre ciertas constantes que pueden detectarse en la mayoría de los estudios realizados en y sobre las comunidades indígenas, y plantear una serie de problemas sobre los cuales puede ser provechoso insistir. Sobre todo ya que, más que haber sido resueltos, se les ha dado la vuelta. Estos problemas son: *a*) el carácter comunitario de la comunidad indígena y las perspectivas desde las cuales la antropología lo ha estudiado; *b*) la continuidad y discontinuidad en lo comunitario; *c*) lo interno y lo externo a la comunidad en el proceso de constitución de su identidad y, por último, *d*) la situación actual de la comunidad indígena en México.

EL CARÁCTER COMUNITARIO DE LA COMUNIDAD INDÍGENA

¿Qué es una comunidad? Esta es una cuestión que ni Toennies con su binomio comunidad/sociedad (*gemeinschaft/gesellschaft*), ni —por citar solamente a dos de los clásicos— nos puedan ayudar a resolver. Pero ello no se debe a que su análisis sea en sí mismo incorrecto, aunque el problema de la caracterización de la comunidad no se circunscriba a un análisis tipológico de las formas generales de organización social, sino porque el enfoque de lo comunitario estuvo y está teñido de elementos que pertenecen a otro orden de cosas. En términos muy genéricos, dicho análisis se relaciona con el momento en que se estructuró como temática y, actualmente, con la cuestión de quiénes participan implícita o explícitamente de los axiomas que provienen de su estudio y desde qué perspectivas lo hacen.

Es de todos sabido que la mayoría de los elementos contenidos en el concepto de comunidad, empleado por quienes han reflexionado sobre ella durante los dos últimos siglos, pueden rastrearse en las reacciones suscitadas por los acontecimientos posteriores a la Revolución francesa. Ante lo que se vivió y percibió como desorden y caos, surge una respuesta romántico–conservadora que ensalza los valores de una sociedad anterior. Una organización social comunitaria donde el orden y la armonía estaban sustentados en la familia, la religión (más elegantemente se habló de «similitud de creencias») y la jerarquía; curiosa forma de ver el feudalismo. Los franceses Bonald y Maistre fueron seguidos, en momentos distintos y por razones diferentes, por Comte y Durkheim. El romanticismo y el organicismo pasaron a la antropología y la sociología: ambas generalmente ahistóricas e incluso antihistóricas.

De aquí surgen al menos tres elementos que impactan lo que actualmente se considera como comunidad y más específicamente, la comunidad indígena. El primero es la búsqueda en las sociedades no industrializadas, no occidentales —o con cualquier otro nombre que intente distinguirlas de la nuestra—, de lo comunitario, lo solidario, lo integrado. Ya no estamos en el periodo del temor a los bárbaros del Norte y los salvajes del Sur. Esto acontece a finales del pasado y ya han sido domesticados. Lo que sí acontece es que Europa vive su primera gran crisis social y económica. La crisis del progreso comienza a manifestarse y se busca en la representación del pasado —en la sociedad tribal, campesina o indígena— aquello que la civilización no pudo proveer: la vida solidaria, integrada y sin conflicto. Es una civilización que, al estilo rousseauniano, escudriña en los albores de la civilización —representada por las sociedades no industrializadas— la utopía perdida. Con la búsqueda de lo comunitario, se constituye el mundo del «otro». Un mundo integrado y solidario, y se construyen imágenes de aquello que se contrapone a lo moderno y al nosotros. El segundo elemento es una derivación del anterior. Se caracteriza por la pretensión de hallar lo «distinto» en organizaciones sociales diferentes o, para ser más explícito, lo no contaminado por la industrialización. Lo que representa una singularidad y una diferencia específica. Lo que no puede ser conocido más que en sí mismo a través de la empatía y la comprensión. Asistimos entonces a la constitución del particularismo histórico propio del culturalismo y el funcionalismo. Éste, tan difícil de sostener ante los procesos de globalización que se cobijan bajo el manto de la desintegración territorial y el desmembramiento de grandes estados nación. Estados que se convierten en realidad en pequeños, pero cuyas características básicas son similares a los anteriores. Simplemente están desechando la diversidad. El tercero, y como resultado de una visión evolucionista que todavía permea el estudio de la comunidad, es la falta de dimensión histórica en cuanto a su devenir y futuro como organización social. La carencia de historicidad convierte el estudio de lo cultural en la constatación de su existencia, y desemboca en la instauración de la etnografía como campo de estudio.

Los portadores de estos elementos al situarse en el terreno de la acción, o si se quiere de la investigación, los sintetizan y trasladan a la búsqueda, rescate y protección de lo que se considera el pasado que emerge o se resiste a desaparecer en lo actual. De todo lo anterior se deriva una visión, una perspectiva particular de lo que es la comunidad indígena. Perspectiva que se mantiene y perpetúa a través de los diferentes discursos que sobre lo comunitario se han construido desde las ciencias sociales, pero especialmente desde la antropología.

Aun a pesar de sus pretensiones positivas, o más precisamente a causa de ellas, la comunidad indígena es una construcción ideal, por no decir idealizada, en la que confluyen los elementos ya mencionados. En un sin sentido particular, se afirma que la comunidad indígena está viva precisamente por haberse mantenido como tal, por no haber cambiado, por no renovarse ni modificarse. Curiosa forma de analizar la vitalidad como inmovilidad. Por supuesto que subyace la idea de que lo vivo de la comunidad radica en su resistencia, pero también el implícito positivo o romántico de que lo que se mantiene tiene valor en sí mismo. Posición que, más que al campo de disciplinas como la antropología, se acerca a la de anticuario. Sobre esto me permito hacer una disgresión. Es curioso observar cómo persiste la condena e incluso la denuncia a que los indígenas modifiquen sus creencias «tradicionales» (?) y se adscriban, por ejemplo, a grupos evangélicos o protestantes. Es indudable que ello reorganiza las relaciones de las comunidades indígenas pero ¿no tienen derecho los indígenas a creer en lo que les plazca? Al igual que en otros tiempos el marxismo era criticado en ciertos medios como una ideología extranjera, ahora se usan argumentos más o menos similares para hablar de los cambios en la religiosidad. Pareciera que los indígenas, ciudadanos de tercera, requiriesen de protección para continuar siendo lo que son. No parecen ser tratados como individuos o grupos con plenos derechos y voluntad propia. Por tanto, corren el peligro de ser sujetos a influencias perniciosas que les impidan ser, no lo que ellos quieran, sino lo que otros quieren que continúen siendo.

Regresando a nuestro tema, cabe preguntar ¿quién o quiénes se resisten, no desean o —lo que es peor—, no perciben el cambio social? Pregunta difícil de responder. No obstante, habría que apuntar algunas líneas sobre este aspecto. La dificultad de visualizar el cambio se debe a diversos factores dentro de los cuales podemos apuntar como uno de los principales, aplicar el concepto de comunidad a una organización social determinada. Buscar o presuponer la existencia de los principios generales que la noción indica sin cuestionar dichos principios. Bajo esta perspectiva fácilmente las relaciones de poder pueden ser descritas o analizadas como costumbres, y sustentar que la diferenciación social es un resultado de la tradición.

Existe una fuerte dificultad de confrontarse ante las comunidades indígenas sin idealizarlas. Esto por dos razones: por un lado, debido a una tendencia muy marcada a buscar la diferencia, antes que la similitud. Se busca lo etnográfico, lo distinto, lo no común. Qué aburrido confirmar que las comunidades presentan múltiples semejanzas, que no son más que la expresión de su transformación y cambio en un espacio de relaciones que las integra y homogeneiza en el marco de la heterogeneidad y desigualdad del país. Hay que buscar lo particular, lo específico que puede demostrar que las comunidades siguen siendo singulares y peculiares frente al mundo que las rodea. Hallar lo que permita afirmar que se está estudiando algo distinto y que, por sobre todo, le imprima a la investigación el carácter particular que toda disciplina busca como justificación de su existencia.

No postulamos la inexistencia de la diversidad cultural. La multiplicidad y singularidad cultural son innegables pero, a la par de éstas, encontramos una tendencia que las sobreenfatiza, por así decirlo. Lo anterior se presta, además, para la constitución de espacios de interacción y formación de ámbitos discursivos donde la burocracia estatal y organizaciones no gubernamentales (ONG) han convertido a la comunidad indígena en su medio de existencia. En un proceso sobre el que habría que profundizar, se genera un ambiente de interacción de expectativas y campos discursivos. Las agencias y proyectos gubernamentales están para apoyar a las comunidades indígenas y los integrantes de la comunidad para ser apoyados. En esta relación de intereses, cuya legitimidad no es un punto a discutir en este espacio, asistimos a un acomodamiento particular de las interacciones que convierte a la organización indígena, así sea de manera ideal, en una estructura social específica a partir de la cual es posible la relación entre comunidades y agencias o agentes relacionados con ella. En este juego de discursos, nuevamente, la comunidad es idealizada. Las acciones estatales o de las ONG benefician a todos porque la comunidad es, por definición, igualitaria.

LA CONTINUIDAD Y LA DISCONTINUIDAD DE LO COMUNITARIO

De todo lo anterior, es evidente el enorme esfuerzo que implica reconocer a las comunidades como espacios donde coexisten el cambio y el conflicto con la inmutabilidad y la unidad, aun cuando frecuentemente se afirme su existencia. Es por esta dificultad que cuando las sociedades cambian por procesos de dominación, conquista y desplazamiento y, sobre todo, cambian hacia aquello que las hace más similares o aparentemente más similares a nosotros, no se habla de cambio sino de vacío. Se habla de aculturación. Pero ¿no quizá se debería realmente repensar, por una parte, qué es lo que cambia y qué se mantiene o, por otra, sobre qué se resiste y qué se retoma? ¿Desde cuándo los indígenas han sido aculturados? ¿Desde cuándo nosotros nos estamos aculturando? Por supuesto el punto histórico a partir del cual se realiza la comparación es el elemento fundamental para construir el discurso. Podemos reformular las preguntas de otra manera. ¿Qué es lo que debe conservarse, rescatarse o defenderse? ¿Es acaso la estructura social indígena producto de la reorganización colonial? ¿Es la prehispánica? Hace algunos años se hablaba de las pruebas fehacientes de la destrucción de la vida comunitaria o de la identidad cuando los indígenas usaban reloj, compraban una grabadora o cambiaban el guarache por zapatos tenis. Indudablemente se ha avanzado en la óptica cuando, por ejemplo, se afirma que los grupos sociales usan y reorganizan símbolos y bienes culturales pero, otra vez, lo que existe es una resistencia a reconocer el cambio. La igualdad sigue presente, ya sea profunda —a la manera de Guillermo Bonfil— o a flor de piel.

No podemos negar que algunos estudiosos de la comunidad han enfatizado el carácter histórico de la comunidad indígena. Pero dicho énfasis ha tenido como resultado olvidar que ésta se encuentra viva y actuante. Es decir, que sus diferencias y singularidades no solamente son resultado del pasado, sino de su particular integración al país. La comunidad se constituye y refuerza a la vez que se destruye y desintegra. Es una organización social contradictoria precisamente por ser contemporánea. Por supuesto, su especificidad es resultado de su historia, pero se corre el peligro de no considerar que ésta es igualmente un resultado de su presente. A los procesos de constitución, persistencia y resistencia, se unen los de destrucción, reorganización y cambio.

LO INTERNO Y LO EXTERNO A LA COMUNIDAD: EL PROCESO HISTÓRICO DE CONSTITUCIÓN DE LA IDENTIDAD

Sin ser subordinada totalmente, ni tampoco abandonada a sus fuerzas internas, la comunidad indígena del país conjunta una imbricada madeja de expresiones y fuerzas socioculturales y políticas. La visión particular de lo civilizado como una forma de organización centralizada del espacio por parte de los colonizadores, en contraposición a los asentamientos indígenas dispersos que no eran más que símbolos del salvajismo; la tarea evangelizadora; la necesidad de contar con instituciones políticas indígenas definidas; la recolección de tributos en especie y trabajo; la formación y consolidación de instituciones de carácter político–religioso serán, entre otros, los procesos que darán lugar a las repúblicas de indios. Aquí surgen los

223

aspectos fundamentales de la comunidad. Sobre todo, la responsabilidad colectiva de cuidado, mantenimiento y sustento de los bienes en su custodia. No hay que olvidar que ello les es impuesto por los españoles y que, posteriormente, se convertirá en lo que genéricamente se denomina como tradición. Muchas de las obligaciones estarán directamente relacionadas con la Iglesia. No obstante que la comunidad fue una empresa poco lucrativa ya que los indígenas preferían el ritual que acumular, ello no debe hacernos olvidar que el culto abrió las posibilidades para la construcción de una nueva identidad. Empero, tuvo como consecuencia la pérdida de la identidad colectiva y territorial de los pueblos y su sustitución por aquella apuntalada en un santo patrono. Las relaciones individuales que los colonos y la Iglesia establecieron con los indígenas, a diferencia de los encomenderos que los trataron como órganos corporativos, profundizaron su desarticulación social y debilitaron la identidad grupal. Además, la expansión territorial de los colonos y la creación de organizaciones productivas que posteriormente constituirían las bases del sistema hacendario, desmembraron aún mas la estructura interna de la comunidad indígena en la mayor parte del país. Si el auge del régimen hacendario durante los siglos XVIII y XIX marca un periodo de enorme dificultad para que la comunidad indígena sobreviva como tal, las leyes de desamortización la ponen en una situación aún más difícil. No obstante, habría que considerar que no es fácil establecer la magnitud del proceso ya que algunos estudios indican que, en realidad, para 1910 solamente entre el 10% y el 20% de la población rural del país vivía en territorios bajo el régimen hacendario. Ello hace necesario sopesar la presencia y el papel de la comunidad campesina e indígena en ese periodo.

La presión territorial sobre la comunidad tuvo como consecuencia, por una parte, la pérdida de las condiciones reales de reproducción social y su dependencia de la migración temporal de sus integrantes para laborar en las haciendas de la región; por otra, su integración a los espacios territoriales del régimen hacendario y la creación de comunidades de peones y, por último, su desplazamiento hacia regiones inhóspitas y con tierras marginales para el cultivo. Este proceso es otro de los ingredientes fundamentales que desgastan aún más la organización interna de la mayoría de las comunidades indígenas del país y son fuente de su integración forzosa a la sociedad nacional.

LA SITUACIÓN ACTUAL DE LA COMUNIDAD INDÍGENA EN MÉXICO

La denominada comunidad indígena se encuentra actualmente en un contexto que la va deteriorando poco a poco. La limitación de recursos, el crecimiento demográfico de sus integrantes, los precios de mercado desfavorables, la migración temporal, el descenso de la producción, entre otros factores, han marcado su desarrollo actual. Los indígenas se han ubicado en el sector informal de la economía y migrado definitivamente. La ciudad de México es un nuevo tipo de comunidad indígena.

Aun a pesar de las visiones románticas, ser indígena no implica más que desventajas debido a que se pertenece a un sistema socioeconómico cuyas condiciones son sumamente desfavorables. La crisis de la comunidad no solamente se expresa por la transformación de sus integrantes de productores en artesanos; en el empleo de ropa comprada en tianguis; la desfiguración de las costumbres, y en la religión a la que se adscriben. Se manifiesta igualmente en el intento de los indígenas por deshacerse de las trabas económicas de una organización social en crisis. Los ciclos de fiestas y los sistemas de cargo van desapareciendo. Los primeros, especialmente los relacionados con los ciclos agrícolas, se debilitan ante la imposibilidad de sustentar a la comunidad en la agricultura; los segundos, porque resultan sumamente onerosos y solamente la presión social o la amenaza de cárcel son el motor para participar en ellos. Los privilegios derivados de pertenecer a la estructura de cargos se desvanecen ante una comunidad que no tiene qué ofrecer. Los valores se modifican ya que es más fácil dedicarse al comercio que a la agricultura. El sentido comunitario es socavado por el individualismo creciente; el ser indígena puede convertirse en una forma de vivir e, incluso, de hacer negocio. Se vende lo que queda de la cultura como folclor o artesanía.

De ahí que el término etnia y ahora el de pueblo sean inadecuados en tanto que no reconocen la existencia de una identidad particular y fragmentada que surge desde la época colonial y que se sustenta en rituales singulares y territorios delimitados. Igualmente, es desconocer el profundo desgaste que ha sufrido la comunidad en todos los ámbitos de su cotidianidad. Quizá el término «pueblo» sea importante como discurso cuya carga política permite otorgarle un mayor peso a las reivindicaciones de organizaciones indígenas, pero de ninguna manera, salvo quizá en el caso de los yaquis, puede otorgársele a un conjunto de comunidades cuyas afinidades lingüísticas no implican, necesariamente, la existencia de una identidad común. Reitero, es un término político. Solamente con la construcción de un espejismo discursivo como el que se intenta presentar bajo el término de «pueblos indios», es posible sustentar acríticamente la autonomía y autodeterminación de unidades regionales más amplias que las comunales. El discurso de la identidad integradora entre diversas comunidades debe sustentarse en las condiciones reales de organización política de las regiones con población indígena en el país.

En la actualidad, el concepto de comunidad como una noción que permite la definición de un espacio territorial habitado por un grupo social específico con ciertas particularidades en cuanto a su organización social, es sumamente endeble. En realidad lo que define a una comunidad indígena de la que no lo es, parece estar más ubicado en el terreno de lo político y de las demandas específicas que esta unidad social, ubicada en un espacio territorial definido, establece para generar lazos de cohesión entre sus integrantes. La comunidad es un espacio político. Debe abandonarse, por tanto, la visión tradicional en cuanto al concepto de comunidad. Ésta se construye y redefine en el marco de las coyunturas de la relación que establece con otros sectores y grupos sociales.

RIGOBERTA MENCHÚ TUM: DEFENDIENDO LA IDENTIDAD

Raquel Barceló

INTRODUCCIÓN

En el desarrollo nacional de la mayoría de los países de América Latina se ha negado la identidad y las culturas indias, y como dice Guillermo Bonfil: «a muy pocos parece interesarles qué significa indio, vivir la vida y la cultura de una comunidad india, padecer sus afanes y gozar sus ilusiones»;[1] y los que tienen interés de conocerlos —instituciones y organizaciones gubernamentales y religiosas así como algunos académicos— muchas veces deforman la visión del mundo y los símbolos de las culturas indias porque sus interpretaciones y análisis pasan por una psicología del poder.[2]

A lo largo de cinco siglos los pobladores autóctonos del continente americano han luchado y luchan contra el colonialismo que se ha manifestado y manifiesta en su forma de ser. Aunado a lo anterior, en la política oficial siempre existió una actitud de discriminación por las diferencias físicas y culturales.

Guatemala es un país donde la población india es considerable.[3] Sin embargo, una minoría de blancos detenta el poder político, cultu-

---

[1] Bonfil, Batalla, 1990, p. 45.

[2] Se entiende por psicología del poder la motivación de los hombres a imponer su voluntad sobre los demás. Para Erich Fromm el poder ejercido sobre los individuos constituye una expresión de fuerza en un sentido material, pero en sentido psicológico, el deseo de poder no se arraiga en la fuerza sino en la debilidad. Fromm, 1968, pp. 198–216.

[3] En Guatemala existen en la actualidad 22 etnias.

ral y social. Los «otros», los indios, padecen la opresión y no gozan de los derechos más elementales de que debe beneficiarse todo ser humano. A pesar de las condiciones de explotación a que han sido sometidos durante siglos, los indios mayas guatemaltecos —y los pueblos mesoamericanos en general— han conservado su identidad porque han sabido mantener su memoria colectiva y su lengua, y porque han desarrollado, desde la Conquista, estrategias de sobrevivencia.

Mediante la voz de Rigoberta Menchú, líder de las comunidades campesinas y Premio Nobel de la Paz 1992, analizaré la lucha por afirmar una manera de ser, por buscar un derecho a ser lo que se es: la identidad del indio. Rigoberta eligió la palabra «como su única arma», por eso decidió aprender español, saliendo así del enclaustramiento en el que se han parapetado voluntariamente los indios para preservar su cultura.[4]

A través del discurso —político, literario o coloquial— se pueden analizar las estructuras más generales con las que se organiza la información que se presenta: la manera en que se argumenta, lo que el emisor quiere hacer llegar a su interlocutor, la construcción verbal de situaciones relativas y diferenciales de prestigio y poder, los recursos de foco con los que se privilegia determinado contenido, entre otros aspectos.[5] Por esta riqueza del lenguaje, decidí analizar el discurso de Rigoberta Menchú, ya que su experiencia y lo que dice respecto a la historia de su vida, cultura y situación de discriminación cultural y social en que se encuentran actualmente los pueblos indios guatemaltecos, lo encontramos en otros indios del continente americano. Asimismo, a través del discurso de la Premio Nobel analizaremos los valores colectivos y la solidaridad humana que siempre han defendido los indios. De lo que se trata es de presentar la realidad de un mundo implicado el intento de representar el mundo

[4] Burgos, 1985, p. 9.
[5] Carbó, 1984, p. 51.

de los «otros» tal y como·estos «otros» lo ven. Cabe aclarar que no se considera la adopción de la lengua española en Rigoberta Menchú como la pérdida de la lengua nativa en el deseo de ser como el «otro», de ser «otro». Y por último, la identidad de Rigoberta estará siempre en relación con la identidad del grupo al que pertenece.[6]

LA IDENTIDAD Y LA COMUNIDAD

El indio se apropia del mundo, lo ordena y lo transforma, a la vez que se reproduce a sí mismo como colectivo diferenciado y con una identidad individual; es decir, la identidad agrupa tanto la conservación como la diferenciación y la identificación. A través de la comunidad se define la identidad del indio porque le permite tener una historia, una lengua, una organización y un espacio propio y específico. Rigoberta Menchú explica que:

> Cuando yo uso el concepto de pueblo también lo uso en el sentido de que para mí representa una comunidad, una colectividad, un modo de pensar, una cosmovisión, un sentimiento, una reafirmación de luchas, etc. y lo diferencio de las minorías étnicas que son minorías que surgieron como sectores marginados, sin tener necesariamente un origen histórico o sin que necesariamente pertenezcan a una cultura milenaria.[7]

También considera que la comunidad es la que permite que los valores colectivos no se pierdan, que la voz de los disidentes complemente la decisión de la mayoría; es decir, la pauta jurídica que se observa en los sistemas cívico–religiosos no es la democracia sino la comunalidad:

---

[6] Habermas, 1987, vol. II, p. 142.
[7] Menchú, 1995, pp. 21–22.

Yo creo en la validez de los conceptos de comunidad y de la colectividad y creo profundamente que la comunidad no es un obstáculo al desarrollo como en muchos momentos se ha dicho. Los valores colectivos hoy se reclaman en muchas partes del mundo [...] La colectividad es un punto que se reafirma y es el valor que siempre defendieron los indígenas a lo largo de todos los tiempos, a pesar de los buenos y los malos tiempos. También es el valor que permitió a los indígenas dar el verdadero contenido de lo que hoy llamamos 500 años de Resistencia.[8]

Sol Tax, al estudiar a los mayas de las tierra altas en la década de los treinta, señaló que desde el punto de vista de los indios, la gente de cada municipio constituye un grupo único por la sangre y la tradición y que difiere de todos los demás en su historia, lengua y cultura. Señala la importancia de la vida «municipal» y lo propio de un municipio como unidad que articula lo económico, lo político y lo religioso dentro de un sistema común pero guardando una relativa independencia. Por lo tanto, es necesario analizar los mecanismos sociales que permiten la permanencia del grupo, los procesos colectivos que recrean la distinción y las prácticas culturales que permiten la identificación.

Tax anticipa en su trabajo sobre los indios mayas del altiplano guatemalteco —en concreto el altiplano meso-occidental que engloba a los quichés, cakchiqueles y tzutujiles— las características fundamentales que actualmente reconoce la antropología mesoamericana al referirse a las comunidades indígenas:

Aunque parezca contradictorio, los grupos indígenas —los municipios— llevan en sus diferencias la marca del aislamiento, pero esto no puede ser atribuido al aislamiento geográfico sino más bien a su resistencia con respecto a los efectos naturales del contacto constante.[9]

---

[8] Menchú, 1995, p. 19.
[9] Tax, 1965, pp. 15–16.

Por lo tanto, la comunidad es un elemento que cohesiona y garantiza la sobrevivencia de la cultura. Tax reconoce que en las comunidades indias existe una unidad que articula lo económico, lo político y lo religioso. Dice que «desde el punto de vista de los propios indios, la gente de cada municipio constituye un grupo único, unido por la sangre y la tradición y que difiere de todas las demás por su historia, lengua y cultura».[10]

Otros antropólogos como M. Diskin y Andrés Medina también consideran a la comunidad como el elemento que cohesiona y garantiza la sobrevivencia de las comunidades. Diskin ve a la comunidad como un fuerte complejo de resistencia étnica en el cual el sistema de plazas regionales, las formas tradicionales de producción, las formas comunitarias de gobierno y las ceremonias dan significado y continuidad al *locus* más importante de la vida de un indio.[11] Medina, por su parte, la considera como el último recurso defensivo de la población india, ya que el sistema de cargos es «el proceso de continuación y recreación de la visión del mundo que sintetiza la particularidad histórica» de los pueblos indios que además de cohesionarlos los identifica.[12] W. Smith demuestra la forma en que se estructuran los sistemas de cargos en las tierras altas de Guatemala y considera que éstos constituyen una reacción india contra la dominación política impuesta desde la Colonia.[13]

La comunidad también ha perdurado a través del proceso de socialización. Es en la familia donde se dan las condiciones —además de la reproducción biológica, social e ideológica— para la socialización que garantiza la continuidad de la estructura social y cul-

---

[10] Tax, 1965, pp. 21–22.
[11] Diskin, 1986, p. 292.
[12] Medina, 1987, p. 173.
[13] Véase Smith en Galinier, 1990, p. 38.

tural. Ahí los individuos aprenden los elementos de la cotidianidad y se les prepara para ingresar al grupo de los adultos, cuando ya son capaces de sostenerse autónomamente en medio de la sociedad general y cuando ya asimilaron estos valores de integraciones mayores. Son las mujeres las que se encargan de transmitir valores a los pequeños y entre ellos está el más importante, el de la vida en comunidad:

> Ojalá que nosotras las mujeres podamos también seguir defendiendo en el futuro aquellos valores que le han dado la vida a los indígenas, como son los valores de la comunidad y de la colectividad, que no son los valores desechables en la sociedad de hoy. Más bien hay que rescatarlos, darles su contenido ya que el mundo que vivimos hoy es de mucha incertidumbre para nuestros hijos, para nuestra juventud.[14]

UNA FORMA DE SER: LA IDENTIDAD Y LA CONCEPCIÓN DEL MUNDO

El indio, consciente de su condición de opresión, penetración ideológica, explotación y expolio ha creado instrumentos de resistencia. Han pasado 500 años de la presencia de Occidente en América, periodo en el cual se ha podido observar que a pesar de la dispersión de las religiones no indias, sigue vigente el pensamiento filosófico de la conciencia universal. Por eso, el indio considera que su esencia humana está definida por una concepción del mundo que tiene su raíz en la vida y que ésta da sentido a su pensamiento y acción. Además, sirve para conservar la realidad del mundo social en el que viven los hombres.[15]

---

[14] Menchú, 1995, p. 28.
[15] Véase Berger, 1973, p. 49.

En la discusión antropológica reciente, los aspectos morales y religiosos de las culturas han sido resumidos bajo el término de *ethos*, en tanto que los aspectos cognitivos y existenciales se han designado con la expresión «cosmovisión» o «visión del mundo». El *ethos* de una cultura, dice Geertz, «es el tono, el carácter, la calidad de su vida, su estilo moral»;[16] en otras palabras, es la actitud subyacente que un pueblo tiene ante sí mismo y ante el mundo. La cosmovisión, en cambio, es la concepción de la naturaleza, de la persona y de la sociedad. En suma, la cosmovisión contiene las ideas más generales del orden de una determinada cultura.

Cualquier cosa que pueda ser una religión, ella es, en parte, un intento de conservar el caudal de significaciones generales en virtud de las cuales cada individuo interpreta su experiencia y organiza su conducta. El *ethos* se hace intelectualmente razonable al mostrarse que representa un estilo de vida implícito por el estado de cosas que la cosmovisión describe, y la cosmovisión se hace emocionalmente aceptable al ser representada como una imagen del estado real de las cosas, del cual el estilo de vida es una auténtica expresión; es decir, hay una fusión de lo existencial y lo normativo.

La religión nunca es meramente metafísica y ética. Se considera que la fuente de su vitalidad moral estriba en la fidelidad con que la religión expresa la naturaleza fundamental de la realidad. Como estudiosos de ésta debemos estar conscientes del límite frágil que existe entre el *deber ser* y el *ser*.

Los estudiosos de la religión maya difieren en cuanto a la forma en que las dos religiones —religión prehispánica y religión hispánica— se modificaron a partir de la Conquista.[17] Eugenio Maurer con-

---

[16] Geertz, 1991, p. 118.

[17] Eugenio Maurer los clasifica en tres categorías: *a*) los que sostienen que el impacto del cristianismo en las religiones precolombinas fue muy escaso —como Evon Voght y William Holland—; *b*) quienes conciben las religiones actuales indias co-

sidera la religión actual de los mayas como una síntesis de ambas, es una cosmovisión ordenada y armónica, desde luego dinámica, capaz por lo tanto de continuar el proceso de integración de los elementos nuevos que se van presentando.[18] Sin embargo, Johanna Broda ha demostrado una fuerte unidad mesoamericana subyacente en las más diversas expresiones culturales. Así, el culto prehispánico tenía una estrecha vinculación con la observación de la naturaleza, como sucede en los ritos actuales. No obstante, las transformaciones sociales y culturales de las comunidades indias mesoamericanas, continúan con el culto a los cerros, la tierra y el agua. En efecto, tales relaciones expresan la dependencia del hombre con el medio ambiente en que vive, sobre todo el hombre campesino.[19]

Esta vida integrada a la naturaleza y al cosmos se observa en la ceremonia de matrimonio entre los mayas quichés en la actualidad, donde los ancianos desempeñan un papel importante, ya que los abuelos son los que transmiten la historia de su vida y su cultura. Rigoberta Menchú narra que en el matrimonio la pareja hace su compromiso de su ser maya por medio de una oración que los contrayentes repiten:

«Madre tierra nos tienes que dar de comer. Somos hombres de maíz, estamos hechos de maíz amarillo y blanco. Nuestros hijos andarán sobre ti. Nuestros hijos nunca perderán la esperanza de que tú eres madre para nosotros». Y así empiezan a decir oraciones, los que se van a casar. Hablan con el Dios único de nosotros, o sea, el corazón del cielo a quien le dicen «Padre y madre, corazón del cielo, tú nos tienes que dar luz, nos

mo originadas de lo hispánico y de lo precolombino, pero no en forma integrada sino como una mezcla o sincretismo —así lo consideran Calixta Guiteras–Holmes, Eric Thompson y Alberto Ruiz Lhullier—, y c) quienes postulan la integración entre los elementos de las religiones hispánicas y precolombinas. Maurer, 1985, pp. 133–136.
[18] Maurer, 1985, pp. 133–136.
[19] Broda, 1991, p. 464.

tienes que dar calor, nos tienes que dar esperanza y tienes que castigar a nuestros enemigos, tienes que castigar a los que quieren acabar con nuestros antepasados. Nosotros por más pobres y humildes que seamos, nunca te perderemo».[20]

Rigoberta también habla de la existencia de un solo Dios en su religión, y que al igual que en la religión católica tienen una concepción monoteísta: «la biblia habla de un Dios único, nosotros también tenemos un solo Dios; es el Sol, corazón del cielo».[21] Al igual que en la época prehispánica los mayas creían en un Dios (*Hunab Ku*)[22] que no obedecía a imagen alguna y era declarado como padre de todos los dioses. Para fray Diego de Landa, Villalpando, Pedro Sánchez de Aguilar y Diego de Cogolludo significó, sin lugar a dudas, el nombre de Dios entre los mayas. La religiosidad entre los mayas de alguna manera sigue siendo cósmica y su esfera de influencia es por lo tanto toda la evolución del universo su idea de Dios exige un gran es-fuerzo de humildad por parte del hombre y de ahí que, entre los mayas haya cabida a la tolerancia.[23] Rigoberta reconoce que entre los mayas actuales perdura la religión de sus ancestros, a pesar de la influencia de la religión católica:

[...] cuando llegó la Acción Católica, por ejemplo, todo el mundo va a misa, va a rezar. Pero no es como una religión principal y única para expresarse. Siempre detrás de esto, cuando nace un niño, se le hace su

---

[20] Burgos, 1985, p. 92.

[21] Burgos, 1985, p. 82.

[22] Era el nombre de Dios entre los mayas. Por los atributos que le prestaban se infiere que tenía condición de Ser Absoluto, ya que él era sobre todas las cosas y como tal movía y medía a un mismo tiempo y su mayor expresión se encontraba en el Sol (*K'in*) —agente vital por excelencia—, de ahí que los mayas designaran al espíritu como *k'inan*.

[23] En las religiones antropocentristas la tolerancia de otras religiones es casi imposible.

bautismo en la comunidad, antes de ir a la iglesia. Entonces, la Acción Católica, la tomó el pueblo como otro canal para expresarse pero no es la única fe que tiene hacia la religión.[24]

Por otra parte, Rigoberta Menchú manifiesta la prudencia y el silencio de los mayas derivado más por el desprecio a su cultura, que por la humildad que les proporciona su religión. Las malas interpretaciones de su religión han contribuido a que guarden muchos secretos:

> Nosotros los indígenas hemos ocultado nuestra identidad, hemos guardado muchos secretos, por eso somos discriminados. Para nosotros es bastante difícil muchas veces decir algo que se relaciona con uno mismo porque uno sabe que tiene que ocultar esto hasta que garantice que va a seguir como una cultura indígena, que nadie nos puede quitar. Por eso no puedo explicar el nahual pero hay ciertas cosas que puedo decir a grandes rasgos. Yo no puedo decir cuál es mi nahual porque es uno de nuestros secretos.[25]

Un ejemplo de la visión cósmica de los mayas actuales es la concepción del tiempo, es decir, éste es considerado como un eterno fluir, sin principio ni fin y, en realidad, consideran que no hay sucesos separados. Sus vidas fluyen como el agua, todo está interrelacionado —como la fuente del río está relacionada con la desembocadura y con el océano—. En la zona Ixil —Nebaj, Cotzal y Chajul— J. Steward Lincoln en 1942 encontró que medían el tiempo como en el periodo prehispánico:[26] «La vida diaria en las esferas de la adoración, agricultura, relaciones domésticas y sociales; además influye en la conducta conectada con el nacimiento, casamiento, subsisten-

---

[24] Burgos, 1985, p. 29.
[25] Burgos, 1985, p. 41.
[26] También encontró vigente la imagen cuatripartita del universo como se encuentra en el *Popol–Vuh.*

cia y muerte».[27] Esta concepción del tiempo es asimilada, como otros elementos de la cultura, en el proceso de socialización:

> [...] desde chiquitos nos educan a entender el tiempo como tiempo infinito, el tiempo como largo, nunca termina. El tránsito por el mundo es un tránsito muy corto, de cada individuo que llega sobre la tierra y por eso hay siempre una fiesta cuando llega un individuo [...][28]

Otra forma de percibir el tiempo infinito es a través del concepto de la muerte. La muerte, dice Rigoberta, «es algo a lo que uno se va preparando. Es algo que no viene como algo desconocido, sino que es como un entrenamiento». El indio maya guatemalteco «muere con la sensación de haber cumplido con su deber, con su vida, con lo que tenía que hacer». El maya se sitúa frente al universo y se concibe como unidad, es decir, como un diminuto ser que nace, dura un instante y desaparece con la muerte; pero durante ese instante, el indio realiza su verdadera personalidad buscando unirse al máximo con la naturaleza, crea una doble conciencia, tanto de los mecanismos que unen lo personal a lo colectivo, como de las direcciones evolutivas en el plano cósmico, que le permiten una comprensión más clara de los verdaderos problemas y una visión más nítida de la elección a efectuar, para realizar su vocación esencial: vivir en unidad con el universo y con su comunidad.

Cuando la muerte viene de improviso sin que el individuo esté consciente, o estando lejos de la familia, el maya siente que deja de ser un eslabón en la cadena formada por la comunidad, ya que muere sin transmitir su propia experiencia, sus reflexiones, sus secretos. Dice Rigoberta al respecto:

---

[27] Steward Lincoln, 1942, p. 103.
[28] Véase la entrevista de Bernardo Atxaga a Rigoberta Menchú. Menchú, 1992.

Y, en el momento que va a morir, en que siente que va a morir, llama a la persona que más quiere, a la persona de la cual está más cerca, que puede ser una hija o una nieta en el caso de una abuela; o un hijo o un nieto en el caso del abuelo o cualquier persona que esté muy próxima, para hacerle las últimas recomendaciones y transmitirle, a la vez, el secreto de sus antepasados y también transmitirle su propia experiencia, sus reflexiones. Los secretos, las recomendaciones de cómo hay que comportarse en la vida, ante la comunidad indígena, ante el ladino.[29]

Después de revelar sus secretos y dar recomendaciones a su familia, el maya muere tranquilo y con la sensación de haber cumplido con su deber, con su vida y con lo que tenía que hacer. Por eso una muerte violenta —sea en un accidente o un crimen— es muy sentida. Así lo expresa Rigoberta:

[...] es una cosa que sufrimos mucho, porque es una cosa que se sufre en carne propia. Por ejemplo, la forma en que murió mi hermanito, matado. Ni siquiera nos gusta matar a un animal. Porque no nos gusta matar. No hay violencia en la comunidad indígena, por ejemplo la muerte de un niño. Si un niño murió de mala nutrición, no es culpa del padre sino por culpa de las condiciones del ladino, es un atropello debido al sistema. Matar es para nosotros algo monstruoso. De allí la indignación que sentimos por todo lo de la represión.[30]

En sus prácticas religiosas los mayas a menudo acostumbran el destinar los bosques y otras tierras como reservas sagradas de la vida silvestre, los espíritus y los dioses. Por eso, se podría decir que el indio desempeña un papel fundamental en la ordenación del medio

---

[29] Burgos, 1985, p. 226.
[30] Burgos, 1985, pp. 227–228.

ambiente y en el desarrollo debido a sus conocimientos y prácticas tradicionales.

La tierra es considerada fuente continua de vida para los seres vivos y es profundamente honrada y respetada como madre. Los reinos mineral, vegetal y animal se consideran elementos inseparables de la trama vital. Cada partícula de ella es sagrada, por eso, la tierra también infunde temor reverencial y respeto, es literalmente la madre tierra. En su agricultura, base de su economía, y en su religión, los pueblos indígenas ejercen una administración vital de los recursos y el medio ambiente. Sus métodos agrícolas tradicionales promueven la conservación de la diversidad biológica.

Desde niños aprenden que la tierra es la naturaleza, la madre universal, señora de todos los elementos, soberana de las cosas espirituales y así lo recuerda Rigoberta:

> [...] desde niños recibimos una educación diferente de la que tienen los blancos, los ladinos. Nosotros, los indígenas, tenemos más contacto con la naturaleza. Por eso nos dicen politeístas. Pero sin embargo, no somos politeístas [...] no es que adoremos, sino que respetamos una serie de cosas de la naturaleza. Las cosas más importantes para nosotros. Por ejemplo, el agua es algo sagrado. La explicación que dan nuestros padres desde niños es que no hay que desperdiciar el agua, aunque haya. Sin el agua no se puede vivir [...][31]

La tierra está integrada a su ser, pero en el sentido de que el hombre pertenece a la tierra y no ésta al hombre. Por eso lo que ocurra a la tierra ocurrirá a los hijos de ella. Así, cuando se les despoja de la tierra hieren profundamente el alma del indio ya que tienen que dejar detrás de sí las sepulturas de sus padres y sus demás ancestros y los derechos de sus hijos. Muy claro lo expresa Rigoberta en el poema *Mi tierra*:

---

[31] Burgos, 1985, p. 80.

Madre tierra, madre patria,
aquí reposan los huesos y
memorias de mis antepasados
en tus espaldas se enterraron
los abuelos, los nietos y los hijos [...]
Aquí se formaron mis huesos
Aquí me enterraron el ombligo
y por eso me quedé aquí
años tras años
generaciones tras generaciones.[32]

En el poema de Rigoberta puede observarse el significado de la vida como integral, es decir, como un todo. Pero el todo no se puede entender desde un solo punto de vista que es como lo entienden los gobiernos autoritarios y las religiones organizadas, sino la búsqueda a través de una reflexión que nace de la experiencia vital y de los acontecimientos que provoca el haz de impulsos y sentimientos en el individuo al encontrarse con el mundo circundante.

La estrecha observación de la naturaleza se debe a la dependencia que el campesino tiene con el medio ambiente y con el cultivo de la tierra. Su sustento básico depende del medio ambiente y los fenómenos meteorológicos y astronómicos: la lluvia, el sol, la luna, están vinculados con la siembra.

En los mitos y leyendas se observa el pensamiento estructurado y se expresa el *imaginario colectivo* donde de alguna manera está significada la concepción del mundo. También son una vía específica de transmisión de la cultura o un recurso de conservación de la memoria colectiva.[33] Esta memoria mítica está presente en todos los campos de la vida social y tiene una enorme vitalidad descriptiva y explicativa.

---

[32] Poema escrito en enero de 1990. Véase Menchú, 1992.
[33] López Austin, 1990, p. 110.

Una forma de expresar poder sobre los indios es la creencia de que su pasado es la tradición, que sólo puede expresarse oral y conjuntamente por medio de un portavoz —un chamán o un jefe—, negándole al individuo su capacidad de interpretación y síntesis de la vida.

Por otra parte, la cultura occidental no le da valor a la unidad del indio con su comunidad, naturaleza y cosmos. Quizá porque en la cultura occidental esta unidad con el cosmos no está presente. Cuando se dice «tener los pies sobre la tierra» significa, en el lenguaje cotidiano, enfrentar los hechos, ser práctico, moverse en la realidad. En cambio, cuando te dicen que «tienes la cabeza en las nubes» es porque te creen soñador, un fantasioso, aunque curiosamente la noción cristiana de paraíso, residencia de Dios se simboliza tradicionalmente mediante una situación en la que todo el mundo flota en el cielo. Al parecer, se nos olvida que la tierra siempre ha estado en el cielo y que el espacio es tan real como cualquier cosa sólida.

LA NACIÓN Y LA IDENTIDAD INDÍGENA

La nación tiene como base la demarcación de un territorio regido por un mismo gobierno, la construcción de un origen histórico común y el ejercicio de un conjunto de prácticas que la definen como tal. Generalmente las naciones están conformadas por una multiplicidad de grupos étnicos y clases sociales, cuyas culturas particulares trascienden y matizan a la cultura nacional; por lo tanto, es difícil hablar de una identidad nacional. Dentro de esta multiplicidad, los indígenas son considerados como *minorías étnicas.*

Las culturas indias en Guatemala tienen presencia y vigencia notoria, a pesar de que ideológicamente desde la Colonia han sido restringidas. Al igual que en México, «la presencia de la cultura india es, en algunos aspectos, tan cotidiana y omnipresente que rara vez se repara en su significado profundo y en el largo proceso histórico que hizo posible su persistencia en sectores sociales que asumen hoy una identidad no india».[34] La historia del indio en América Latina es tan amplia y de tan enorme tradición que no podemos dejar de reconocer y negar su identidad y su cultura.

Durante siglos, la particular relación que mantienen los indios con la tierra —una simbiosis elemental que reviste una importancia primordial en su supervivencia— se ha visto amenazada por la colonización, pero a pesar de ello luchan por mantenerla. En la actualidad, cuando se les integra a las sociedades hegemónicas deben someterse a la discriminación y explotación y a menudo a soportar las peores condiciones de vida. Los que permanecen en sus comunidades hacen frente a la desintegración de sus culturas y al desplazamiento físico a medida que sus tierras son requeridas para el desarrollo nacional. Por eso se puede decir que las poblaciones indígenas son uno de los grupos más desfavorecidos del planeta.

La construcción de las naciones latinoamericanas estuvo en manos de las burguesías. Los sistemas de enajenación y represión de los aparatos ideológicos del Estado tienen la virtud de cohesionar en un bloque unitario a la burguesía, cuyo uso del poder se proyecta a todos los niveles,[35] sobre todo cuando la clase hegemónica generalmente está compuesta por individuos en los que impera la dominación como perversión de la potencia.[36] Quizás es una de las razones por la cual en muchos países donde impera la filosofía autoritaria no exista la igualdad.

---

[34] Bonfil Batalla, 1990, p. 73.

[35] Véase Althusser, 1970.

[36] Erich Fromm da a la palabra poder un doble sentido: el primero se refiere a la posesión de poder de alguien, a la capacidad de dominarlo; y el segundo se refiere a la posesión de poder hacer algo, de ser potente. Y considera el poder en el sentido de dominación como la perversión de esa potencia, es decir, la perversión de la capacidad de actualizar las potencialidades sobre la base de la libertad y la integridad del YO. Véase Fromm, 1968.

En las sociedades autoritarias se emplea el término igualdad en forma puramente convencional o bien porque conviene a los propósitos del Estado, y desde luego no posee para él un significado real o de importancia, puesto que se refiere a algo ajeno en la experiencia emocional de un buen número de individuos. Por eso, en la cultura burguesa el mundo se compone de personas que tienen poder y otras que carecen de él,[37] o sea individuos superiores e inferiores.

Ubicar al indígena ante la nación nos permite entrar al nivel ideológico del concepto gramsciano de hegemonía,[38] ya que nos ayuda a entender la ideología en términos de poder. En los países latinoamericanos los intereses de diversas clases se incorporan al proyecto nacional bajo la preeminencia histórica de los intereses de la clase hegemónica. Lo hegemónico predomina porque una de las funciones centrales del Estado es crear legitimidad; es decir, la capacidad para engendrar y mantener la creencia de que las instituciones políticas existentes son las más apropiadas para la sociedad.[39]

En Guatemala es muy claro que los últimos gobernantes han convertido la legitimidad en una necesidad de justificar los actos políticos con base en el consenso de la mayoría, gobernando a nombre de la mayoría, o de la «tiranía de la mayoría», por eso su política reposa en la violencia. Así narra Rigoberta la represión y matanza que ordenó el alto mando del ejército, en cuyas filas se encontraban varios latifundistas, el 29 de mayo de 1978, en la marcha hacia el pueblo de Panzós, en la cual participaban mujeres y niños, para resolver los despojos de tierras:

---

[37] Filósofos como Hobbes, Spinoza y Russell explican el poder a partir del individuo. Hobbes consideró como una inclinación natural de toda humanidad, el permanente e incansable deseo de poder. Para Spinoza la pasión del poder es inherente a la naturaleza humana, y para Russell, entre los deseos infinitos del hombre, los principales son los de poder y gloria.

[38] Gramsci entiende la hegemonía como la dirección de una clase social dominante, la burguesía que creó el Estado burgués. Buci Glucksman, 1979, p. 75.

[39] Lipset, 1970, p. 57.

El día de los hechos, las comunidades de Panzós, Sepón, Secocopo, Cobonchá, Semococh, Rabetzal y otras se unieron para entregar la carta al alcalde del lugar en relación al problema de las tierras con el propósito de que la leyera en voz alta [...] escondidos en el salón comunal, se hallaban 150 entre kaibiles,[40] comandos SWAT[41] y pistoleros esperando a los manifestantes [...] cuando las armas callaron, más de cien personas yacían en el suelo sin vida [...][42]

Las minorías étnicas se encuentran subyugadas por la cultura nacional y a menudo son oprimidas y consideradas con un prejuicio étnico y racial.[43] A pesar de que en el proceso de construcción de la nación los ideólogos incorporaron elementos del mundo indígena prehispánico para reivindicarse frente a Europa como «ser americano», en la realidad las minorías étnicas son explotadas, despreciadas y les niegan su personalidad. Por otra parte, al indígena se le ha tratado con paternalismo:

Lo que necesitamos hoy no es proteccionismo, ya hubo mucha protección desde el análisis, desde el estudio, protección desde los proyectos, desde las políticas financieras gubernamentales, sino más bien lo que se necesita es, yo creo, la comprensión de las reivindicaciones. Comprenderlas significa también creatividad para materializarlas en proyectos.[44]

A veces los académicos perdemos la conciencia de que poseemos poder, hasta que con el tiempo nos damos cuenta de que hemos coexistido con él. Me refiero al poder de imponer nuestra voluntad sobre las demás al elaborar definiciones y teorías y en las distintas

---

[40] Los kaibiles son tropas de asalto antiguerrilleras, capacitadas por el ejército guatemalteco.
[41] Los comandos SWAT son unidades especializadas para proteger y reprimir grupos
[42] Menchú, 1992, pp. 44–45.
[43] Najenson, 1979, p. 13.
[44] Menchú, 1995, p. 20.

maneras que abordamos al estudiar a la sociedad. Rigoberta manifiesta sus sentimientos al respecto: «Me duele decirlo, pero quisiera decirlo, justamente en este foro académico: durante mucho tiempo los indígenas hemos sido objeto de estudio y hoy, creo que hay que cambiar un poco esas relaciones [...]»[45]

En las comunidades indígenas está presente el poder, pero éste se asocia a individuos concretos. En algunos casos, el dominio del poder sólo se especifica en términos amplios, por ejemplo decisiones políticas; en otros, de modo relativamente concreto, por ejemplo, decisiones concernientes a la renovación de la comunidad. Por lo que respecta a la distribución del poder, casi todos los estudios indican que la mayoría de las personas, sobre todo de las comunidades, carecen en esencia de él. No participan en las decisiones ni acumulan reputaciones de poder. Cualquiera que sea el control latente que posean, rara vez lo ejercen. Y las personas que lo ejercen no intervienen en el desarrollo de la personalidad de los demás. Paradójicamente, los orígenes de los mecanismos psicológicos que conducen a los individuos por los senderos del poder, se encuentran localizados en las sociedades «imperfectas», especializadas en obstaculizar el pleno desarrollo de la personalidad. Así manifiesta Rigoberta el poder de los gobernantes de su comunidad:

> Muchas veces la costumbre en nuestra cultura nos ha hecho que nosotros respetemos a todos, sin embargo a nosotros nunca nos han respetado [...] los curas, los sacerdotes, las monjas, no han podido ganar la confianza del indígena porque hay ciertas cosas que contradicen nuestras propias costumbres. Nos dicen «Es que ustedes se confían, por ejemplo de los hombres elegidos de la comunidad». El pueblo *los* elige por toda la confianza que le da a esa persona [...] (también dicen) «es que ustedes quieren a los brujos». Y empiezan a hablar de ellos y para el indígena es como hablar del papá de cada uno de ellos.[46]

---

[45] *Ibidem.*
[46] Burgos, 1985, pp. 28–29.

En Guatemala el exterminio indígena —como en otros países de América Latina— ha sido ininterrumpido. Atrocidades se han cometido en este siglo XX, pero fueron quizás los periodos de los presidentes Romeo Lucas García y Efraín Ríos Montt los que más se caracterizaron por la represión hacia los indígenas y la violación de los derechos humanos de éstos. Rigoberta da testimonio de lo mencionado:

> El exterminio que en un momento yo lo llamé sacrificio humano existe finalizando el siglo veinte, se dice que nuestros abuelos sacrificaban a seres humanos para sus dioses, hoy el sacrificio humano es muy grande en la vida de los pueblos indígenas. Hay algunos pueblos indígenas que corren el riesgo de ser exterminados [...] Mucho hemos oído barbaridades acerca de que se ha torturado y violado a mujeres en su parte más sagrada, siempre se le ha violado.[47]

REAFIRMANDO LA IDENTIDAD

En periodos de agresión y peligro el indígena se manifiesta a través de movimientos de reivindicación y de resistencia cultural y se da a la búsqueda de solidaridades esenciales para multiplicar la eficacia de su acción. Aun en las situaciones más desfavorables se observan manifestaciones que revelan una vitalidad cultural que puede desembocar en verdaderas resurrecciones de los grupos etnoculturales.

La afirmación de la identidad de los mayas guatemaltecos viene desde la Conquista. Rigoberta considera que la identidad del indio no representa ningún problema, ya que el indio «es»; el problema se encuentra en los «otros» que han tratado de definir al indio de acuerdo

---

[47] Menchú, 1985, pp. 28–29.

con sus múltiples intereses: «Creo es tiempo muy importante para revisar la inmensa cantidad de conceptos que hay sobre los pueblos indios, su tipificación y los estereotipos que han existido en torno a nuestros pueblos».[48]

Los movimientos de afirmación de identidades colectivas constituyen un testimonio de la decisión de no abandonar la iniciativa histórica a otros y de participar en la construcción colectiva del porvenir. Hoy en día las poblaciones indígenas vienen clamando justicia y se están organizando en los planos local y nacional y están participando activamente en el internacional, buscando respeto de sus culturas y sus modos de vida y la posibilidad de tomar parte plenamente en los procesos de adopción de decisiones que los afectan. Están tratando de participar en la planificación, ejecución y evaluación de los proyectos que tengan consecuencias en sus condiciones de vida y en su futuro. Y en este camino Rigoberta ha encontrado incomprensiones por ser india, mujer y joven:

> Es una lucha dura. Insidiosa, ingrata. Pero sobre todo la cara de una que ahora ya como pasan los años, una vuelve a tener cara de respeto, pero hace algunos años, recuerdo apenas seis años, siete años, entonces la gente me veía como una jovencita [...] en América he tenido que pelear duro contra el menosprecio. Lo que quiero decir con esto es que yo misma he sufrido el prototipo de indio [...] Yo sé que hay mucha gente que nunca nos va a querer, jamás nos va a aceptar que los indígenas hablen porque a medida que hablen el español y ya no son indios, dicen. Y eso es un poco lo que muchos irrespetuosos han dicho sobre mi persona también en los últimos tiempos.[49]

Los pueblos indígenas al interior son autónomos, se consideran los legítimos titulares de los derechos sobre sus territorios y recursos

---

[48] Menchú, 1987, p. 19.
[49] Véase la entrevista de Bernardo Atxaga a Rigoberta Menchú. Menchú, 1992.

naturales y creen que el control de la economía local, la planificación social, la explotación de la tierra y la autonomía fiscal de sus
territorios son esenciales para su subsistencia. Pero en un contexto
nacional, el problema que encuentran para su autonomía estriba en
que muchos Estados están temerosos de que surjan tendencias se-
paratistas que podrían llevar a la desintegración nacional. Como estrategia, éstos han retomado los principios de la soberanía territorial
y rechazado las reivindicaciones de autonomía.[50]

La historia ha demostrado que las constituciones, normas y esta-
tutos, por sí solos, no libran a los pueblos de la discriminación ni ga-
rantizan su disfrute de los derechos humanos. Para que los pueblos
indios alcancen sus aspiraciones de autonomía se requiere del esfuerzo constante de todos los grupos, incluidos los gobiernos, las organizaciones indígenas y los organismos internacionales.

Rigoberta considera que es necesario tener un sentimiento de
identidad y confianza de lo que uno «es» para poder relacionarse,
solidarizarse con el mundo que nos rodea, en vez de dominar al
mundo; por lo tanto, es necesario comprender una parte, para poder
comprender el todo:

> Estoy convencida de que si el día de hoy no entendemos el derecho de
> todo pueblo como pueblo y de todo individuo como individuo sobre la
> tierra, nuestras sociedades tendrán problemas en el futuro. Es decir, si
> no comprendemos las luchas de los pueblos indígenas, no se compren-
> derá la lucha de las mujeres, así como no se comprenderá el mundo en
> que vivimos.[51]

---

[50] La evolución hacia la autonomía ha estado encabezada por los países nórdicos,
donde la arraigada tradición democrática y liberal, sumada a una organización
política eficaz de las comunidades indígenas, ha servido para que el gobierno
propio y un alto grado de autonomía se hagan realidad.

[51] Menchú, 1995, p. 31.

A diferencia de la sociedad burguesa, cuyo principal interés en la vida es encontrar seguridad, llegar a ser un personaje importante o meramente divertirse con la mínima reflexión posible, los indios de América buscan el significado de la vida como un todo. Para los indios inteligencia no es adquirir títulos, ni información, como tampoco consiste en la capacidad de reaccionar hábilmente en defensa propia o hacer afirmaciones agresivas, sino es la capacidad para percibir lo esencial, lo que «es», que va desde comprenderse a sí mismo hasta descubrir los valores que surgen en la comprensión de la vida.

Hay quienes han visto el pluralismo cultural como una opción para crear las condiciones para la liberación de las culturas oprimidas y su participación en condiciones de igualdad, pero sin renunciar a su diferencia en la reconstrucción de la nación. En una sociedad plural, el sistema ideológico de cada grupo étnico debe incluir valores de su cultura como una identidad distintiva y para que haya consenso, cada grupo social debe poseer ciertos valores comunes a todos los grupos. La aceptación de estos valores está relacionada con la tolerancia de cada grupo.

En la realidad el desarrollo económico de los países latinoamericanos impide que el pluralismo cultural se dé. No sólo el sistema es un impedimento sino también lo son los individuos. El ser humano tiene que cambiar fundamentalmente sus valores y actitudes basadas en la dominación; quizás a eso se refiere Rigoberta al decir «el día en que se respeten en nuestros países los derechos humanos, el derecho a la vida, el derecho a la cultura, a las costumbres, el derecho a la historia, y que los indígenas no seamos más satanizados, ese día empezaremos a establecer nuevas relaciones en América».

BIBLIOGRAFÍA

ALTHUSSER, Louis: *Ideología y aparatos ideológicos del Estado*, Medellín, Ediciones Quinto Sol, 1970.

BERGER, Peter: *The Social Reality of Religion*, Londres, Penguin Books, 1973.

BONFIL BATALLA, Guillermo: *México profundo. Una civilización negada*, México, Editorial Grijalbo–Consejo Nacional para la Cultura y las Artes, 1990.

BRODA, Johanna: «Cosmovisión y observación de la naturaleza: el ejemplo del culto de los cerros en Mesoamérica», en *Arqueoastronomía y etnoastronomía en Mesoamérica*, México, Instituto de Investigaciones Antropológicas–UNAM, 1991, pp. 461–500.

BUCI GLUCKSMAN, C.: *Gramsci y el Estado*, México, Siglo XXI Editores, 1979.

BURGOS, Elizabeth: *Me llamo Rigoberta Menchú y así me nació la conciencia*, México, Siglo XXI Editores, 1985.

CARBÓ, Teresa: *Discurso político: lecturas y análisis*, México, Centro de Investigaciones y Estudios Superiores en Antropología Social, 1984.

DISKIN, Martín: «La economía de la comunidad étnica en Oaxaca», en Alicia Barabás y Miguel Bartolomé (coords.), *Etnicidad y pluralismo cultural. La dinámica étnica en Oaxaca*, México, INAH, 1986, pp. 257–297.

FROMM, Erich: *El miedo a la libertad*, Buenos Aires, Paidós, 1968.

GEERTZ, Clifford: *La interpretación de las culturas,* Barcelona, Editorial Gedisa, 1991.

HABERMAS, Jürgen: *Teoría de la acción comunicativa*, vol. II, Madrid, Editorial Taurus, 1987.

LEÓN PORTILLA, Miguel: *Tiempo y realidad en el pensamiento maya*, México, Instituto de Investigaciones Históricas, Universidad Nacional Autónoma de México, 1968.

LIPSET, S. M.: *El hombre político*, Eudeba, Buenos Aires, 1970.

LÓPEZ, Austin: *Los mitos del tlacuache. Caminos de la mitología mesoamericana*, México, Alianza Editorial, 1990.

MAURER, Eugenio: *Los tzeltales*, México, Centro de Estudios Educativos, 1984.

MEDINA, Andrés: «Los que tienen el don de ver: los sistemas de cargos y los hombres de conocimiento en los altos de Chiapas», Barbro Dalhgren (ed.) en *Historia de la religión Mesoamericana y áreas afines (I Coloquio)*, México, Instituto de Investigaciones Antropológicas–UNAM, 1987, pp. 153–175.

MENCHÚ, Rigoberta y COMITÉ DE UNIDAD CAMPESINA: *El clamor de la tierra. Luchas campesinas en la historia reciente de Guatemala,* Gipuzcoa, España, Ed. Gakoa, 1992.

—«Palabras de Rigoberta Menchú Tum durante la inauguración de las semana académica, 'dignidad y derechos de los pueblos indios' (29 de marzo de 1993), en BARCELÓ, Raquel, María Ana PORTAL, y Martha Judith SÁNCHEZ, (coords.), *Diversidad étnica y conflicto en América Latina. Organizaciones indígenas y políticas estatales*, vol. I, México, Universidad Nacional Autónoma de México–Plaza y Valdés Editores, 1995.

—«Testimonio de Rigoberta Menchú Tum en el coloquio 'Mujeres en la lucha por la vida, la paz y la democracia' (2 de abril de 1993) en Raquel BARCELÓ, María Ana PORTAL y Martha Judith SÁNCHEZ (coords.), *Diversidad étnica y conflicto en América Latina. Organizaciones indígenas y políticas estatales*, vol. I, México, Universidad Nacional Autónoma de México–Plaza y Valdés Editores, 1995.

NAJENSON, José Luis: *Cultura Nacional y cultura subalterna*, Toluca, Universidad Autónoma del Estado de México, 1979.

RUSSELL, Bertrand: *El poder en los hombres y en los pueblos*, Buenos Aires, Losada, 1968.

TAX, Sol: *Los municipios del altiplano mesooccidental de Guatemala*, Cuadernos del Seminario de Integración Guatemalteca, núm. 9, Guatemala, Ministerio de Educación, 1965.

DIVERSIDAD ÉTNICA Y CONFLICTO
EN AMÉRICA LATINA

Esta obra se termino de imprimir en el mes de
marzo del 2000 en los talleres de Programas
Educativos S.A. de C.V. Calz. Chabacano No. 65
Local A, Col. Asturias, C.P. 06850, México, D.F.

EMPRESA CERTIFICADA POR EL INSTITUTO
MEXICANO DE NORMALIZACIÓN Y
CERTIFICACIÓN, A. C. BAJO LA NORMA ISO-
9002: 1994/NMX-CC004: 1995 CON EL No. DE
REGISTRO RSC-048

Tiraje 1 000 ejemplares